해커스
세무사
允_(윤) 원가관리회계

2차 핵심문제집

🔢 해커스 경영아카데미

▌이 책의 저자

엄윤

학력
홍익대학교 경영대학원 세무학 석사
서울벤처대학원대학교 경영학 박사수료

경력
현 | 해커스 경영아카데미 교수

전 | 나무회계사무소 대표
　　세무회계사무소 윤 대표
　　안세회계법인
　　하나금융경영연구소
　　웅지세무대학 조교수
　　한국사이버대학 겸임교수
　　목원대학교 겸임교수
　　아이파경영아카데미 회계학 교수
　　한성학원 회계학 교수
　　삼일인포마인 칼럼니스트
　　조세일보 칼럼니스트

자격증
한국공인회계사, 세무사

저서
해커스 允원가관리회계
해커스 객관식 允원가관리회계
해커스 允원가관리회계 1차 기출문제집
해커스 세무사 允원가관리회계 2차 핵심문제집
해커스 세무사 允원가관리회계연습
중소기업회계기준

머리말

본서는 세무사 2차 주관식 시험에 대한 실전능력을 배양할 수 있도록 쓰인 연습서이다. 본서의 기본적인 목적은 원가 · 관리회계의 기초 지식을 갖춘 수험생들이 비교적 짧은 시간에 핵심문제를 정리하여 세무사 2차 시험에 효율적으로 대비할 수 있도록 실전문제 풀이능력을 향상시키는 데에 있다.

본서의 특징은 다음과 같다.

첫째, 학습 효율을 극대화할 수 있는 필수문제를 수록하였다.
공인회계사 · 세무사 2차 기출문제 중에서 수험 목적에 맞는 필수문제를 선별하여 짧은 시간에 학습 효율을 극대화할 수 있도록 구성하였다.

둘째, 세무사 2차 시험 출제경향 분석표를 수록하였다.
최신 12개년 세무사 2차 시험의 출제경향을 표로 정리하여 빈출되는 내용을 중심으로 시험에 효율적으로 대비할 수 있도록 하였다.

셋째, 문제 독해능력을 향상시키고 효과적인 자료정리방법을 제시하였다.
원가 · 관리회계 문제풀이에 있어 수험생들이 어려움을 겪는 것 중 하나는 문제에 대한 이해와 풀이를 위한 자료정리이다. 본서는 각 문제별로 풀이의 단서가 되는 주요 내용을 파란색으로 표시하고 "Key Point"로 문제해결을 위한 자료정리방법을 제시하여, 자연스럽게 문제 독해능력을 키우고 효과적인 자료정리방법을 습득할 수 있도록 구성하였다.

넷째, 전체 흐름을 이해할 수 있도록 자세한 해설을 제시하였다.
각 문제별 핵심사항과 해설을 최대한 자세하게 제시하여 전체 흐름을 스스로 파악하며 문제에 대한 해석과 풀이능력을 높일 수 있도록 하였다.

다섯째, 전체 흐름 파악을 위한 풀이방법을 일관성 있게 제시하였다.
원가 · 관리회계는 전체 내용이 하나의 그물처럼 서로 연결되어 있어, 연결고리를 이해하면 원가 · 관리회계 전 과정을 하나의 논리로 해결할 수 있다. 전체 흐름을 효율적으로 이해할 수 있도록 모든 문제에 대하여 일관된 풀이방법을 제시함으로써 문제해결능력을 높일 수 있도록 하였다.

출간하기까지 여러 가지 어려운 여건에서도 원고의 교정과 책의 완성을 위해 노력해주신 해커스 경영아카데미 가족 여러분들의 노고에 고마운 마음을 전한다. 그리고 필자에게 한결같은 믿음과 아낌없는 성원을 보내주는 가족과 지인들에게도 감사의 뜻을 전하고 싶다.

엄윤

목차

제4장 종합원가계산

제5장 결합원가계산

제6장 표준원가계산

제7장 변동원가계산

제8장 원가함수추정

제9장 CVP분석

제10장 관련원가분석

제15장 불확실성하의 의사결정

제16장 전략적 원가관리

부록 시험장까지 가져가는 원가관리회계 필수개념 도식화

세무사 2차 시험 출제경향 분석

세무사 2차 시험 원가관리회계 파트의 최신(2022년~2011년) 출제경향을 분석하여 기출문제 배점을 기준으로 출제 비율을 정리하였습니다. 출제경향을 통해 빈출 포인트를 파악하여 전략적으로 학습할 수 있습니다.

구분	2011	2012	2013	2014	2015	2016
제조원가의 흐름						
개별원가계산						
활동기준원가계산	14					8
종합원가계산	20					7
결합원가계산				20		
정상원가계산						
표준원가계산		20	8			
변동원가계산			4		10	8
초변동원가계산					4	5
원가함수추정						
손익분기점분석		20		4	20	4
관련원가분석				8		8
대체가격결정			24*3			
자본예산						
종합예산					6	
책임회계제도			4	8		
불확실성하의 의사결정						
전략적 원가관리	6*5					
합계	40	40	40	40	40	40

※ 출제된 내용
*1 정상개별원가계산
*2 학습곡선
*3 전부원가가산 가격결정
*4 경제적부가가치
*5 목표원가계산
*6 품질원가계산

2017	2018	2019	2020	2021	2022	합계	
						점수	비율
						0	0%
						0	0%
						22	5%
15				9		51	11%
				11		31	6%
		5[1]	20[1]			25	5%
					4	32	7%
	5	15			4	46	10%
						9	2%
			6[2]			6	1%
10					4	62	13%
10	20		14	20	14	94	20%
		10			6	40	8%
						0	0%
	10				4	20	4%
	5[4]	10[4]			4	31	6%
						0	0%
5[6]						11	2%
40	40	40	40	40	40	480	100%

제1장

제조원가의 흐름

㈜한국은 생산부와 영업부로 구분되며 생산부는 단일공정에서 원재료를 투입하여 가공작업을 거쳐 제품을 생산하고, 영업부는 생산된 제품을 판매하고 있다.

<자료 1> 7월 1일의 재무상태표

재무상태표

현금	₩12,300,000	미지급전기수수료	₩240,000
선급급료	240,000	자본금	55,770,000
소모품	360,000	이익잉여금	5,690,000
원재료	1,400,000		
재공품	1,100,000		
제품	100kg × ₩8,000 = 800,000		
기계장치	40,000,000		
비품	5,500,000		
	₩61,700,000		₩61,700,000

<자료 2> 7월 1일부터 7월 31일까지의 원가계산 기간 동안의 거래내용

① 원재료 ₩5,800,000을 현금으로 구입하였다.

② 급료 ₩7,160,000을 현금으로 지급하였다.

③ 전기수수료 ₩1,080,000을 현금으로 지급하였다.

④ 생산부에서 사용하는 기계장치의 감가상각비는 월 ₩400,000, 영업부에서 사용하는 비품의 감가상각비는 월 ₩100,000이다.

⑤ 7월 발생분 급료의 80%는 생산부에서, 20%는 영업부에서 부담한다.

⑥ 7월 발생분 전기수수료의 90%는 생산부에서, 10%는 영업부에서 부담한다.

⑦ 소모품은 전액 영업부에서 사용하며, 7월 중에 소모품 ₩1,500,000을 현금으로 구입하였다.

⑧ 7월 중 제품 1,000kg을 kg당 ₩20,000에 현금매출하였다.

⑨ 7월 31일 계정잔액은 다음과 같다.

• 원재료	₩480,000	• 선급급료	₩100,000
• 소모품	₩120,000	• 미지급전기수수료	₩360,000

<자료 3> 원가계산자료

① 생산부에서는 선입선출법의 원가흐름을 가정하여 종합원가계산을 실시하고 있다.

② 기초재공품의 수량은 500kg이며, 재료원가 진척도(완성도)는 60%, 가공원가 진척도(완성도)는 40% 이다.

③ 7월 중 생산부에 신규로 투입된 원재료는 1,000kg이며, 작업과정 중에 공손품, 감손품은 발생하지 않았다.

④ 기말재공품의 수량은 400kg이며, 재료원가 진척도(완성도)는 40%, 가공원가 진척도(완성도)는 80% 이다.

⑤ 영업부에서도 선입선출법의 원가흐름을 가정하여 재고자산을 판매·관리하고 있다.

요구사항

[물음 1] 당월(7월 1일 ~ 7월 31일) 제조원가명세서를 작성하는 경우

      (1) 재료원가 금액을 구하시오.

      (2) 당기제품제조원가를 구하시오.

[물음 2] 기말재공품 평가액을 구하시오.

[물음 3] 당월(7월 1일 ~ 7월 31일) 손익계산서를 작성하는 경우

      (1) 매출원가를 구하시오.

      (2) 당기순이익을 구하시오.

📑 Key Point

1. 재료원가와 가공원가 모두 공정 전반에 걸쳐 발생한다. 즉, 재료원가의 완성품환산량은 제시된 완성도를 고려하여 계산한다.
2. 현금지급액은 관련 자산·부채를 고려하여 발생액으로 전환한다.
3. 노무원가와 기타경비는 제조원가와 판매관리비로 구분한다.
4. 소모품의 경우 소모품 감소분을 당기 소모품비에 가산한다.

자료정리

(1) 재료원가

원재료

월초	₩1,400,000	사용	₩?
매입	5,800,000	월말	480,000
	₩7,200,000		₩7,200,000

그러므로, 재료원가는 ₩6,720,000이다.

(2) 노무원가

현금지급액 + 선급급료 감소 = ₩7,160,000 + ₩140,000 = ₩7,300,000
- 생산부: ₩7,300,000 × 80% = ₩5,840,000
- 영업부: ₩7,300,000 × 20% = ₩1,460,000

(3) 전기수수료

현금지급액 + 미지급액 증가 = ₩1,080,000 + ₩120,000 = ₩1,200,000
- 생산부: ₩1,200,000 × 90% = ₩1,080,000
- 영업부: ₩1,200,000 × 10% = ₩120,000

(4) 감가상각비
- 생산부: ₩400,000
- 영업부: ₩100,000

(5) 소모품비

현금지급액 + 소모품 감소 = ₩1,500,000 + ₩240,000 = ₩1,740,000
- 생산부: ₩0
- 영업부: ₩1,740,000

(6) 가공원가

₩5,840,000 + ₩1,080,000 + ₩400,000 = ₩7,320,000

(7) 판매관리비

₩1,460,000 + ₩120,000 + ₩100,000 + ₩1,740,000 = ₩3,420,000

(8) 물량흐름도

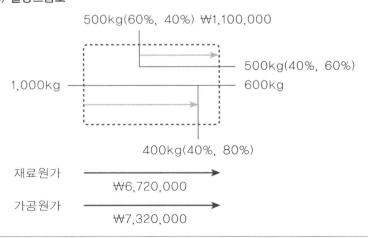

[물음 1]

(1) 재료원가 금액

₩6,720,000

(2) 당기제품제조원가

① 물량흐름 파악

재공품			
기초	500(0.6, 0.4)	완성 ⌐ 500(0.4, 0.6)	
착수	1,000	└ 600	
		기말 400(0.4, 0.8)	
	1,500	1,500	

② 완성품환산량

	재료원가	가공원가
	200	300
	600	600
	160	320
	960	1,220

③ 원가

₩6,720,000 ₩7,320,000

④ 환산량 단위당 원가(= ③ ÷ ②)

₩7,000 ₩6,000

⑤ 완성품원가와 기말재공품원가

완성품원가	₩1,100,000 + 800 × ₩7,000 + 900 × ₩6,000 =	₩12,100,000
기말재공품원가	160 × ₩7,000 + 320 × ₩6,000 =	3,040,000
		₩15,140,000

그러므로, 당기제품제조원가는 ₩12,100,000이다.

[물음 2]

₩3,040,000(∵ [물음 1]의 해답 참조)

[물음 3]

(1) 매출원가

선입선출법이므로 기말제품은 당월 생산된 제품원가로 구성되어 있다.

제품			
월초 (100kg × ₩8,000)	₩800,000	판매 (1,000kg)	₩?
생산 (1,100kg)	12,100,000	월말 (200kg)	2,200,000*
	₩12,900,000		₩12,900,000

* $200kg × \dfrac{₩12,100,000}{1,100kg} = ₩2,200,000$

그러므로, 매출원가는 ₩10,700,000이다.

(2) 당기순이익

매출액	1,000kg × ₩20,000 =	₩20,000,000
매출원가		(10,700,000)
매출총이익		₩9,300,000
판매관리비		(3,420,000)
당기순이익		₩5,880,000

해커스 세무사 允원가관리회계 2차 핵심문제집

회계사·세무사·경영지도사 단번에 합격! **해커스 경영아카데미**
cpa.Hackers.com

제2장

개별원가계산

㈜한국은 조립과 포장의 두 생산부문과 동력과 수선의 두 보조부문으로 구성되어 있다. 내년도 각 부문의 예상비용과 운영자료는 다음과 같고 이는 생산부문의 제조간접원가 예정배부율을 산정하기 위해 마련된 것이다.

구분	동력부문	수선부문	조립부문	포장부문
직접노무원가	-	-	₩30,000	₩40,000
수선 관련 노무원가	-	₩5,000(변동원가)	-	-
직접재료원가	-	-	50,000	80,000
수선 관련 재료원가	-	7,536(변동원가)	-	-
동력 관련 재료원가	₩3,630(변동원가)	-	-	-
기타제조간접원가	7,500(고정원가)	6,000(고정원가)	104,000	155,000
합계	₩11,130	₩18,536	₩184,000	₩275,000
직접노동시간			6,000시간	10,000시간
전력공급량				
현재 전력공급량	300kwh	800kwh	3,800kwh	6,400kwh
장기 전력공급량	300kwh	1,000kwh	6,000kwh	8,000kwh
점유면적	800m²	1,500m²	8,000m²	12,000m²

㈜한국은 제품의 원가를 산정하기 위해 비용을 변동원가와 고정원가로 구분하고 단계법(동력부문, 수선부문 순서)을 사용하여 보조부문의 비용을 생산부문에 배부하고 있다.
보조부문비용의 배부기준은 다음과 같다.

구분	비용행태	배부기준
동력부문	변동원가	현재 전력공급량
	고정원가	장기 전력공급량
수선부문	변동원가	직접노동시간
	고정원가	점유면적

요구사항

[물음 1] 단계법을 사용하여 보조부문의 비용을 생산부문에 배부하시오.

[물음 2] 각 생산부문(조립, 포장)의 제조간접원가 예정배부율을 산정하시오. 제조간접원가 예정배부율 산정 시 각 부문의 배부기준으로는 직접노동시간을 사용하시오(소수점 셋째 자리에서 반올림하여 둘째 자리까지 계산하시오).

[물음 3] 내년도 포장부문에서의 제품의 생산량이 20,000단위일 경우, 포장부문에서 생산되는 제품 한 단위의 원가를 산정하시오. 단, 제조간접원가는 예정원가를 사용하시오(조립부문과 포장부문에서는 각기 다른 제품을 생산하고 있다고 가정하고 소수점 셋째 자리에서 반올림하여 둘째 자리까지 계산하시오).

> 📋 **Key Point**
> 1. 주어진 자료에서 직접원가를 먼저 구분하고 간접원가를 부문별로 정리한다.
> 2. 보조부문의 배부기준이 이중배분율법이므로 보조부문원가를 변동원가와 고정원가로 구분한다.

해커스 세무사 홍원기관리회계 2차 핵심문제집

문제 02 보조부문과 이중배분율법 **21**

자료정리

(1) 부문별 간접원가

구분	동력부문	수선부문	조립부문	포장부문
변동원가	₩3,630	₩12,536	₩104,000	₩155,000
고정원가	7,500	6,000		
합계	₩11,130	₩18,536	₩104,000	₩155,000

(2) 보조부문 제공용역량(단계법)

구분	동력부문	수선부문	조립부문	포장부문
동력부문				
변동원가	–	800kwh	3,800kwh	6,400kwh
고정원가	–	1,000kwh	6,000kwh	8,000kwh
수선부문				
변동원가	–	–	6,000시간	10,000시간
고정원가	–	–	8,000m²	12,000m²

[물음 1]

구분	동력부문	수선부문	조립부문	포장부문
변동원가	₩3,630	₩12,536	–	–
동력부문	(3,630)	264[*1]	₩1,254	₩2,112
수선부문	–	(12,800)	4,800[*2]	8,000
고정원가	7,500	6,000	–	–
동력부문	(7,500)	500[*3]	3,000	4,000
수선부문	–	(6,500)	2,600[*4]	3,900
			₩11,654	₩18,012

[*1] $₩3,630 \times \dfrac{800kwh}{800kwh + 3,800kwh + 6,400kwh} = ₩264$

[*2] $(₩12,536 + ₩264) \times \dfrac{6,000시간}{6,000시간 + 10,000시간} = ₩4,800$

[*3] $₩7,500 \times \dfrac{1,000kwh}{1,000kwh + 6,000kwh + 8,000kwh} = ₩500$

[*4] $(₩6,000 + ₩500) \times \dfrac{8,000m²}{8,000m² + 12,000m²} = ₩2,600$

[물음 2]

(1) 조립부문 제조간접원가 예정배부율

$$\frac{\text{₩}104,000 + \text{₩}11,654}{6,000\text{시간}} = \text{₩}19.28/\text{직접노동시간}$$

(2) 포장부문 제조간접원가 예정배부율

$$\frac{\text{₩}155,000 + \text{₩}18,012}{10,000\text{시간}} = \text{₩}17.30/\text{직접노동시간}$$

[물음 3]

직접재료원가	₩80,000
직접노무원가	40,000
제조간접원가	173,012
합계	₩293,012
생산량	÷ 20,000단위
단위당 원가	₩14.65

맞춤가구를 주문생산하여 아파트 신축공사 현장에 납품하는 ㈜한국은 하나의 보조부문(동력부문)과 두 개의 제조부문(절단부문, 조립부문)을 운영하며, 정상개별원가계산(normal job costing)을 채택하고 있다. 동력부문의 원가는 전력사용량(kwh)을 기준으로 제조부문에 배부하며 단일배부율을 사용한다. 제조부문은 부문별 단일배부율을 이용하여 제조간접원가를 배부하며 절단부문의 경우 기계가동시간을 기준으로, 조립부문의 경우 직접노무시간을 기준으로 제조간접원가를 각 작업에 배부한다. ㈜한국은 개별법을 이용하여 재고자산을 평가하며, 당기 회계연도는 20×1년 1월 1일부터 20×1년 12월 31일이다.

(1) 동력부문의 20×1년도 연간 원가예산은 다음과 같다.

> 동력부문의 원가 = ₩216,000 + ₩2 × 전력사용량(kwh)

(2) 제조부문의 20×1년도 연간 예산자료는 다음과 같다.

구분	절단부문	조립부문
보조부문 배부 전 제조간접원가	₩600,000	₩311,000
직접노무시간	800시간	2,600시간
기계가동시간	5,000	800
기계가동시간당 전력사용량	2kwh	2.5kwh

(3) 20×1년도 각 작업과 관련된 실제자료는 다음과 같다.

구분	#107	#201	#202
직접재료원가	₩300,000	₩100,000	₩200,000
직접노무원가	230,000	150,000	320,000
직접노무시간			
절단부문	200시간	200시간	400시간
조립부문	900	300	1,200
기계가동시간			
절단부문	1,500시간	1,000시간	1,500시간
조립부문	400	120	200

(4) 전기로부터 이월된 작업 #107은 당기에 완성되어 판매되었으며, #201과 #202는 당기에 착수하여 당기 말 현재 #201은 미완성, #202는 완성되었다. ㈜한국의 기초제품재고는 존재하지 않으며 기초재공품에 대한 원가자료는 다음과 같다.

구분	기초재공품
직접재료원가	₩160,000
직접노무원가	200,000
제조간접원가	60,000

요구사항

[물음 1] 절단부문과 조립부문의 부문별 배부율은 각각 얼마인지 계산하고, 작업 #107, #201, #202에 배부되는 제조간접원가를 각각 계산하시오.

[물음 2] 당기 말 제조간접원가 배부차이조정 전 기말재공품, 기말제품 및 매출원가는 얼마인지 계산하시오.

[물음 3] 보조부문원가를 제조부문에 배부한 후, 절단부문과 조립부문의 실제제조간접원가가 각각 ₩720,000, ₩356,400으로 집계되었을 경우, 당기 말 제조간접원가 배부차이를 부문별로 계산하고, 그 차이가 과소배부(부족배부) 또는 과대배부(초과배부)인지 표시하시오.

[물음 4] ㈜한국이 제조간접원가 배부차이를 원가요소기준 비례배부법에 따라 배부하는 경우, 당기 말 배부차이조정 후 기말재공품, 기말제품 및 매출원가는 얼마인지 계산하시오.

📝 **Key Point**

1. 제조부문의 전력사용량을 계산한 후 동력부문의 kwh당 예정배부율을 계산할 수 있다.
2. 동력부문의 예정배부율을 이용하여 동력부문의 원가를 제조부문에 배부한다.
3. 원가요소기준 비례배부법을 적용하는 경우 당기 배부된 원가를 기준으로 배부하므로 #107의 기초재공품의 원가는 제외한다.

해답

자료정리

(1) 제조부문 예산 전력사용량

- 절단부문: 5,000시간 × 2kwh = 10,000kwh
- 조립부문: 800시간 × 2.5kwh = 2,000kwh
  - 12,000kwh

(2) 동력부문 예산원가

₩216,000 + ₩2 × 12,000kwh
= ₩240,000

(3) 동력부문 예정배부율

₩240,000 ÷ 12,000kwh
= ₩20/kwh

[물음 1]

(1) 제조부문 부문별 배부율

	절단부문		조립부문	
배분 전 원가		₩600,000		₩311,000
동력부문	₩20 × 10,000kwh =	200,000	₩20 × 2,000kwh =	40,000
배분 후 원가		₩800,000		₩351,000
기계가동시간		÷ 5,000		
직접노무시간				÷ 2,600
배부율		₩160		₩135

(2) 작업별 제조간접원가

		#107 (매출원가)	#201 (기말재공품)	#202 (기말제품)
절단부문	₩160 × 1,500시간 =	₩240,000	₩160,000	₩240,000
조립부문	₩135 × 900시간 =	121,500	40,500	162,000
		₩361,500	₩200,500	₩402,000

[물음 2]

	#107 (매출원가)	#201 (기말재공품)	#202 (기말제품)	예정배부금액
기초재공품	₩420,000	-	-	
직접재료원가	300,000	₩100,000	₩200,000	
직접노무원가	230,000	150,000	320,000	
절단부문	240,000	160,000	240,000	₩640,000
조립부문	121,500	40,500	162,000	324,000
배부차이조정 전 금액	₩1,311,500	₩450,500	₩922,000	₩964,000

[물음 3]

	절단부문	조립부문	합계
예정배부금액	₩640,000 [*1]	₩324,000 [*2]	-
실제발생금액	720,000	356,400	-
배부차이	₩80,000 (과소)	₩32,400 (과소)	₩112,400 (과소)

[*1] ₩160 × (1,500시간 + 1,000시간 + 1,500시간) = ₩640,000
[*2] ₩135 × (900시간 + 300시간 + 1,200시간) = ₩324,000

[물음 4]

(1) 배부차이조정

	#107 (매출원가)	#201 (기말재공품)	#202 (기말제품)	배부차이
절단부문	₩240,000	₩160,000	₩240,000	
비율	0.375	0.25	0.375	
조정	30,000	20,000	30,000	₩80,000 (과소)
조립부문	₩121,500	₩40,500	₩162,000	
비율	0.375	0.125	0.5	
조정	12,150	4,050	16,200	32,400 (과소)
합계	₩42,150	₩24,050	₩46,200	

(2) 조정 후 금액

	#107 (매출원가)	#201 (기말재공품)	#202 (기말제품)
배부차이조정 전 금액	₩1,311,500	₩450,500	₩922,000
배부차이조정	42,150	24,050	46,200
배부차이조정 후 금액	₩1,353,650	₩474,550	₩968,200

한국회사는 고급형, 표준형 및 저가형 공기청정기 각각을 배치(batch)로 생산하여 판매하고 있다. 회사는 각 배치작업별로 정상개별원가계산(평준화개별원가계산: normal job costing)을 적용하며, 계속기록법 (perpetual inventory system)과 선입선출법(FIFO)을 이용하여 재고자산을 평가하고 있다. 회사는 두 개의 제조부문인 기계부문과 조립부문을 운영하고 있으며, 제조간접원가의 배부에 있어서 부문별 예정배부율을 사용한다. 제조간접원가의 부문별 배부기준으로 기계부문에 대해서는 기계가동시간, 조립부문에 대해서는 직접노무시간을 사용한다.

한국회사의 당기 회계연도는 20×1년 1월 1일부터 20×1년 12월 31일이다. 회사는 기말에 제조간접원가 배부차이를 재공품과 제품 및 매출원가 총액을 기준으로 안분한다.

(1) 20×1년 1월 초 당기 회계연도의 각 제조부문에 대한 원가 및 생산에 관한 예측은 다음과 같다.

구분	기계부문	조립부문
제조간접원가	₩160,000	₩320,000
직접노무원가	260,000	400,000
직접노무시간	20,000시간	40,000시간
기계가동시간	10,000	40,000

(2) 20×1년 1월 초부터 20×1년 11월 말까지의 제조간접원가 실제발생액은 ₩522,000이며, 배부액은 ₩420,200이다.

(3) 20×1년 11월 말 현재 총계정원장 각 계정의 잔액은 다음과 같다.

구분	잔액
재공품	₩246,800
제품	413,000
매출원가	3,156,800

(4) 20×1년 11월 말 현재 재공품 ₩246,800의 내역은 다음과 같다.

작업	수량	항목	총원가
#101	9,600단위	고급형	₩143,200
#102	8,000단위	저가형	103,600
			₩246,800

(5) 20×1년 11월 말 현재 제품 ₩413,000은 다음 2가지 항목으로 구성되어 있다.

항목	수량	단위당 원가	총원가
고급형	1,000단위	₩22	₩22,000
저가형	23,000단위	₩17	391,000
			₩413,000

(6) 전월로부터 이월된 작업 #101과 #102는 20×1년 12월 중 생산이 완료되었으나, 당월 중 생산에 착수한 작업 #103은 20×1년 12월 말 현재 미완성 상태이다.

(7) 20×1년 12월 중 제조 및 판매 활동에 대한 자료는 다음과 같다.

① 각 작업별 제조원가 발생액

구분	#101(고급형)	#102(저가형)	#103(표준형)	합계
직접재료원가	₩42,000	₩12,000	₩18,400	₩72,400
직접노무원가	32,400	15,600	15,000	63,000
제조간접원가				46,200

② 각 제조부문에서 사용된 기계가동시간과 직접노무시간

작업	기계부문		조립부문	
	기계가동시간	직접노무시간	기계가동시간	직접노무시간
#101	200	500	1,800	2,400
#102	400	600	1,000	800
#103	200	300	1,200	1,200
합계	800	1,400	4,000	4,400

③ 20×1년 12월 중 실제생산량

작업	항목	생산량
#101	고급형	9,600단위
#102	저가형	8,000

④ 20×1년 12월 중 판매량

항목	판매량
고급형	8,000단위
저가형	25,000

요구사항

[물음 1] 당기 회계연도의 각 제조부문별 제조간접원가 예정배부율을 구하시오.

[물음 2] 당기 회계연도 말 제조간접원가 배부차이조정 전에 다음 각 계정의 총계정원장상의 잔액은 얼마인가?

계정과목	잔액
재공품	
제품	
매출원가	

[물음 3] 당기 회계연도 말 제조간접원가 배부차이 금액을 계산하고, 그 배부차이가 초과배부(과대배부) 혹은 부족배부(과소배부)인지 밝히시오.

[물음 4] 당기 회계연도 말 제조간접원가 배부차이조정에 대한 분개를 하시오.

[물음 5] 한국회사가 정상개별원가계산 대신 실제개별원가계산을 사용할 경우의 문제점 두 가지를 설명하시오.

📝 **Key Point**
배부차이는 12월분을 가산하여 연간 예정배부금액과 연간 실제발생금액을 기준으로 계산한다.

─| 해답 |─────────────────────────────────

자료정리

(1) 물량흐름(12월 재공품 및 제품)

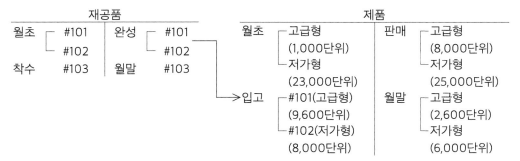

재공품				제품			

(재공품)
월초 ┌ #101
　　 └ #102
착수 　 #103

완성 ┌ #101
　　 └ #102
월말 　 #103

(제품)
월초 ┌ 고급형
　　 │ (1,000단위)
　　 └ 저가형
　　　 (23,000단위)
입고 ┌ #101(고급형)
　　 │ (9,600단위)
　　 └ #102(저가형)
　　　 (8,000단위)

판매 ┌ 고급형
　　 │ (8,000단위)
　　 └ 저가형
　　　 (25,000단위)
월말 ┌ 고급형
　　 │ (2,600단위)
　　 └ 저가형
　　　 (6,000단위)

(2) 12월 초 재고금액(11월 말 현재)

구분	재공품		제품	
	#101	#102	고급형	저가형
수량	9,600단위	8,000단위	1,000단위	23,000단위
금액	₩143,200	₩103,600	₩22,000	₩391,000

[물음 1]

(1) 기계부문 예정배부율

$$\frac{₩160,000}{10,000시간} = ₩16/기계가동시간$$

(2) 조립부문 예정배부율

$$\frac{₩320,000}{40,000시간} = ₩8/직접노무시간$$

[물음 2]

(1) 재공품

① 당월총제조원가

직접재료원가	₩72,400
직접노무원가	63,000
제조간접원가(배부액)　800시간[*1] × ₩16 + 4,400시간[*2] × ₩8 =	48,000
계	₩183,400

[*1] 200시간 + 400시간 + 200시간 = 800시간
[*2] 2,400시간 + 800시간 + 1,200시간 = 4,400시간

② 월말재공품(#103)

직접재료원가	₩18,400
직접노무원가	15,000
제조간접원가(배부액)　200시간 × ₩16 + 1,200시간 × ₩8 =	12,800
계	₩46,200

③ 재공품현황

재공품(12월)

월초	₩246,800	완성	₩384,000
투입	183,400	월말	46,200
	₩430,200		₩430,200

(2) 제품

① 매출원가

선입선출법이므로 당월 입고된 제품의 단가를 먼저 계산한다.

• 당월 입고된 제품의 단가

	#101	#102
월초재공품	₩143,200	₩103,600
직접재료원가	42,000	12,000
직접노무원가	32,400	15,600
제조간접원가(배부액)	22,400	12,800(= 400시간 × ₩16 + 800시간 × ₩8)
계	₩240,000	₩144,000
생산량	÷ 9,600	÷ 8,000
단위당 원가	₩25	₩18

• 제품별 매출원가

고급형	1,000단위 × ₩22 + 7,000단위 × ₩25 =	₩197,000
저가형	23,000단위 × ₩17 + 2,000단위 × ₩18 =	427,000
계		₩624,000

② 제품현황

제품(12월)

월초	₩413,000	판매	₩624,000
입고	384,000	월말	173,000
	₩797,000		₩797,000

(3) 계정별 총계정원장 잔액(12월 말)

회계연도 기준이므로 매출원가의 경우 1월 ~ 11월분을 가산해야 한다.

계정과목	잔액
재공품	₩46,200
제품	2,600단위 × ₩25 + 6,000단위 × ₩18 = ₩173,000
매출원가	₩3,156,800 + ₩624,000 = ₩3,780,800

[물음 3]

(1) 예정배부

1월 ~ 11월		₩420,200
12월	800시간 × ₩16 + 4,400시간 × ₩8 =	48,000
합계		₩468,200

(2) 실제발생

1월 ~ 11월	₩522,000
12월	46,200
합계	₩568,200

(3) 배부차이

예정배부	₩468,200
실제발생	568,200
배부차이	₩100,000 (과소)

[물음 4]

(1) 각 계정별 배부차이조정

	조정 전 금액	비율	조정금액
재공품	₩46,200	1.155%	₩1,155
제품	173,000	4.325%	4,325
매출원가	3,780,800	94.520%	94,520
계	₩4,000,000	100%	₩100,000

(2) 분개

(차)	재공품	1,155	(대)	배부차이(과소)	100,000
	제품	4,325			
	매출원가	94,520			

[물음 5]

(1) 적시성의 문제

제조과정이 완료됨과 동시에 제품의 원가계산이 불가능하다.

(2) 안정성의 문제

실제원가를 실제조업도를 기준으로 계산할 경우 기간별로 제품원가가 변동되는 문제점이 발생한다.

해커스 세무사 允원가관리회계 2차 핵심문제집

회계사 · 세무사 · 경영지도사 단번에 합격! 해커스 경영아카데미
cpa.Hackers.com

제3장

활동기준원가계산

㈜한국은 복사용지 판매업체로, 구입한 복사용지를 5개의 대형할인점(A, B, C, D, E)을 통해 1박스당 ₩10,000에 판매하고 있다. ㈜한국이 모든 대형할인점에 제공하는 복사용지의 매출총이익률은 15%로 동일하다. 20×1년도 한 해 동안 고객별로 매출액(반품 차감 전)을 집계한 결과, 할인점 A: ₩1,000,000, 할인점 B: ₩2,000,000, 할인점 C: ₩2,500,000, 할인점 D: ₩3,000,000 그리고 할인점 E: ₩1,500,000인 것으로 파악되었다.

할인점 A는 20×1년 7월에 거래를 시작하였으며, 할인점 B, C, D, E는 지난 10년 동안 거래해온 고객이다. 소비자가 구입한 제품을 대형할인점에 반품하는 경우, 대형할인점은 택배를 이용하여 ㈜한국으로 반품하며, 배송비용은 ㈜한국이 부담한다. ㈜한국은 대형할인점과의 고객관계를 유지하기 위하여 총 ₩1,031,000의 판매비와 관리비를 사용하고 있다.

㈜한국은 5개 대형할인점의 수익성을 파악하여 영업전략을 수립하기 위해 활동기준원가계산을 적용하기로 하였다. 활동기준원가계산 적용을 위해 ㈜한국의 판매비와 관리비를 발생시키는 활동을 파악한 결과, 주문처리활동, 배송처리활동, 고객유지활동, 반품처리활동 등 4가지 활동이 파악되었다. 주문처리에 소요된 자원은 ₩105,000, 배송처리에 소요된 자원은 ₩186,000, 고객유지에 소요된 자원은 ₩600,000, 그리고 반품처리에 소요된 자원은 ₩140,000으로 조사되었다.

㈜한국은 주문처리활동의 원가동인으로 주문건수, 배송처리활동의 원가동인으로 배송거리, 고객유지활동의 원가동인으로 접대횟수 그리고 반품처리활동의 원가동인으로 반품수량을 사용하였다.

다음은 ㈜한국의 고객인 대형할인점과 관련된 원가동인자료이다.

구분	대형할인점				
	A	B	C	D	E
주문건수	5건	5건	10건	5건	10건
배송거리	100km	120km	150km	150km	100km
접대횟수	2회	2회	2회	3회	3회
반품수량	20박스	10박스	10박스	20박스	10박스

요구사항

[물음 1] ㈜한국이 고객인 대형할인점 A, B, C, D, E로부터 20×1년 한 해 동안 벌어들인 영업이익은 얼마인가?

[물음 2] 20×1년 한 해 동안 영업활동을 가장 효율적으로 수행한 대형할인점을 선정하고, 그 근거를 제시하시오.

📝 **Key Point**

1. 원가동인 소비량의 반품수량과 박스당 매출을 이용하여 반품액을 제외한 순매출액을 계산할 수 있다.
2. 매출원가는 별도로 주어져 있지 않지만 매출총이익률을 이용하여 매출총이익을 계산할 수 있다.
3. 총 ₩1,031,000의 판매비와 관리비를 4가지 활동으로 구분하여 각 고객에 배분한다.

---| 해답 |--

자료정리

(1) 순매출액

구분	대형할인점				
	A	B	C	D	E
매출액	₩1,000,000	₩2,000,000	₩2,500,000	₩3,000,000	₩1,500,000
반품액	(200,000)*	(100,000)	(100,000)	(200,000)	(100,000)
순매출액	₩800,000	₩1,900,000	₩2,400,000	₩2,800,000	₩1,400,000

* 20박스 × ₩10,000 = ₩200,000

(2) 활동별 배부율

구분		배부율
주문처리	₩105,000 ÷ 35건 =	₩3,000
배송처리	₩186,000 ÷ 620km =	300
고객유지	₩600,000 ÷ 12회 =	50,000
반품처리	₩140,000 ÷ 70박스 =	2,000

[물음 1]

구분	대형할인점				
	A	B	C	D	E
순매출액	₩800,000	₩1,900,000	₩2,400,000	₩2,800,000	₩1,400,000
매출총이익률	× 15%	× 15%	× 15%	× 15%	× 15%
매출총이익	₩120,000	₩285,000	₩360,000	₩420,000	₩210,000
주문처리	(15,000)*1	(15,000)	(30,000)	(15,000)	(30,000)
배송처리	(30,000)*2	(36,000)	(45,000)	(45,000)	(30,000)
고객유지	(100,000)*3	(100,000)	(100,000)	(150,000)	(150,000)
반품처리	(40,000)*4	(20,000)	(20,000)	(40,000)	(20,000)
영업이익	₩(65,000)	₩114,000	₩165,000	₩170,000	₩(20,000)

*1 ₩3,000 × 5건 = ₩15,000
*2 ₩300 × 100km = ₩30,000
*3 ₩50,000 × 2회 = ₩100,000
*4 ₩2,000 × 20박스 = ₩40,000

[물음 2]

영업활동의 효율성은 영업이익률로 측정할 수 있다.

구분	대형할인점				
	A	B	C	D	E
영업이익	₩(65,000)	₩114,000	₩165,000	₩170,000	₩(20,000)
순매출액	÷ 800,000	÷ 1,900,000	÷ 2,400,000	÷ 2,800,000	÷ 1,400,000
영업이익률	- 0.081	0.060	0.069	0.061	- 0.014

그러므로, 영업활동을 가장 효율적으로 수행한 대형할인점은 C이다.

㈜한국은 생수 유통업체이다. ㈜대한으로부터 생수를 구입하여 자사가 직접 운영하는 냉장창고에 저장하여 판매하고 있다. 이 회사는 대형거래처에 대하여 고객별로 수익성을 분석하고 있다. 지금까지는 연간 총영업비를 판매량을 기준으로 고객에게 배분하였다.

그러나 이러한 배분방법에 대하여 많은 문제점들이 제기되었으므로 20×1년부터는 새로운 원가시스템을 구축하기 위하여 경영자문기관의 자문을 받아 활동기준원가계산을 도입하여 고객별 수익성을 분석하기로 하였다. 이에 따라 고객별 영업담당자는 고객으로부터 주문을 받아 주문처리, 배달운송, 급행배달, 냉장보관 등을 담당하는 별도의 부서에 작업을 지시하였다. 다음은 주요 고객에 대한 원가동인별 분석자료이다.

(1) 고객별 활동원가 및 원가동인

활동	활동원가	고객 갑	고객 을	고객 병
판매량		5,000병	3,000병	2,000병
주문처리활동	₩100,000	400회	50회	50회
배달운송활동	₩450,000	300회	100회	50회
급행배달활동	₩50,000	120회	40회	40회
냉장보관활동	₩150,000	400병	400병	200병

(2) 생수 한 병의 구입가격은 ₩200이며 판매가격은 ₩300이다.
(3) 냉장보관비에는 고정원가 ₩130,000이 포함되어 있다. 냉장보관비를 제외한 모든 활동원가는 활동량에 정비례하는 변동원가이다.

요구사항

[물음 1] 고객 갑에 대하여 전통적 원가계산방식과 활동기준원가계산방식을 각각 적용하여 수익성을 분석하시오.

[물음 2] 만일, 고객 갑이 거래를 중단하였을 때 이 회사의 손익에 미치는 영향을 구하시오.

📝 **Key Point**

냉장보관비에 포함되어 있는 고정원가는 별도의 배부율을 계산하여 고객과의 거래 중단 시 비관련원가로 처리한다.

→| 해답 |

자료정리

(1) 영업비 배부율
  ① 전통적 원가계산방식
    ₩750,000 ÷ (5,000병 + 3,000병 + 2,000병)
    = ₩75/병
  ② 활동기준원가계산방식
    • 주문처리활동　　　　　　　₩100,000 ÷ (400회 + 50회 + 50회) =　　₩200/회
    • 배달운송활동　　　　　　　₩450,000 ÷ (300회 + 100회 + 50회) =　₩1,000/회
    • 급행배달활동　　　　　　　₩50,000 ÷ (120회 + 40회 + 40회) =　　₩250/회
    • 냉장보관활동　　　　　₩150,000 ÷ (400병 + 400병 + 200병) =　　₩150/병

(2) 냉장보관활동 배부율
  ① 고정원가 배부율
    ₩130,000 ÷ (400병 + 400병 + 200병)
    = ₩130/병
  ② 변동원가 배부율
    ₩150 - ₩130
    = ₩20/병

[물음 1]

(1) 전통적 원가계산방식

매출액	5,000병 × ₩300 =	₩1,500,000
매출원가	5,000병 × ₩200 =	(1,000,000)
매출총이익		₩500,000
영업비용	5,000병 × ₩75 =	(375,000)
영업이익		₩125,000

(2) 활동기준원가계산방식

매출액	5,000병 × ₩300 =	₩1,500,000
매출원가	5,000병 × ₩200 =	(1,000,000)
매출총이익		₩500,000
주문처리활동	400회 × ₩200 =	(80,000)
배달운송활동	300회 × ₩1,000 =	(300,000)
급행배달활동	120회 × ₩250 =	(30,000)
냉장보관활동	400병 × ₩150 =	(60,000)
영업이익		₩30,000

그러므로, 활동기준원가계산방식을 적용할 경우 ₩95,000(= ₩125,000 - ₩30,000)만큼 영업이익이 감소한다.

[물음 2]

고객 갑과의 거래 중단 시 냉장보관활동의 고정원가는 회피할 수 없다.

증분수익	매출 감소	₩(1,500,000)
증분비용	구입원가 감소	1,000,000
	주문처리활동 감소	80,000
	배달운송활동 감소	300,000
	급행배달활동 감소	30,000
	냉장보관활동 감소 400병 × ₩20(변동원가) =	8,000
증분손익		₩(82,000)

그러므로, 고객 갑과의 거래를 유지하는 것이 ₩82,000만큼 유리하다.

㈜한국은 LCD모니터를 제조하는 회사이다. 회사는 직접재료원가를 기준으로 가공원가를 배부하는 원가계산방법을 적용하고 있으나, 최근 정확한 원가계산을 위하여 활동기준원가계산(ABC)을 도입하였다. 회사는 노무원가를 별도로 집계하지 않고 활동별 원가의 구성요소에 포함하여 원가계산을 실시한다. 20×1년 한 해 동안 제품 A와 제품 B를 각각 1,000개와 2,000개를 생산하였으며 생산 관련 자료는 다음과 같다.

(1) 생산 관련 자료

제품	단위당 직접재료원가	총원가동인수			
		부품수	기계시간	선반기계회전수	조립시간
A	₩800	60개	20시간	95회	200시간
B	850	70	30	245	200

(2) 활동별 원가 및 원가동인의 파악자료

활동	원가동인	총원가동인수	총가공원가
재료처리	부품수	130개	₩1,300,000
절삭작업	기계시간	50시간	2,000,000
선반작업	선반기계회전수	340회	680,000
부품조립	조립시간	400시간	1,020,000
			₩5,000,000

요구사항

[물음 1] 현재의 전통적인 배부방식에 의한 각 제품 단위당 제조원가는?

[물음 2] 활동기준원가계산(ABC)방식에 의한 각 제품 단위당 제조원가는?

[물음 3] [물음 1]과 [물음 2]의 차이를 설명하시오.

[물음 4] 다음에 대하여 설명하시오.
      (1) 활동기준원가계산의 등장배경
      (2) 활동기준원가계산의 효익

📝 Key Point

1. 전통적인 원가계산방식은 총가공원가를 제품별 총직접재료원가[= 단위당 직접재료원가 × 생산수량]를 기준으로 배분한다.
2. 활동기준원가계산방식은 가공원가[= 노무원가 + 제조간접원가]를 활동을 기준으로 배분한다.

─┤ 해답 ├─

자료정리

(1) 전통적인 원가계산방식 배부율

$$\frac{총가공원가}{총직접재료원가} = \frac{₩5,000,000}{1,000개 \times ₩800 + 2,000개 \times ₩850} = 200\%$$

∴ 가공원가는 직접재료원가의 200%이다.

(2) 활동기준원가계산방식 배부율

- 재료처리: $\dfrac{₩1,300,000}{130개} = ₩10,000$

- 절삭작업: $\dfrac{₩2,000,000}{50시간} = ₩40,000$

- 선반작업: $\dfrac{₩680,000}{340회} = ₩2,000$

- 부품조립: $\dfrac{₩1,020,000}{400시간} = ₩2,550$

[물음 1]

		제품 A	제품 B
직접재료원가	₩800 × 1,000개 =	₩800,000	₩1,700,000
가공원가	₩800,000 × 200% =	1,600,000	3,400,000
합계		₩2,400,000	₩5,100,000
수량		÷ 1,000개	÷ 2,000개
단위당 제조원가		₩2,400	₩2,550

[물음 2]

		제품 A	제품 B
직접재료원가	₩800 × 1,000개 =	₩800,000	₩1,700,000
재료처리	₩10,000 × 60개 =	600,000	700,000
절삭작업	₩40,000 × 20시간 =	800,000	1,200,000
선반작업	₩2,000 × 95회 =	190,000	490,000
부품조립	₩2,550 × 200시간 =	510,000	510,000
합계		₩2,900,000	₩4,600,000
수량		÷ 1,000개	÷ 2,000개
단위당 제조원가		₩2,900	₩2,300

[물음 3]

- 전통적인 원가계산: 제품별 총직접재료원가를 기준으로 배부한다.
- 활동기준원가계산: 부품수, 기계시간, 선반기계회전수, 조립시간 등 활동별 인과관계를 반영한 여러 가지 원가동인을 사용한다.

[물음 4]

(1) 활동기준원가계산의 등장배경
- 정확한 원가계산과 수익성분석이 필요하다.
- 소품종 대량생산에서 다품종 소량생산으로의 변화는 다양한 원가동인을 요구한다.
- 정보기술의 발달은 상대적으로 적은 비용으로 방대한 자료의 수집 및 분석을 가능하게 한다.
- 연구·개발부터 최종소비자에게 전달되는 모든 과정의 원가를 집계할 필요가 있다.

(2) 활동기준원가계산의 효익
- 다양한 원가동인을 사용하여 상대적으로 정확한 원가계산이 가능하다.
- 제품구성이 변하더라도 신축적인 원가계산이 가능하다.
- 활동분석을 통하여 비부가가치활동의 제거 또는 축소 등 원가통제가 가능하다.
- 비재무적인 원가동인을 사용하여 이해하기 쉽고 성과평가에 용이하다.

㈜한국은 자동차부품을 생산하는 중소제조업체이다. 회사의 제조원가 구성 내역을 살펴보면 직접재료원가, 직접노무원가 및 제조간접원가로 구성되어 있다. 제조간접원가의 배부기준으로는 직접노동시간을 사용하여 왔으며, 20×1년도의 제조간접원가 예산액은 ₩30,000이고, 연간 직접노동시간은 총 400시간으로 예상된다.

회사는 원가계산시스템의 정교화를 통하여 활동기준원가계산시스템을 적용하려고 계획하고 있으며 제조간접원가집합을 다음과 같은 다섯 가지 활동으로 구분하였다.

활동구분	원가동인	원가동인당 배부율
기계 관련 활동	기계시간	₩5
가동준비활동	생산준비횟수	3
검사활동	검사시간	8
조립활동	조립시간	6
재료처리활동	부속품수	12

연간 생산되는 자동차부품은 두 종류(A, B)로서 생산 및 판매자료는 다음과 같다.

구분	자동차부품 A	자동차부품 B
판매단가	₩500	₩400
연간 자동차부품 생산수량	200개	400개
연간 직접재료원가	₩40,250	₩60,000
연간 직접노무원가	₩10,290	₩11,460
연간 직접노동시간	220시간	180시간
연간 기계시간	760시간	600시간
연간 생산준비횟수	1,980회	2,500회
연간 검사시간	150시간	350시간
연간 조립시간	400시간	500시간
연간 부속품수	10개	20개

요구사항

[물음 1] 기존의 제조간접원가 배부방법을 사용할 경우 자동차부품 A와 B의 단위당 원가는 얼마인가?

[물음 2] 제조간접원가 ₩30,000 중 10%가 변동제조간접원가이고 나머지 90%가 고정제조간접원가라고 할 때, ㈜한국의 손익분기점 매출수량은 얼마인가? (자동차부품 A와 B의 매출수량비율은 1 : 2로 유지되는 것으로 가정)

[물음 3] 활동기준원가계산시스템을 채택할 경우 자동차부품 A와 B의 단위당 원가는 얼마인가?

> 📋 **Key Point**
> 1. 직접노동시간당 제조간접원가 배부율을 계산한 후 제품별로 배부한다.
> 2. 제조간접원가의 10%가 변동제조간접원가이므로 변동제조간접원가 배부율은 제조간접원가 배부율의 10%이며 고정제조간접원가는 나머지 90%이다.

→| 해답 |

자료정리

> (1) 제조간접원가 예정배부율
>
> $\dfrac{₩30,000}{400시간} = ₩75$
>
> (2) 변동제조간접원가 예정배부율
>
> $\dfrac{₩3,000}{400시간} = ₩7.5$
>
> (3) 고정제조간접원가
>
> ₩30,000 × 90% = ₩27,000
>
> (4) 활동기준원가계산 제품별 제조간접원가
>
> | | | 자동차부품 A | 자동차부품 B |
> |---|---|---|---|
> | 기계 관련 | ₩5 × 760시간 = | ₩3,800 | ₩3,000 |
> | 가동준비 | ₩3 × 1,980회 = | 5,940 | 7,500 |
> | 검사 | ₩8 × 150시간 = | 1,200 | 2,800 |
> | 조립 | ₩6 × 400시간 = | 2,400 | 3,000 |
> | 재료처리 | ₩12 × 10개 = | 120 | 240 |
> | 합계 | | ₩13,460 | ₩16,540 |

[물음 1]

		자동차부품 A	자동차부품 B
직접재료원가		₩40,250	₩60,000
직접노무원가		10,290	11,460
제조간접원가	₩75 × 220시간 =	16,500	13,500
합계		₩67,040	₩84,960
생산량		÷ 200개	÷ 400개
단위당 원가		₩335.2	₩212.4

[물음 2]

(1) 제품별 단위당 변동제조원가

	자동차부품 A	자동차부품 B
직접재료원가	₩40,250	₩60,000
직접노무원가	10,290	11,460
변동제조간접원가 ₩7.5 × 220시간 =	1,650	1,350
합계	₩52,190	₩72,810
생산량	÷ 200개	÷ 400개
단위당 원가	₩260.95	₩182.025

(2) 제품별 단위당 공헌이익

	자동차부품 A	자동차부품 B
판매단가	₩500	₩400
변동제조원가	260.95	182.025
단위당 공헌이익	₩239.05	₩217.975

(3) 묶음당 공헌이익

₩239.05 × 1 + ₩217.975 × 2

= ₩675

(4) 손익분기점 묶음수(Q)

₩675 · Q − ₩27,000 = ₩0

그러므로, Q는 40묶음이다.

(5) 손익분기점 매출수량

자동차부품 A와 B의 손익분기점 매출수량은 각각 40개, 80개이다.

그러므로, ㈜한국의 손익분기점 매출수량은 120개이다.

[물음 3]

	자동차부품 A	자동차부품 B
직접재료원가	₩40,250	₩60,000
직접노무원가	10,290	11,460
제조간접원가	13,460	16,540
합계	₩64,000	₩88,000
생산량	÷ 200개	÷ 400개
단위당 원가	₩320	₩220

문제 09 | 전통적 원가계산과 활동기준원가계산 수익성분석 비교

세무사 02

㈜한국은 최근에 지금까지 대량 생산·판매하여 왔던 표준형 티셔츠에 보다 가볍고 고품질의 고급형 티셔츠를 추가하기로 결정하였다. 이 고급형 티셔츠의 생산에는 보다 비싼 재료가 사용되며, 완성하는 데 더 많은 시간이 소요된다. 표준형 티셔츠는 한 장당 30분만에 재단·재봉질을 마칠 수 있지만, 고급형은 45분이 걸린다. 표준형 티셔츠는 1,000장씩, 고급형 티셔츠는 100장씩 1뱃치로 생산되며 각 뱃치에 대한 품질검사에는 10시간이 소요된다. ㈜한국은 현재 제조간접원가의 배부기준으로 직접노무원가를 사용하고 있다.

	표준형 티셔츠	고급형 티셔츠
단위당 가격	₩20,000	₩60,000
차감: 단위당 직접재료원가	4,000	20,000
단위당 직접노무원가	4,000	6,000
단위당 제조간접원가	6,000	9,000
단위당 매출총이익	₩6,000	₩25,000
단위당 판매관리비	1,000	2,000
단위당 이익	₩5,000	₩23,000
연간 생산·판매량	90,000장	6,000장

㈜한국의 재무담당이사(CFO)인 홍길동 씨는 활동기준원가계산을 적용하게 되면 표준형 티셔츠 및 고급형 티셔츠의 원가 및 수익성을 보다 정확하게 파악할 수 있을 것이라고 믿고 있다.

이를 위해 홍길동 씨는 20×1년도에 제조간접원가 ₩594,000,000에 대한 활동별 원가집합과 원가동인에 관한 자료를 다음과 같이 수집하였다.

<20×1년 중 실제사용된 원가동인량>

활동	활동원가	원가동인	표준형 티셔츠	고급형 티셔츠
노무감독	₩39,600,000	직접노무시간	45,000시간	4,500시간
구매주문	195,000,000	주문횟수	450회	200회
품질검사	359,400,000	품질검사횟수	?	?
계	₩594,000,000			

요구사항

[물음 1] 활동기준원가계산에 입각해서 표준형 티셔츠 및 고급형 티셔츠 각각의 단위당 제조간접원가를 계산하시오.

[물음 2] 활동기준원가계산에 입각해서 표준형 티셔츠 및 고급형 티셔츠 각각의 단위당 이익을 계산하고 수익성을 비교·평가하시오.

[물음 3] 전통적 원가계산제도와 활동기준원가계산의 차이점을 설명하시오.

[물음 4] 어떠한 기업환경 및 제조환경의 변화가 전통적 원가계산제도의 몰락과 활동기준원가계산의 대두를 야기하고 있는지에 대해 언급하라.

[물음 5] 활동기준원가계산이 전통적 원가계산에 비해 어떤 경영상의 개선된 점을 가져다 줄 수 있는지 간단히 논하시오.

📝 **Key Point**

품질검사횟수는 총수량을 뱃치당 수량으로 나누어 계산한다.

─┤ 해답 ├─

자료정리

(1) 제품별 품질검사횟수
- 표준형: 90,000장 ÷ 1,000장 = 90회
- 고급형: 6,000장 ÷ 100장 = 60회

(2) 활동별 배부율
- 노무감독: ₩39,600,000 ÷ (45,000시간 + 4,500시간) = ₩800/직접노무시간
- 구매주문: ₩195,000,000 ÷ (450회 + 200회) = ₩300,000/주문횟수
- 품질검사: ₩359,400,000 ÷ (90회 + 60회) = ₩2,396,000/품질검사횟수

[물음 1]

		표준형 티셔츠	고급형 티셔츠
노무감독	₩800 × 45,000시간 =	₩36,000,000	₩3,600,000
구매주문	₩300,000 × 450회 =	135,000,000	60,000,000
품질검사	₩2,396,000 × 90회 =	215,640,000	143,760,000
계		₩386,640,000	₩207,360,000
수량		÷ 90,000장	÷ 6,000장
단위당 제조간접원가		₩4,296	₩34,560

[물음 2]

	표준형 티셔츠	고급형 티셔츠
단위당 가격	₩20,000	₩60,000
차감: 단위당 직접재료원가	(4,000)	(20,000)
단위당 직접노무원가	(4,000)	(6,000)
단위당 제조간접원가	(4,296)	(34,560)
단위당 매출총이익	₩7,704	₩(560)
단위당 판매관리비	(1,000)	(2,000)
단위당 이익	₩6,704	₩(2,560)

활동기준원가계산을 적용할 경우 고급형의 원가동인 소비량이 표준형에 비하여 상대적으로 많아 고급형의 원가는 높아지고 표준형의 원가는 낮아진다. 따라서 기존 원가계산방법에 비하여 표준형의 수익성은 높아지고 고급형의 수익성은 낮아진다.

[물음 3]

구분	전통적 원가계산	활동기준원가계산
제조간접원가집계	공장 전체 또는 부문	활동중심점
배부기준(원가동인)	조업도 관련 배부기준	다양한 원가동인
원가계산 정확도	상대적으로 낮음	상대적으로 높음
원가측정비용	상대적으로 낮음	상대적으로 높음
원가대상	제품 또는 부문	제품, 공급자, 고객 등 다양

[물음 4]
• 정확한 원가계산과 수익성분석이 필요하다.
• 소품종 대량생산에서 다품종 소량생산으로의 변화는 다양한 원가동인을 요구한다.
• 정보기술의 발달은 상대적으로 적은 비용으로 방대한 자료의 수집 및 분석을 가능하게 한다.
• 연구·개발부터 최종소비자에게 전달되는 모든 과정의 원가를 집계할 필요가 있다.

[물음 5]
• 다양한 원가동인을 사용하여 상대적으로 정확한 원가계산이 가능하다.
• 제품구성이 변하더라도 신축적인 원가계산이 가능하다.
• 활동분석을 통하여 비부가가치활동의 제거 또는 축소 등 원가통제가 가능하다.
• 비재무적인 원가동인을 사용하여 이해하기 쉽고 성과평가에 용이하다.

문제 10 활동기준원가계산과 의사결정

㈜한국은 원가계산시스템 A를 현재 채택하고 있으며, 새로운 원가계산시스템으로의 변경을 고려 중이다. ㈜한국은 표준품과 고급품의 두 가지 제품을 생산·판매하고 있다.

표준품은 월 1회씩 정해진 생산계획에 따라 대량생산하고, 고급품은 주문을 받아 소량생산한다.

㈜한국의 20×1년 한 해 동안의 판매가격, 원가 그리고 생산·운영자료는 다음과 같이 예상된다.

	표준품	고급품
단위당 판매가격	₩100	₩250
단위당 직접재료원가	₩40	₩20
단위당 직접노무시간	0.8시간	0.2시간
직접노무시간당 임률	₩10	₩10
기초재고수량	0개	0개
기말재고수량	1,000개	0개
생산수량	12,000개	2,000개
부품가지수	10가지	10가지
작업준비횟수	12회	18회
두 제품의 연간 제조간접원가		
변동원가	₩30,000	
부품관리비	240,000	
작업준비비	180,000	

분석에 따르면, 제조간접원가는 변동원가와 고정원가로 나뉘는데 변동원가는 직접노무시간에 비례하여 발생하고, 고정원가는 부품관리와 작업준비에 소요되는 원가로 밝혀졌다. 특히 부품관리비는 제품별 생산을 위해 관리해야 하는 부품가지수에 비례하여 발생하며, 작업준비비는 제품별 작업준비횟수에 비례하여 발생하는 것으로 분석되었다.

원가계산시스템 A는 모든 제조간접원가를 직접노무시간을 기준으로 제품에 배부하여 제품원가를 계산한다. 원가계산시스템 B는 제조간접원가 중에서 변동원가는 직접노무시간으로, 부품관리비는 부품가지수로 그리고 작업준비비는 작업준비횟수로 제품에 배부하는 시스템이다.

요구사항

[물음 1] 원가계산시스템 A를 적용하여 표준품과 고급품의 단위당 원가를 계산하시오.

[물음 2] 원가계산시스템 B를 적용하여 표준품과 고급품의 단위당 원가를 계산하시오.

[물음 3] 다음의 물음에 답하시오. 단, ㈜한국의 법인세율은 30%이며, 위 표에서 제시한 자료 이외의 수익과 비용은 없다.

    (1) 원가관리시스템 A를 사용하여 표준품과 고급품의 단위당 영업이익을 계산한 후에 ㈜한국의 20×1년 세후영업이익을 계산하시오.

    (2) 원가관리시스템 B를 사용하여 표준품과 고급품의 단위당 영업이익을 계산한 후에 ㈜한국의 20×1년 세후영업이익을 계산하시오.

[물음 4] [물음 3]과 관련하여 ㈜한국이 20×1년에 원가관리시스템 A와 원가관리시스템 B 중 어떤 원가계산시스템을 채택하는 것이 법인세를 얼마나 감소시킬 수 있는지 5줄 이내로 설명하시오. 단, 설명에 대한 계산근거를 반드시 제시해야 하며 계산근거는 5줄 제한에 포함되지 않는다.

[물음 5] 20×1년에는 ㈜한국이 원가계산시스템 B를 채택했다고 가정하자. 20×2년의 생산량 및 제조원가와 관련한 내역은 20×1년과 동일할 것으로 예상된다. 그러나 20×2년의 판매량은 20×1년과 달리 표준품은 13,000개, 그리고 고급품은 1,500개가 될 것으로 예상된다. ㈜한국이 20×2년에는 원가계산시스템 A와 원가계산시스템 B 중 어떤 원가계산시스템을 채택하는 것이 법인세를 얼마나 감소시킬 수 있는지 5줄 이내로 설명하시오. 단, 설명에 대한 계산근거를 반드시 제시해야 하며 계산근거는 5줄 제한에 포함되지 않는다.

📝 **Key Point**

1. 원가계산시스템 A는 모든 제조간접원가를 직접노무시간을 기준으로, 원가계산시스템 B는 제조간접원가 중에서 변동원가는 직접노무시간으로, 부품관리비는 부품가지수로, 작업준비비는 작업준비횟수를 기준으로 배부한다.
2. 배부율 계산 시 조업도는 생산수량이며 활동소비량은 별도의 언급이 없으므로 총생산수량에 대한 활동소비량으로 처리한다.
3. 영업이익을 계산하는 경우 판매수량을 기준으로 계산한다.
4. 재고가 없다면 어떠한 시스템을 적용하더라도 총발생원가는 당기비용처리되므로 각 시스템별 법인세 차이는 없다. 만약, 각 시스템별 법인세 차이가 발생한다면 그 이유는 재고자산금액 증감에 대한 법인세 차이이다. 즉, 기말재고자산금액이 증가하면 그만큼 이익이 과대계상되어 세율만큼 법인세가 더 발생된다.

─| 해답 |────────────────────

자료정리

(1) 원가계산시스템 A 배부율

$$\frac{₩30,000 + ₩240,000 + ₩180,000}{12,000개 × 0.8시간 + 2,000개 × 0.2시간} = ₩45/직접노무시간$$

(2) 원가계산시스템 B 배부율

- 변동원가: $\dfrac{₩30,000}{12,000개 × 0.8시간 + 2,000개 × 0.2시간} = ₩3/직접노무시간$

- 부품관리비: $\dfrac{₩240,000}{10가지 + 10가지} = ₩12,000/부품가지수$

- 작업준비비: $\dfrac{₩180,000}{12회 + 18회} = ₩6,000/작업준비횟수$

(3) 판매수량

	표준품				고급품			
기초	–	판매	11,000개	기초	–	판매	2,000개
생산	12,000개	기말	1,000개	생산	2,000개	기말	–
	12,000개		12,000개		2,000개		2,000개

[물음 1]

		표준품	고급품
직접재료원가		₩40	₩20
직접노무원가	₩10 × 0.8시간 =	8	2
제조간접원가	₩45 × 0.8시간 =	36	9
단위당 원가		₩84	₩31

[물음 2]

(1) 단위당 제조간접원가

		표준품	고급품
변동원가	₩3 × 0.8시간 × 12,000개 =	₩28,800	₩1,200
부품관리비	₩12,000 × 10가지 =	120,000	120,000
작업준비비	₩6,000 × 12회 =	72,000	108,000
소계		₩220,800	₩229,200
수량		÷ 12,000개	÷ 2,000개
		₩18.4	₩114.6

(2) 단위당 원가

	표준품	고급품
직접재료원가	₩40	₩20
직접노무원가	8	2
제조간접원가	18.4	114.6
단위당 원가	₩66.4	₩136.6

[물음 3]

(1) 원가관리시스템 A

① 단위당 영업이익

	표준품	고급품
단위당 판매가격	₩100	₩250
단위당 제조원가	84	31
단위당 영업이익	₩16	₩219

② 세후영업이익

세전영업이익	11,000개 × ₩16 + 2,000개 × ₩219 =	₩614,000
법인세	₩614,000 × 30% =	(184,200)
세후영업이익		₩429,800

(2) 원가관리시스템 B

① 단위당 영업이익

	표준품	고급품
단위당 판매가격	₩100	₩250
단위당 제조원가	66.4	136.6
단위당 영업이익	₩33.6	₩113.4

② 세후영업이익

세전영업이익	11,000개 × ₩33.6 + 2,000개 × ₩113.4 =	₩596,400
법인세	₩596,400 × 30% =	(178,920)
세후영업이익		₩417,480

[물음 4]

원가관리시스템 B를 선택하는 경우 법인세가 ₩184,200 - ₩178,920 = ₩5,280만큼 감소한다.

별해

> 표준품 기말재고금액 증감으로 인한 법인세 차이
> - 표준품: 1,000개 × (₩84 - ₩66.4) × 30% =   ₩5,280
> - 고급품: -
>   ₩5,280
>
> 즉, 법인세 차이는 표준품 재고금액에 대한 법인세 차이이다.

[물음 5]

(1) 20×2년 제품별 재고현황

표준품				고급품			
기초	1,000개	판매	13,000개	기초	–	판매	1,500개
생산	12,000개	기말	–	생산	2,000개	기말	500개
	13,000개		13,000개		2,000개		2,000개

(2) 20×2년 법인세 감소분

① 원가관리시스템 A 총법인세

표준품 기초재고분의 단위당 제조원가는 원가관리시스템 B를 적용한 ₩66.4이고 당기생산분의 단위당 제조원가는 원가관리시스템 A를 적용한 ₩84이다.

표준품			고급품		
매출	13,000개 × ₩100 =	₩1,300,000	매출	1,500개 × ₩250 =	₩375,000
매출원가	1,000개 × ₩66.4 =	(66,400)	매출원가	1,500개 × ₩31 =	(46,500)
	12,000개 × ₩84 =	(1,008,000)			-
매출총이익		₩225,600	매출총이익		₩328,500
법인세	₩225,600 × 30% =	(67,680)	법인세	₩328,500 × 30% =	(98,550)
세후이익		₩157,920	세후이익		₩229,950

그러므로, 총법인세는 ₩67,680 + ₩98,550 = ₩166,230이다.

② 원가관리시스템 B 총법인세

표준품 기초재고분과 당기생산분의 단위당 제조원가는 원가관리시스템 B를 적용한 ₩66.4이다.

표준품			고급품		
매출	13,000개 × ₩100 =	₩1,300,000	매출	1,500개 × ₩250 =	₩375,000
매출원가	13,000개 × ₩66.4 =	(863,200)	매출원가	1,500개 × ₩136.6 =	(204,900)
매출총이익		₩436,800	매출총이익		₩170,100
법인세	₩436,800 × 30% =	(131,040)	법인세	₩170,100 × 30% =	(51,030)
세후이익		₩305,760	세후이익		₩119,070

그러므로, 총법인세는 ₩131,040 + ₩51,030 = ₩182,070이다.

별해

(1) 원가관리시스템 A 세후영업이익

기초재고분의 단위당 영업이익은 원가관리시스템 B를 적용한 ₩33.6이고 당기생산분의 단위당 영업이익은 원가관리시스템 A를 적용한 ₩16이다.

세전영업이익	1,000개 × ₩33.6 + 12,000개 × ₩16 + 1,500개 × ₩219 =	₩554,100
법인세	₩554,100 × 30% =	(166,230)
세후영업이익		₩387,870

(2) 원가관리시스템 B 세후영업이익

기초재고분과 당기생산분 모두 단위당 영업이익은 원가관리시스템 B를 적용한 ₩33.6이다.

세전영업이익	13,000개 × ₩33.6 + 1,500개 × ₩113.4 =	₩606,900
법인세	₩606,900 × 30% =	(182,070)
세후영업이익		₩424,830

③ 법인세 감소분

원가관리시스템 A를 선택하는 경우 법인세가 ₩182,070 - ₩166,230 = ₩15,840만큼 감소한다.

별해

고급품 기말재고금액 증감으로 인한 법인세 차이
* 표준품: -
* 고급품: 500개 × (₩136.6 - ₩31) × 30% = ₩15,840

   ₩15,840

즉, 법인세 차이는 고급품 재고금액에 대한 법인세 차이이다.

제4장

종합원가계산

㈜한국은 두 단계의 연속적인 제조공정(성형공정과 마무리공정)을 이용하여 자동차부품을 생산·판매하고 있다. 현재 이 회사는 가중평균법에 의한 종합원가계산제도를 이용하여 원가계산을 실시하고 있다.

㈜한국은 마무리공정에서 두 가지 원재료(A와 B)를 투입하고 있으며, 원재료 A는 공정의 40%단계에서 전량 투입하고, 원재료 B는 공정의 70%단계에서 전량 투입하고 있다. 또한 품질검사는 두 번 실시하는데 공정의 50%와 80%단계에서 이루어진다.

가공원가는 전 공정을 통해서 평균적으로 균등하게 발생하며 정상공손은 첫 번째 품질검사를 통과한 정상 품의 5%이고, 두 번째 품질검사를 통과한 정상품의 2%가 발생한다. 공손품의 처분가치는 없다고 가정 한다.

20×1년 5월 중 두 번째 공정(마무리공정)의 작업량과 원가자료는 다음과 같다.

---

(1) 물량자료

기초재공품 수량	
완성도: 90%	100,000단위
당월착수량	900,000
당월완성량	800,000
기말재공품 수량	
완성도: 60%	60,000
완성도: 95%	40,000
공손품 수량	
1차 검사	70,000
2차 검사	30,000

(2) 원가자료

당기제조원가	
직접재료원가	
재료 A	₩108,000,000
재료 B	138,600,000
가공원가	88,465,000
당기전공정대체원가	204,500,000
기초재공품원가	
직접재료원가	
재료 A	₩12,000,000
재료 B	18,000,000
가공원가	9,500,000
전공정대체원가	20,500,000

요구사항

[물음 1] 각 품질검사 단계에서 정상공손수량과 비정상공손수량을 계산하시오.

[물음 2] 원가요소별 완성품환산량을 계산하시오.

[물음 3] 원가요소별 완성품환산량 단위당 원가를 계산하시오.

[물음 4] 회사는 정상공손원가를 모두 완성품원가에 가산한다. 정상공손원가를 반영한 완성품원가를 계산하시오.

[물음 5] 위 물음과 별도로 기초재공품에 포함된 공손원가는 다음과 같다.

> 50% 검사시점: ₩2,103,750
> 80% 검사시점: ₩770,800

회사는 각 검사시점별 정상공손원가를 검사를 통과한 합격품에 물량을 기준으로 배분한다. 정상공손원가를 반영한 완성품원가를 계산하시오.

📑 **Key Point**
1. 기초재공품 수량은 당기에 검사를 통과한 수량이 아니므로 정상공손수량 계산 시 당기 합격품 수량에서 제외한다.
2. 기초재공품에 포함된 정상공손원가는 검사시점별 정상공손원가에 가산한 후 합격품에 배분한다.

자료정리

(1) 1차 검사시점
  ① 합격품 수량
    당월착수량 - 1차 검사 공손물량
    = 900,000단위 - 70,000단위 = 830,000단위
  ② 정상공손수량
    합격품 × 5%
    = 830,000단위 × 5% = 41,500단위
(2) 2차 검사시점
  ① 합격품 수량
    당월착수량 - 1차 검사 공손물량 - 재공품(60%) - 2차 검사 공손물량
    = 900,000단위 - 70,000단위 - 60,000단위 - 30,000단위 = 740,000단위
  ② 정상공손수량
    합격품 × 2%
    = 740,000단위 × 2% = 14,800단위

[물음 1]

(1) 1차 검사시점
  • 정상공손: 41,500단위
  • 비정상공손: 28,500단위(= 70,000단위 - 41,500단위)
(2) 2차 검사시점
  • 정상공손: 14,800단위
  • 비정상공손: 15,200단위(= 30,000단위 - 14,800단위)

[물음 2]

구분		완성품환산량			
		전공정대체원가	재료 A	재료 B	가공원가
완성품	800,000* (100%)	800,000	800,000	800,000	800,000
정상공손	41,500 (50%)	41,500	41,500	–	20,750
비정상공손	28,500 (50%)	28,500	28,500	–	14,250
정상공손	14,800 (80%)	14,800	14,800	14,800	11,840
비정상공손	15,200 (80%)	15,200	15,200	15,200	12,160
기말재공품	60,000 (60%)	60,000	60,000	–	36,000
기말재공품	40,000 (95%)	40,000	40,000	40,000	38,000
		1,000,000	1,000,000	870,000	933,000

* 완성품에는 기초재공품 수량 100,000단위가 포함되어 있다.

[물음 3]

가중평균법이므로 기초재공품원가와 당기제조원가를 합한 후 완성품환산량으로 나누어 계산한다.

	전공정대체원가	재료 A	재료 B	가공원가
기초재공품원가	₩20,500,000	₩12,000,000	₩18,000,000	₩9,500,000
당기제조원가	204,500,000	108,000,000	138,600,000	88,465,000
합계	₩225,000,000	₩120,000,000	₩156,600,000	₩97,965,000
완성품환산량	÷ 1,000,000	÷ 1,000,000	÷ 870,000	÷ 933,000
완성품환산량 단위당 원가	₩225	₩120	₩180	₩105

[물음 4]

(1) 정상공손원가 가산 전 완성품원가

$800,000 × ₩225 + 800,000 × ₩120 + 800,000 × ₩180 + 800,000 × ₩105 = ₩504,000,000$

(2) 50% 검사시점 정상공손원가

$41,500 × ₩225 + 41,500 × ₩120 + 41,500 × 0.5 × ₩105 = ₩16,496,250$

(3) 80% 검사시점 정상공손원가

$14,800 × ₩225 + 14,800 × ₩120 + 14,800 × ₩180 + 14,800 × 0.8 × ₩105 = ₩9,013,200$

(4) 정상공손원가를 반영한 완성품원가

$₩504,000,000 + ₩16,496,250 + ₩9,013,200 = ₩529,509,450$

[물음 5]

	배분 전 원가	공손원가배분 50%	공손원가배분 80%	배분 후 원가
완성품	₩504,000,000	₩16,000,000 [*3]	₩9,600,000 [*4]	₩529,600,000
정상(50%)	16,496,250 + 2,103,750 [*1]	(18,600,000)		
비정상(50%)	11,328,750			11,328,750
정상(80%)	9,013,200 + 770,800 [*2]	296,000	(10,080,000)	
비정상(80%)	9,256,800	304,000		9,560,800
재공품(60%)	24,480,000	1,200,000		25,680,000
재공품(95%)	24,990,000	800,000	480,000	26,270,000
	₩602,439,550			₩602,439,550

[*1] 기초재공품 50% 정상공손원가
[*2] 기초재공품 80% 정상공손원가
[*3] 50% 정상공손원가 완성품 배분액

$₩18,600,000 × \dfrac{800,000}{800,000 + 14,800 + 15,200 + 60,000 + 40,000} = ₩16,000,000$

[*4] 80% 정상공손원가 완성품 배분액

$₩10,080,000 × \dfrac{800,000}{800,000 + 40,000} = ₩9,600,000$

그러므로, 정상공손원가를 반영한 완성품원가는 ₩529,600,000이다.

㈜한국은 단일 제품을 수개의 공정을 통해서 대량생산하는 회사로서 종합원가계산을 적용하고 있다. 다음은 최종 공정의 생산 및 원가자료이다.

구분	수량	완성도
기초재공품	10,000개	0.3
당기착수량	80,000	
완성수량	70,000	
기말재공품	10,000	0.8
정상공손	7,000	
비정상공손	3,000	

재료는 공정의 마지막 정상품에 투입되며 공손은 특정 검사시점이 아닌 전 공정을 통하여 평균적으로 발생하고 있다. 공손품의 잔존가치는 개당 ₩1이다. 기초재공품과 당기원가자료는 다음과 같다.

구분	기초재공품원가	당기투입원가
전공정원가	₩95,000	₩760,000
재료원가	–	700,000
가공원가	526,000	1,300,000

요구사항

[물음 1] 평균법에 의할 경우 완성품, 기말재공품원가를 구하고 비정상공손손실을 구하시오.

[물음 2] 선입선출법에 의할 경우 완성품, 기말재공품원가를 구하고 비정상공손손실을 구하시오.

[물음 3] 정상공손과 비정상공손의 원가처리 방법에 대해서 간략하게 서술하시오.

📑 **Key Point**

1. 공손의 가공원가 진행률
   공손이 전 공정을 통해서 평균적으로 발생하므로 진행률은 50%로 볼 수 있다.
2. 정상공손원가의 처리
   완성품뿐만 아니라 기말재공품에도 정상공손원가를 배부한다. 단, 공손이 평균적으로 발생하므로 기말재공품의 수량은 가공원가의 완성품환산량을 적용한다.

—| 해답 |——————————————————————————

자료정리

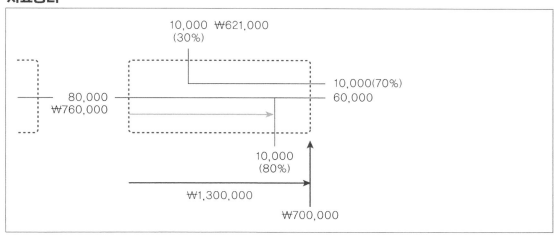

[물음 1]

① 물량흐름 파악(평균법)

		재공품		
기초	10,000(0.3)	완성품	70,000	
		정상공손	7,000(0.5)	
		비정상공손	3,000(0.5)	
착수	80,000	기말	10,000(0.8)	
	90,000		90,000	

② 완성품환산량

	전공정원가	재료원가	가공원가
	70,000	70,000	70,000
	7,000	–	3,500
	3,000	–	1,500
	10,000	–	8,000
	90,000	70,000	83,000

③ 원가요소별 원가

₩855,000	₩700,000	₩1,826,000

④ 환산량 단위당 원가(= ③ ÷ ②)

₩9.5	₩10	₩22

⑤ 원가배분

[1차 배분]

완성품	70,000 × ₩9.5 + 70,000 × ₩10 + 70,000 × ₩22 =	₩2,905,000
정상공손	7,000 × ₩9.5 + 3,500 × ₩22 =	143,500
비정상공손	3,000 × ₩9.5 + 1,500 × ₩22 =	61,500
기말재공품	10,000 × ₩9.5 + 8,000 × ₩22 =	271,000
		₩3,381,000

[2차 배분]

	배분 전 원가	공손품	정상공손배분	배분 후 원가
완성품	₩2,905,000		122,500[*2]	₩3,027,500
정상공손	143,500	(7,000)[*1]	(136,500)[*3]	–
비정상공손	61,500	(3,000)		58,500
기말재공품	271,000		14,000	285,000
공손품	–	10,000		10,000
	₩3,381,000	–	–	₩3,381,000

[*1] 7,000개 × ₩1(공손품의 잔존가치) = ₩7,000

[*2] ₩136,500 × $\dfrac{70,000}{70,000 + 10,000 × 0.8}$ = ₩122,500

[*3] 기초재공품에 전기에 배부받은 정상공손금액이 있다면 합산해야 한다.

그러므로, 완성품원가는 ₩3,027,500, 기말재공품원가는 ₩285,000, 비정상공손손실은 ₩58,500이다.

[물음 2]

① 물량흐름 파악(선입선출법)

재공품				② 완성품환산량		
				전공정원가	재료원가	가공원가
기초	10,000(0.3)	완성품	⌈ 10,000(0.7)	–	10,000	7,000
			⌊ 60,000	60,000	60,000	60,000
		정상공손	7,000(0.5)	7,000	–	3,500
		비정상공손	3,000(0.5)	3,000	–	1,500
착수	80,000	기말	10,000(0.8)	10,000	–	8,000
	90,000		90,000	80,000	70,000	80,000

③ 원가요소별 원가
    ₩760,000   ₩700,000 ₩1,300,000
④ 환산량 단위당 원가(= ③ ÷ ②)
    ₩9.5   ₩10   ₩16.25

⑤ 원가배분

[1차 배분]

완성품	₩621,000 + 60,000 × ₩9.5 + 70,000 × ₩10 + 67,000 × ₩16.25 =	₩2,979,750
정상공손	7,000 × ₩9.5 + 3,500 × ₩16.25 =	123,375
비정상공손	3,000 × ₩9.5 + 1,500 × ₩16.25 =	52,875
기말재공품	10,000 × ₩9.5 + 8,000 × ₩16.25 =	225,000
		₩3,381,000

[2차 배분]

	배분 전 원가	공손품	정상공손배분	배분 후 원가
완성품	₩2,979,750		103,962[*2]	₩3,083,712
정상공손	123,375	(7,000)[*1]	(116,375)	–
비정상공손	52,875	(3,000)		49,875
기말재공품	225,000		12,413	237,413
공손품	–	10,000		10,000
	₩3,381,000	–	–	₩3,381,000

[*1] 7,000개 × ₩1(공손품의 잔존가치) = ₩7,000

[*2] $₩116,375 × \dfrac{7,000 + 60,000}{(7,000 + 60,000) + 10,000 × 0.8} = ₩103,962$

그러므로, 완성품원가는 ₩3,083,712, 기말재공품원가는 ₩237,413, 비정상공손손실은 ₩49,875이다.

[물음 3]

정상공손원가는 공정이 효율적으로 진행되더라도 발생하는 것으로, 양품을 얻기 위해서 소비되는 자원으로 보아 검사시점을 통과한 합격품에 배분해야 한다. 반면에 비정상공손원가는 생산과정에서 비효율적으로 발생하는 것으로 원가에 반영할 수 없고 당기손실처리한다.

세무사 02

㈜한국은 종합원가계산을 사용하여 원가계산을 하고 있다. 직접재료는 생산공정 초에 전량 투입되고, 가공원가는 공정 전반에 걸쳐 균등하게 발생한다. 품질검사는 생산공정이 50% 진행되었을 때 이루어지며, 당기 중 품질검사에 합격한 수량의 10%에 해당하는 공손수량을 정상공손으로 간주한다. 20×1년 3월 중의 생산활동에 대하여 다음과 같은 자료가 얻어졌다.

(1) 수량자료

구분	물량 단위	완성도
기초재공품	50개	40%
당기착수	190	
당기완성	150	
기말재공품	50	60

(2) 원가자료

구분	직접재료원가	가공원가
기초재공품원가	₩100	₩6,000
당기투입원가	9,500	18,000

단, ㈜한국은 평균법에 의하여 재고자산을 평가하고 있다.

요구사항

[물음 1] 종합원가계산을 위한 완성품환산량을 일목요연하게 보이시오.

[물음 2] 완성품환산량 단위당 원가를 계산하시오.
    (즉, 직접재료원가: ₩/개, 가공원가: ₩/개)

[물음 3] 완성품 제조원가(cost of goods manufactured)를 밝히시오.

📑 Key Point

기말재공품 완성도가 60%이므로 정상공손원가를 완성품과 기말재공품에 물량기준으로 배부한다.

자료정리

(1) 총공손수량(Q)

기초재공품 수량 + 당기착수량 = 완성수량 + 총공손수량 + 기말재공품 수량

50개 + 190개 = 150개 + Q + 50개

그러므로, 총공손수량(Q)은 40개이다.

(2) 정상공손수량

합격품 × 10%

= (완성품 + 기말재공품) × 10%

= (150개 + 50개) × 10% = 20개

(3) 배분할 원가(평균법)

- 직접재료원가: ₩100 + 9,500 = ₩9,600
- 가공원가: ₩6,000 + 18,000 = ₩24,000

(4) 종합원가계산절차

① 물량흐름 파악(평균법)

② 완성품환산량

재공품					직접재료원가	가공원가
기초	50(0.4)	완성품		150	150	150
		정상공손		20(0.5)	20	10
		비정상공손		20(0.5)	20	10
착수	190	기말		50(0.6)	50	30
	240			240	240	200

③ 원가

₩9,600 ₩24,000

④ 환산량 단위당 원가(= ③ ÷ ②)

₩40 ₩120

⑤ 원가배분

[1차 배분]

완성품	150 × ₩40 + 150 × ₩120 =	₩24,000
정상공손	20 × ₩40 + 10 × ₩120 =	2,000
비정상공손	20 × ₩40 + 10 × ₩120 =	2,000
기말재공품	50 × ₩40 + 30 × ₩120 =	5,600
		₩33,600

[2차 배분]

	배분 전 원가	공손원가배분	배분 후 원가
완성품	₩24,000	₩1,500[*1]	₩25,500
정상공손	2,000	(2,000)	–
비정상공손	2,000		2,000
기말재공품	5,600	500[*2]	6,100
	₩33,600	–	₩33,600

[*1] $₩2,000 × \dfrac{150}{150 + 50} = ₩1,500$

[*2] $₩2,000 × \dfrac{50}{150 + 50} = ₩500$

[물음 1]

- 직접재료원가: 240개
- 가공원가: 200개

[물음 2]

- 직접재료원가: ₩40/개
- 가공원가: ₩120/개

[물음 3]

완성품: ₩25,500

기초재공품이 검사시점을 통과한 경우 연속공정 종합원가계산

세무사 96 수정

㈜한국은 가구제조업체로서 가구제조공정은 조립부문과 도색부문으로 구성되어 있다. 도색부문에서의 재료원가는 완성시점(100%)에서 투입되며, 가공원가는 평균적으로 발생된다. 또한 도색부문은 가공공정의 70%시점에서 검사를 실시하며, 검사를 통과한 수량의 5%까지를 정상공손으로 허용하고 있다. 도색부문의 기초재공품은 12,000단위(완성률 90%), 전공정대체 수량은 36,000단위, 완성품 수량은 34,000단위, 기말재공품 수량은 10,000단위(완성률 75%)이다. 정상공손원가는 완성품에만 배부한다.
도색부문의 원가 관련 자료는 다음과 같다.

구분	전공정원가	재료원가	가공원가
기초재공품	₩915,000	₩0	₩834,560
당기발생원가	2,273,400	864,960	2,293,410

요구사항

[물음 1] 선입선출법에 의하여 도색부문에 대한 다음 물음에 답하시오.

(1) 정상공손수량과 이상공손수량　　(2) 원가요소별 완성품환산량

(3) 원가요소별 완성품환산량 단위당 원가　(4) 이상공손원가

(5) 완성품원가　　(6) 기말재공품원가

[물음 2] 재공품과 관련된 분개를 하시오.

[물음 3] 위 물음과 별도로 회사의 원가담당자는 기초재공품원가에 정상공손원가 ₩8,765이 누락되어 있음을 확인하였으며 원가흐름의 가정은 평균법을 적용하고자 한다.
평균법하의 원가요소별 완성품환산량 단위당 원가는 다음과 같고 기초재공품 정상공손원가를 반영한 총공손원가를 합격품에 물량을 기준으로 배부할 경우 평균법하의 완성품원가를 구하시오.

전공정원가	재료원가	가공원가
₩66.425	₩25.44	₩70.6

📑 **Key Point**

1. 기초재공품은 전기에 검사를 통과한 물량으로 당기 정상공손원가는 기초재공품 물량을 제외한 당기에 검사를 통과한 합격품에 배분한다.
2. 원칙적으로 기말재공품은 검사시점을 통과한 물량으로 당기 공손원가배분대상에 포함한다. 그러나 문제에서 정상공손원가는 완성품에만 배부하라고 제시되어 있다.
3. 평균법을 적용하는 경우 기초재공품에 포함된 정상공손원가는 당기 정상공손원가에 가산하여 기초재공품 물량을 포함한 합격품에 물량을 기준으로 배부한다.

→| 해답 |

자료정리

(1) 물량흐름도

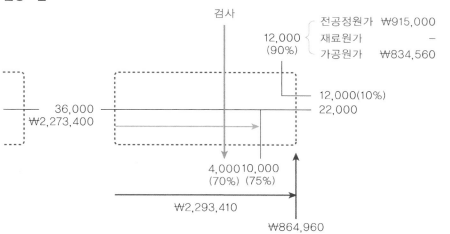

(2) 총공손수량(Q)

기초재공품 수량 + 당기착수량 = 완성수량 + 총공손수량 + 기말재공품 수량

12,000단위 + 36,000단위 = 34,000단위 + Q + 10,000단위

그러므로, 총공손수량(Q)은 4,000단위이다.

(3) 정상공손수량

합격품 × 5%

= (당기 검사를 통과한 완성품 + 기말재공품) × 5%

= (22,000단위 + 10,000단위) × 5% = 1,600단위

(4) 종합원가계산절차(선입선출법)

① 물량흐름 파악

재공품						② 완성품환산량		
						전공정원가	재료원가	가공원가
기초	12,000(0.9)	완성품	┌기초	12,000(0.1)		–	12,000	1,200
			└당기	22,000		22,000	22,000	22,000
		정상공손		1,600(0.7)		1,600	–	1,120
		이상공손		2,400(0.7)		2,400	–	1,680
착수	36,000	기말		10,000(0.75)		10,000	–	7,500
	48,000			48,000		36,000	34,000	33,500

③ 당기발생원가

₩2,273,400 ₩864,960 ₩2,293,410

④ 환산량 단위당 원가(= ③ ÷ ②)

₩63.15 ₩25.44 ₩68.46

⑤ 원가배분

[1차 배분]

완성품 ₩1,749,560 + 22,000 × ₩63.15 + 34,000 × ₩25.44 + 23,200 × ₩68.46 = ₩5,592,092
정상공손   1,600 × ₩63.15 + 1,120 × ₩68.46 =   177,715.2
이상공손   2,400 × ₩63.15 + 1,680 × ₩68.46 =   266,572.8
기말재공품   10,000 × ₩63.15 + 7,500 × ₩68.46 =   1,144,950
                                                                                                            ₩7,181,330

[2차 배분]

	배분 전 원가	공손원가배분	배분 후 원가
완성품	₩5,592,092	₩177,715.2*	₩5,769,807.2
정상공손	177,715.2	(177,715.2)	–
이상공손	266,572.8		266,572.8
기말재공품	1,144,950		1,144,950
	₩7,181,330		₩7,181,330

* 정상공손원가는 완성품에만 배부한다.

(5) 종합원가계산절차(평균법)

① 물량흐름 파악

재공품				② 완성품환산량		
				전공정원가	재료원가	가공원가
기초	12,000(0.9)	완성품	34,000	34,000	34,000	34,000
		정상공손	1,600(0.7)	1,600	–	1,120
		이상공손	2,400(0.7)	2,400	–	1,680
착수	36,000	기말	10,000(0.75)	10,000	–	7,500
	48,000		48,000	48,000	34,000	44,300

③ 원가
                                              ?   ?   ?
④ 환산량 단위당 원가(= ③ ÷ ②)
                                          ₩66.425   ₩25.44   ₩70.6

⑤ 원가배분

[1차 배분]

완성품 34,000 × ₩66.425 + 34,000 × ₩25.44 + 34,000 × ₩70.6 = ₩5,523,810
정상공손   1,600 × ₩66.425 + 1,120 × ₩70.6 =   185,352
이상공손   2,400 × ₩66.425 + 1,680 × ₩70.6 =   278,028
기말재공품   10,000 × ₩66.425 + 7,500 × ₩70.6 =   1,193,750
                                                                                  ₩7,180,940

[2차 배분]

	배분 전 원가	기초재공품 공손원가	공손원가배분	배분 후 원가
완성품	₩5,523,810	–	₩150,000*²	₩5,673,810
정상공손	185,352	₩8,765*¹	(194,117)	–
이상공손	278,028	–	–	278,028
기말재공품	1,193,750	–	44,117	1,237,867
	₩7,180,940	₩8,765	–	₩7,189,705

*¹ 기초재공품 정상공손원가를 가산한다.

*² ₩194,117 × $\dfrac{34,000}{34,000 + 10,000}$ = ₩150,000

[물음 1]

(1) 정상공손수량과 이상공손수량

- 정상공손: 1,600단위
- 이상공손: 2,400단위

(2) 원가요소별 완성품환산량

- 전공정원가: 36,000단위
- 재료원가: 34,000단위
- 가공원가: 33,500단위

(3) 원가요소별 완성품환산량 단위당 원가

- 전공정원가: ₩63.15
- 재료원가: ₩25.44
- 가공원가: ₩68.46

(4) 이상공손원가

₩266,572.8

(5) 완성품원가

₩5,769,807.2

(6) 기말재공품원가

₩1,144,950

[물음 2]

(1) 전공정대체

(차) 재공품(도색)	2,273,400	(대) 재공품(조립)	2,273,400

(2) 도색부문 원가투입

(차) 재공품(도색)	3,158,370	(대) 재료원가	864,960
		가공원가	2,293,410

(3) 제품완성

(차) 제품	5,769,807.2	(대) 재공품(도색)	6,036,380
이상공손	266,572.8		

[물음 3]

정상공손원가 배분 전 완성품원가 + 정상공손원가
= ₩5,523,810 + ₩150,000
= ₩5,673,810

㈜한라는 트래킹용, 산악용, 선수용 세 가지 종류의 운동복을 생산·판매하고 있다. 트래킹용 운동복은 제1 공정에서 완성되며, 산악용 운동복은 제1공정을 거친 후 제2공정에서 완성된다. 선수용 운동복은 제1공정 및 제2공정을 거친 후 제3공정에서 완성된다. 각 제품의 생산을 위해 제1공정 시작시점에 제품별로 상이한 직접재료 A1, A2, A3가 전량 투입되며, 각 공정별 가공작업은 제품별로 차이가 없다. 선수용 운동복의 경우 제3공정 종료시점에 직접재료 B가 전량 투입된다.

(1) 20×1년 5월 제품별 생산량과 직접재료원가는 다음과 같다. 월초 및 월말재고는 없으며 공손 및 감손은 발생하지 않는다.

구분	트래킹용	산악용	선수용
생산량(단위)	400	200	100
직접재료 A1	₩100,000	-	-
직접재료 A2	-	₩64,000	-
직접재료 A3	-	-	₩60,000
직접재료 B	-	-	10,000

(2) 20×1년 5월 공정별 전환원가(가공원가: conversion costs) 자료는 다음과 같다.

구분	제1공정	제2공정	제3공정
전환원가	₩140,000	₩45,000	₩14,400

요구사항

[물음 1] 공정별 완성품 단위당 전환원가를 각각 계산하시오.

[물음 2] 제품별 완성품원가와 완성품 단위당 원가를 각각 계산하시오.

[물음 3] 위에 주어진 자료와 별도로, 제3공정에 월말재고가 존재한다고 가정하고 다음 물음에 답하시오. 20×1년 5월 중 제3공정에서 착수된 선수용 운동복 100단위 중 20단위(전환원가 완성도: 80%)가 월말재공품으로 남아있다. 이 경우 월말재공품 재고액을 계산하시오.

[물음 4] 어떠한 제조환경에서 혼합원가계산(hybrid costing)을 적용할 수 있는지 설명하시오.

📝 **Key Point**

1. 트래킹용은 제1공정, 산악용은 제1공정과 제2공정, 선수용은 제1공정, 제2공정 및 제3공정을 거쳐 완성된다.
2. 가공작업은 제품별로 차이가 없으므로 수량을 기준으로 배분한다.
3. 선수용 운동복의 재공품에는 직접재료 B가 투입되지 않는다. 또한, 제3공정에 재공품이 있는 경우 완성품환산량과 환산량 단위당 원가를 재계산한다.

자료정리

(1) 물량흐름도

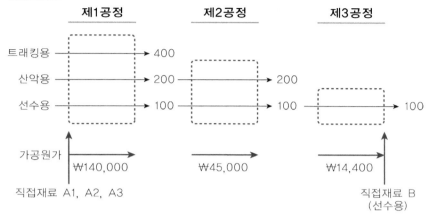

(2) 전환원가의 완성품환산량

① 제1공정

트래킹용 + 산악용 + 선수용

= 400 + 200 + 100 = 700

② 제2공정

산악용 + 선수용

= 200 + 100 = 300

③ 제3공정

선수용

= 100

(3) 공정별 완성품 단위당 전환원가

① 제1공정

$$\frac{₩140,000}{700} = ₩200$$

② 제2공정

$$\frac{₩45,000}{300} = ₩150$$

③ 제3공정

$$\frac{₩14,400}{100} = ₩144$$

[물음 1]
- 제1공정: ₩200
- 제2공정: ₩150
- 제3공정: ₩144

[물음 2]

	트래킹용	산악용	선수용
직접재료원가			
A1, A2, A3	₩100,000	₩64,000	₩60,000
B	-	-	10,000
전환원가			
제1공정	80,000	40,000	20,000 (= ₩200 × 100)
제2공정	-	30,000	15,000 (= ₩150 × 100)
제3공정	-	-	14,400 (= ₩144 × 100)
완성품원가	₩180,000	₩134,000	₩119,400
생산량	÷ 400	÷ 200	÷ 100
완성품 단위당 원가	₩450	₩670	₩1,194

[물음 3]

(1) 제3공정 완성품환산량 단위당 전환원가

$$\frac{₩14,400}{80 + 20 \times 80\%} = ₩150$$

(2) 월말재공품 재고액

직접재료원가	
A3	₩12,000[= (₩60,000 ÷ 100단위) × 20단위]
B	-
전환원가	
제1공정	4,000(= ₩200 × 20단위)
제2공정	3,000(= ₩150 × 20단위)
제3공정	2,400(= ₩150 × 20단위 × 80%)
월말재공품 재고액	₩21,400

[물음 4]
재료원가는 제품별 직접추적이 가능하고, 전환원가는 제품별로 동일하게 투입되는 생산환경에 혼합원가 계산을 적용할 수 있다.

다음은 ㈜한국의 7월과 8월에 대한 자료이다.

재료 X는 공정 초기에 투입되고 재료 Y는 공정의 50%시점에서 투입되며 가공원가는 공정 전반에 걸쳐서 발생된다. 당사는 선입선출법에 의하여 원가계산을 하고 있다.

---

(1) 7월의 단위당 원가는 다음과 같다.

재료 X: ₩140, 재료 Y: ₩90, 가공원가: ₩260

(2) 8월의 단위당 원가는 다음과 같다.

재료 X: ₩150, 재료 Y: ₩95, 가공원가: ₩280

(3) 7월 초 재공품원가는 ₩650,000이다.

(4) 7월과 8월의 생산 관련 자료는 다음과 같다.

구분	7월	8월
당기착수	4,500개	5,000개
당기완성	5,000	6,000

(5) 7월 말 재공품 2,000개의 완성도는 다음과 같다.

1,000개: 90%, 500개: 40%, 500개: 20%

요구사항

[물음 1] 7월의 가공원가 완성품환산량은 5,200개이다. 기초재공품의 완성도는 얼마인가?

[물음 2] 7월의 완성품원가와 기말재공품원가는 얼마인가?

[물음 3] 8월의 가공원가 완성품환산량은 5,600개이다. 기말재공품의 완성도는 얼마인가?

[물음 4] 8월의 완성품원가와 기말재공품원가는 얼마인가?

📝 **Key Point**

1. 7월 말 재공품은 8월 초 재공품이다.
2. 7월과 8월의 물량흐름을 먼저 파악한다.
   - 7월: 당기착수, 당기완성 및 기말재공품 수량을 이용하여 기초재공품 수량을 추정할 수 있다.
   - 8월: 당기착수, 당기완성 및 기초재공품(7월 말 재공품) 수량을 이용하여 기말재공품 수량을 추정할 수 있다.
3. 7월의 기초재공품 완성도와 8월의 기말재공품 완성도는 가공원가의 완성품환산량을 이용하여 계산할 수 있다.

자료정리

(1) 물량흐름도

 • 7월

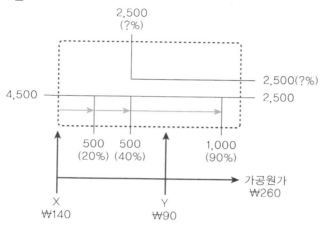

 • 8월

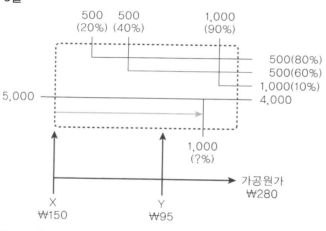

(2) 7월 초 재공품 완성도

7월 초 재공품 가공원가 완성품환산량을 x라 한 후 정리하면 다음과 같다.

x + 2,500 + 500 × 20% + 500 × 40% + 1,000 × 90% = 5,200개

x는 1,500개로 당월 완성도는 60%(= 1,500개 ÷ 2,500개)이므로 기초재공품의 완성도는 40%이다.

(3) 8월 말 재공품 완성도

8월 말 재공품 가공원가 완성품환산량을 x라 한 후 정리하면 다음과 같다.

500 × 80% + 500 × 60% + 1,000 × 10% + 4,000 + x = 5,600개

x는 800개로 기말재공품의 완성도는 80%(= 800개 ÷ 1,000개)이다.

[물음 1]

40%

[물음 2]

① 물량흐름 파악(선입선출법)

재공품			
기초	2,500 (0.4)	완성 ┌	2,500 (0.6)
착수	4,500	└	2,500
		기말 ┌	500 (0.2)
		│	500 (0.4)
		└	1,000 (0.9)
	7,000		7,000

② 완성품환산량

	재료 X	재료 Y	가공원가
	–	2,500	1,500
	2,500	2,500	2,500
	500	–	100
	500	–	200
	1,000	1,000	900
	4,500	6,000	5,200

③ 당기발생원가

?	?	?

④ 환산량 단위당 원가(= ③ ÷ ②)

₩140	₩90	₩260

⑤ 완성품원가와 기말재공품원가

완성품원가	₩650,000 + 2,500 × ₩140 + 5,000 × ₩90 + 4,000 × ₩260 =	₩2,490,000
기말재공품원가	2,000 × ₩140 + 1,000 × ₩90 + 1,200 × ₩260 =	682,000
		₩3,172,000

[물음 3]

80%

[물음 4]

① 물량흐름 파악(선입선출법)

재공품			
기초 ┌	500 (0.2)	완성 ┌	500 (0.8)
│	500 (0.4)	│	500 (0.6)
└	1,000 (0.9)	│	1,000 (0.1)
		└	4,000
착수	5,000	기말	1,000 (0.8)
	7,000		7,000

② 완성품환산량

	재료 X	재료 Y	가공원가
	–	500	400
	–	500	300
	–	–	100
	4,000	4,000	4,000
	1,000	1,000	800
	5,000	6,000	5,600

③ 당기발생원가

?	?	?

④ 환산량 단위당 원가(= ③ ÷ ②)

₩150	₩95	₩280

⑤ 완성품원가와 기말재공품원가

완성품원가	₩682,000 + 4,000 × ₩150 + 5,000 × ₩95 + 4,800 × ₩280 =	₩3,101,000
기말재공품원가	1,000 × ₩150 + 1,000 × ₩95 + 800 × ₩280 =	469,000
		₩3,570,000

다음을 읽고 물음에 답하시오.

㈜한국은 단일공정을 통해 제품 A를 대량생산하고 있다. 직접재료는 X재료와 Y재료로 구성되며, X재료는 공정 초기에 모두 투입되고 Y재료는 공정의 60%시점에서 모두 투입된다. 가공원가는 공정 전체를 통해 평균적으로 발생한다. 공정의 80%시점에서 품질검사가 이루어지며, 정상공손 허용수준은 합격품 수량의 10%이다. 공손품의 순실현가치는 없다. ㈜한국은 가중평균법에 의한 종합원가계산을 적용하여 제품원가를 계산하고 있다. 당기의 생산 및 원가자료는 다음과 같다. 비정상공손원가는 기간비용으로 처리하고 정상공손원가는 물량 단위를 기준으로 합격품에 배부한다. 단, 괄호 안의 수치는 가공원가 완성도를 의미한다.

항목	물량 단위	X재료원가	Y재료원가	가공원가
기초재공품	1,000(30%)	₩82,000	–	₩50,000
당기투입	8,000	746,000	₩846,000	1,310,000
당기완성품	5,000			
기말재공품	3,000(90%)			

요구사항

[물음 1] 정상공손원가를 합격품에 배부한 후의 완성품원가와 기말재공품원가를 구하시오.

[물음 2] 공정의 50%시점에서 품질검사를 실시하여도 공정의 80%시점에서 품질검사를 한 경우와 동일한 수량의 공손품을 발견할 수 있다고 한다. 품질검사시점을 50%로 변경할 경우의 최대 원가절감액을 구하시오(단, 가공원가는 모두 변동원가로 간주한다).

[물음 3] [물음 1]에서 정상공손원가를 배부한 후의 완성품원가는 ₩2,000,000이고, 비정상공손원가는 ₩100,000으로 산출되었으며, 다음과 같이 회계처리하였다고 가정한다.

(차) 제품	2,000,000	(대) 재공품	2,100,000
비정상공손원가(기간비용)	100,000		

만일, 공손품의 순실현가치가 다음과 같이 추정되었을 경우, 상기의 자료를 이용하여 올바른 회계처리를 하시오. 다른 조건은 문제에 주어진 것과 동일하다.

항목	단위당 금액		물량 단위	순실현가치
	판매가격	판매비		
정상공손	₩250	₩75	800	₩140,000
비정상공손	250	50	200	40,000

1. 검사시점을 변경할 경우 공정의 60%시점에 투입되는 Y재료와 변동원가인 가공원가를 줄일 수 있다. 단, 가공원가의 경우 감소된 완성품환산량만큼 줄일 수 있다.
2. 공손의 순실현가치는 공손원가에서 차감한 후 순정상공손원가를 합격품에 배분하므로 공손의 처분가치만큼 합격품에 배분되는 정상공손원가가 감소한다. 또한, 공손의 처분가치는 공손품으로 인식한다.

─┤ 해답 ├─

자료정리

(1) 총공손수량(Q)

기초재공품 물량 + 당기착수량 = 완성물량 + 총공손물량 + 기말재공품 물량

1,000단위 + 8,000단위 = 5,000단위 + Q + 3,000단위

그러므로, 총공손수량(Q)은 1,000단위이다.

(2) 정상공손수량

합격품 × 10%

= (완성품 + 기말재공품) × 10%

= (5,000단위 + 3,000단위) × 10% = 800단위

(3) 물량흐름 및 완성품환산량 계산

생산흐름	물량 단위	완성품환산량		
		X재료	Y재료	가공원가
기초재공품	1,000			
당기착수량	8,000			
	9,000			
당기완성품	5,000	5,000	5,000	5,000
정상공손(8,000단위 × 10%)	800(80%)	800	800	640
비정상공손(1,000단위 – 800단위)	200(80%)	200	200	160
기말재공품	3,000(90%)	3,000	3,000	2,700
	9,000	9,000	9,000	8,500

(4) 총원가요약 및 환산량 단위당 원가

	X재료	Y재료	가공원가	합계
기초재공품	₩82,000		₩50,000	₩132,000
당월제조원가	746,000	₩846,000	1,310,000	2,902,000
계	₩828,000	₩846,000	₩1,360,000	₩3,034,000
완성품환산량	÷ 9,000	÷ 9,000	÷ 8,500	
환산량 단위당 원가	₩92	₩94	₩160	

[물음 1]

(1) 1차 배분

완성품	5,000 × ₩92 + 5,000 × ₩94 + 5,000 × ₩160 =	₩1,730,000
정상공손	800 × ₩92 + 800 × ₩94 + 640 × ₩160 =	251,200
비정상공손	200 × ₩92 + 200 × ₩94 + 160 × ₩160 =	62,800
기말재공품	3,000 × ₩92 + 3,000 × ₩94 + 2,700 × ₩160 =	990,000
		₩3,034,000

(2) 2차 배분

	배분 전 원가	정상공손배분	배분 후 원가
완성품	₩1,730,000	₩157,000*	₩1,887,000
정상공손	251,200	(251,200)	–
비정상공손	62,800	–	62,800
기말재공품	990,000	94,200	1,084,200
	₩3,034,000		₩3,034,000

$$* \ ₩251,200 × \frac{5,000}{5,000 + 3,000} = ₩157,000$$

그러므로, 정상공손원가를 합격품에 배부한 후의 완성품원가와 기말재공품원가는 각각 ₩1,887,000, ₩1,084,200이다.

[물음 2]

(1) 60%에 투입되는 재료 절감액

(800단위 + 200단위) × ₩94 = ₩94,000

(2) 가공원가 절감액

(800단위 × 30% + 200단위 × 30%) × ₩160 = ₩48,000

(3) 최대 원가절감액

₩94,000 + ₩48,000 = ₩142,000

[물음 3]

(1) 공손품계정

₩140,000 + ₩40,000 = ₩180,000

(2) 완성품원가

배부된 정상공손원가 중에서 공손품의 순실현가치만큼 차감한다.

$$₩2,000,000 - ₩140,000 × \frac{5,000}{5,000 + 3,000} = ₩1,912,500$$

(3) 비정상공손원가

₩100,000 - ₩40,000 = ₩60,000

(4) 회계처리

(차) 제품	1,912,500	(대) 재공품	2,152,500
공손품	180,000		
비정상공손	60,000		

다음은 ㈜한국의 원가계산자료이다.

기초재공품	1,000 (완성도 70%)
당기착수	5,400
당기완성	5,000
기말재공품	600 (완성도 90%)

구분	전공정원가	A재료원가	B재료원가	가공원가	정상공손원가
기초재공품원가	₩8,300	₩3,640	–	₩8,580	₩450
당기투입원가	62,100	16,200	₩37,500	86,460	–

정상공손은 검사시점을 통과한 정상품의 10%이며, A재료와 B재료는 각각 공정시점과 공정종점에서 투입된다.

요구사항

[물음 1] 재공품 평가방법은 선입선출법이고 검사시점은 50%를 가정하시오.

(1) 정상공손수량을 구하시오.

(2) 완성품환산량을 구하시오.

(3) 완성품환산량 단위당 원가를 구하시오.

(4) 다음을 계산하시오.
   ① 정상공손원가
   ② 비정상공손원가
   ③ 완성품원가(공손원가배분 후)
   ④ 기말재공품원가(공손원가배분 후)

[물음 2] 재공품 평가방법은 평균법이고 검사시점은 50%이며 완성품환산량 단위당 원가가 다음과 같을 경우 물음에 답하시오.

전공정원가	A재료원가	B재료원가	가공원가
₩11.0	₩3.1	₩7.5	₩16.0

(1) 정상공손수량을 구하시오.

(2) 정상공손원가배분 후 완성품원가를 구하시오(단, 원 미만은 반올림할 것).

[물음 3] 재공품 평가방법은 선입선출법이고 검사시점이 95%일 경우 다음의 물음에 답하시오(단, [물음 1]의 완성품환산량 단위당 원가를 가정하고 원 미만은 반올림할 것).

　　　　(1) 정상공손원가를 구하시오.

　　　　(2) 완성품에 배부될 정상공손원가를 구하시오.

[물음 4] 정상공손원가를 물량기준으로 배분하는 것이 금액기준으로 배분하는 것보다 더 합리적인 이유는 무엇인가?

[물음 5] 공손원가의 배분 시 공손의 회계처리에 대한 가정을 설명하시오.

> **📑 Key Point**
> 1. 기초재공품은 전기에 검사를 통과한 물량으로 기초재공품원가에는 전기에 배부받은 정상공손원가가 포함되어 있다.
> 2. 기초재공품이 전기에 검사를 통과하고, 평균법을 적용하는 경우 당기 합격품에 기초재공품 물량은 제외한다.
> 3. 기말재공품은 당기에 검사를 통과한 합격품이므로 정상공손원가배분대상에 포함한다.
> 4. 평균법의 경우 기초재공품의 정상공손원가는 당기 정상공손원가와 합하여 기초재공품을 포함한 검사시점을 통과한 합격품에 물량기준으로 배분한다.

자료정리

(1) 물량흐름도

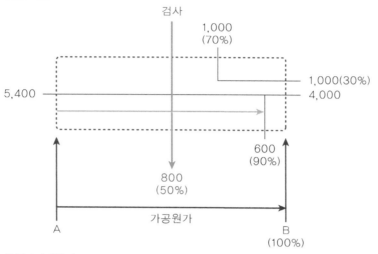

(2) 총공손수량(Q)

기초재공품 수량 + 당기착수량 = 완성수량 + 총공손수량 + 기말재공품 수량

1,000개 + 5,400개 = 5,000개 + Q + 600개

그러므로, 총공손수량(Q)은 800개이다.

(3) 정상공손수량

① 합격품

당기착수량 − 총공손수량

= 5,400개 − 800개 = 4,600개

② 정상공손수량

합격품 × 10%

= 4,600개 × 10% = 460개

(4) 원가요소별 완성품환산량(선입선출법)

		전공정원가	A재료원가	B재료원가	가공원가
완성품					
기초	1,000 (0.3)	–	–	1,000	300
당기	4,000	4,000	4,000	4,000	4,000
정상공손	460 (0.5)	460	460	–	230
비정상공손	340 (0.5)	340	340	–	170
기말재공품	600 (0.9)	600	600	–	540
		5,400	5,400	5,000	5,240

(5) 원가요소별 완성품환산량 단위당 원가

	전공정원가	A재료원가	B재료원가	가공원가
당기발생원가	₩62,100	₩16,200	₩37,500	₩86,460
완성품환산량	÷5,400	÷5,400	÷5,000	÷5,240
완성품환산량 단위당 원가	₩11.5	₩3	₩7.5	₩16.5

[물음 1]

(1) 정상공손수량

460개

(2) 완성품환산량

전공정원가	A재료원가	B재료원가	가공원가
5,400	5,400	5,000	5,240

(3) 완성품환산량 단위당 원가

전공정원가	A재료원가	B재료원가	가공원가
₩11.5	₩3	₩7.5	₩16.5

(4) 공손원가, 완성품원가 및 기말재공품원가

[1차 배분]

완성품	₩20,970 + 4,000 × ₩11.5 + 4,000 × ₩3 + 5,000 × ₩7.5 + 4,300 × ₩16.5 =	₩187,420
정상공손	460 × ₩11.5 + 460 × ₩3 + 230 × ₩16.5 =	10,465
비정상공손	340 × ₩11.5 + 340 × ₩3 + 170 × ₩16.5 =	7,735
기말재공품	600 × ₩11.5 + 600 × ₩3 + 540 × ₩16.5 =	17,610
		₩223,230

[2차 배분]

	배분 전	배분	배분 후
완성품	₩187,420	₩9,100[*1]	₩196,520
정상공손	10,465	(10,465)	–
비정상공손	7,735		7,735
기말재공품	17,610	1,365[*2]	18,975
	₩223,230		₩223,230

[*1] $₩10,465 × \dfrac{4,000}{4,000 + 600} = ₩9,100$

[*2] $₩10,465 × \dfrac{600}{4,000 + 600} = ₩1,365$

① 정상공손원가: ₩10,465

② 비정상공손원가: ₩7,735

③ 완성품원가(공손원가배분 후): ₩196,520

④ 기말재공품원가(공손원가배분 후): ₩18,975

[물음 2]

• 평균법하의 원가요소별 완성품환산량

		전공정원가	A재료원가	B재료원가	가공원가
완성품	5,000	5,000	5,000	5,000	5,000
정상공손	460(0.5)	460	460	–	230
비정상공손	340(0.5)	340	340	–	170
기말재공품	600(0.9)	600	600	–	540
		6,400	6,400	5,000	5,940

[1차 배분]

완성품	5,000 × ₩11.0 + 5,000 × ₩3.1 + 5,000 × ₩7.5 + 5,000 × ₩16.0 =	₩188,000
정상공손	460 × ₩11.0 + 460 × ₩3.1 + 230 × ₩16.0 =	10,166
비정상공손	340 × ₩11.0 + 340 × ₩3.1 + 170 × ₩16.0 =	7,514
기말재공품	600 × ₩11.0 + 600 × ₩3.1 + 540 × ₩16.0 =	17,100
		₩222,780

[2차 배분]

	배분 전	배분	배분 후
완성품	₩188,000	₩9,479 [*1]	₩197,479
정상공손	10,166 + 450	(10,616)	-
비정상공손	7,514		7,514
기말재공품	17,100	1,137 [*2]	18,237
	₩223,230		₩223,230

[*1] $₩10,616 × \dfrac{5,000}{5,000 + 600} = ₩9,479$

[*2] $₩10,616 × \dfrac{600}{5,000 + 600} = ₩1,137$

(1) 정상공손수량

460개

(2) 정상공손원가배분 후 완성품원가

₩197,479

[물음 3]

(1) 정상공손원가

- 정상공손수량: 합격품 × 10%
  = 5,000개 × 10% = 500개
- 정상공손원가: 500 × ₩11.5 + 500 × ₩3 + 500 × 95% × ₩16.5 = ₩15,088

(2) 완성품에 배부될 정상공손원가

기말재공품은 검사시점을 통과하지 않으므로 정상공손원가 ₩15,088 전액을 완성품에 가산한다.

[물음 4]

정상공손원가는 합격품을 생산하기 위한 불가피한 손실이므로 합격품에 배분해야 한다. 공손은 검사시점 이후 진행되지 않기 때문에 검사시점을 통과한 물량은 모두 정상공손을 배부받을 자격이 있어 물량을 기준으로 배분하는 것이 합리적이다. 즉, 금액을 기준으로 배분하면 동일한 합격물량에 공손원가배분금액이 달라질 수 있다.

[물음 5]

공손은 정상공손과 비정상공손으로 구분할 수 있으며 정상공손은 정상품을 생산하기 위해서 발생할 수 있는 불가피한 손실로 보아 정상품원가에 가산하며 비정상공손원가는 원가성이 없는 것으로 보아 당기손실처리한다.

또한, 기초재공품이 전기에 검사를 받지 않고 당기에 검사시점을 통과하는 상황에서 선입선출법을 적용하는 경우 당기 공손은 당기착수물량에서 발생하는 것으로 가정한다. 이를 수정된 선입선출법이라 한다.

한국회사는 제1공정을 거쳐 제2공정에서 단일의 완제품을 생산하고 있다. 한국회사의 제2공정에서는 공정 초에 직접재료를 전량 투입하며, 가공원가는 제2공정 전반에 걸쳐 균등하게 발생한다.

한국회사의 제2공정은 월초재공품 3,000단위(가공원가 완성도: 30%)로 20×1년 6월에 시작했다. 제2공정에서의 6월 중 생산착수량은 17,000단위이고, 6월 말 재공품은 4,000단위(가공원가 완성도: 50%)이고, 6월 중 완성품 수량은 14,000단위이다.

20×1년 6월 한국회사 제2공정의 월초재공품원가와 가중평균법에 의하여 계산한 원가요소별 완성품환산량 단위당 원가자료는 다음과 같다.

구분	전공정원가	직접재료원가	가공원가
월초재공품원가	₩40,000	₩48,000	₩20,700
완성품환산량 단위당 원가	19	17.7	23

한국회사의 제2공정에서는 공손품 검사를 공정의 40%시점에서 실시하며, 당월에 검사를 통과한 합격품의 10%를 정상공손으로 간주한다. 6월 중 제2공정에서 발견된 공손품은 추가가공 없이 처분하며, 판매부대비용은 발생하지 않을 것으로 예상되고 예상 판매가격은 단위당 ₩4이다.

한국회사는 정상공손의 원가를 당월완성품과 월말재공품에 배부하는 회계처리를 적용한다.

위에 주어진 자료를 이용하여 다음 각 물음에 답하시오.

요구사항

[물음 1] 선입선출법을 이용하여 6월 한국회사 제2공정의 원가요소별 완성품환산량을 계산하시오.

[물음 2] 선입선출법을 이용하여 6월 한국회사 제2공정의 원가요소별 완성품환산량 단위당 원가를 계산하시오.

[물음 3] 다음 물음에 답하시오.
   (1) 선입선출법을 이용하여 6월 한국회사 제2공정에서의 당월완성품원가와 월말재공품원가를 계산하시오.
   (2) (1)과 관련된 월말 분개를 하시오.

[물음 4] 한국회사의 6월 제2공정에서 발생한 원가요소별로 원가가 전월인 5월과 비교하여 어떻게 변화하였는지 설명하시오.

[물음 5] 공손이 있는 경우의 원가계산에 있어 일반적으로 검사시점에서 발견된 공손에 대해 어떠한 가정을 하는지에 대해 3줄 이내로 간단히 기술하시오.

📋 Key Point

1. 선입선출법을 적용하기 위해서는 당기발생원가를 추정해야 한다.
2. 가중평균법이므로 월초재공품원가에 당기발생원가를 합한 금액을 완성품환산량으로 나누면 환산량 단위당 원가를 계산할 수 있다. 따라서, 주어진 환산량 단위당 원가와 완성품환산량을 이용하여 당기발생원가를 계산할 수 있다.
3. 월초재공품을 월초재공품의 완성품환산량으로 나눈 완성품환산량 단위당 원가와 선입선출법에 의한 당월 완성품환산량 단위당 원가를 비교한다.

자료정리

(1) 물량흐름도

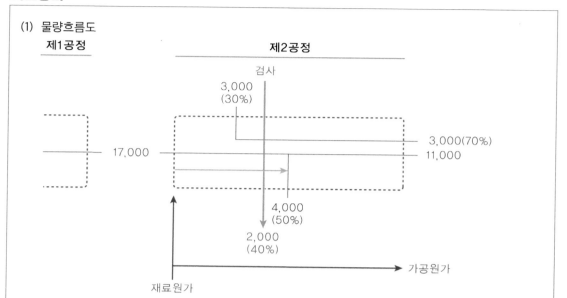

(2) 제조원가보고서

① 물량흐름 파악(선입선출법)

재공품				
월초	3,000(0.3)	완성품 ┌ 월초	3,000(0.7)	
		└ 당월	11,000	
		정상공손	1,800(0.4)	
		비정상공손	200(0.4)	
착수	17,000	월말	4,000(0.5)	
	20,000		20,000	

② 완성품환산량

	전공정원가	재료원가	가공원가
	–	–	2,100
	11,000	11,000	11,000
	1,800	1,800	720
	200	200	80
	4,000	4,000	2,000
	17,000	17,000	15,900

③ 당기발생원가[1]

₩340,000 ₩306,000 ₩365,700

④ 환산량 단위당 원가(= ③ ÷ ②)

₩20 ₩18 ₩23

⑤ 원가배분

[1차 배분]

완성품	₩108,700 + 11,000 × ₩20 + 11,000 × ₩18 + 13,100 × ₩23 =	₩828,000
정상공손	1,800 × ₩20 + 1,800 × ₩18 + 720 × ₩23 =	84,960
비정상공손	200 × ₩20 + 200 × ₩18 + 80 × ₩23 =	9,440
월말재공품	4,000 × ₩20 + 4,000 × ₩18 + 2,000 × ₩23 =	198,000
		₩1,120,400

[2차 배분]

	배분 전 원가	공손품	순공손원가	공손원가배분	배분 후 원가
완성품	₩828,000			₩60,480[*3]	₩888,480
정상공손	84,960	₩(7,200)[*2]	₩77,760	(77,760)	–
비정상공손	9,440	(800)	8,640		8,640
월말재공품	198,000			17,280	215,280
공손품	–	8,000			8,000
	₩1,120,400				₩1,120,400

[*1] 당기발생원가
전공정원가(x): (₩40,000 + x) ÷ 20,000 = @19, x = ₩340,000
재료원가(y): (₩48,000 + y) ÷ 20,000 = @17.7, y = ₩306,000
가공원가(z): (₩20,700 + z) ÷ 16,800 = @23, z = ₩365,700
[*2] 공손품원가(공손품의 순실현가치): 1,800 × @4 = ₩7,200

[*3] 공손원가배분: ₩77,760 × $\dfrac{14,000}{18,000}$ = ₩60,480

[물음 1]

- 전공정원가: 17,000
- 재료원가: 17,000
- 가공원가: 15,900

[물음 2]

- 전공정원가: ₩20
- 재료원가: ₩18
- 가공원가: ₩23

[물음 3]

(1) 당월완성품원가와 월말재공품원가

- 당월완성품원가: ₩888,480
- 월말재공품원가: ₩215,280

(2) 분개

(차) 완성품	888,480	(대) 재공품	905,120
공손품	8,000		
공손손실	8,640		

[물음 4]

선입선출법에 의한 완성품환산량 단위당 원가 비교

		5월	6월	변화
전공정원가	₩40,000 ÷ 3,000 =	₩13	₩20	증가
재료원가	48,000 ÷ 3,000 =	₩16	₩18	증가
가공원가	20,700 ÷ 900 =	₩23	₩23	불변

[물음 5]

기초재공품이 당기에 검사시점을 통과했더라도 당기공손의 원가는 당기발생원가로부터 배분되며 이를 수정된 선입선출법이라 한다.

또한, 기초재공품이 전기에 이미 검사시점을 통과한 경우 원가흐름의 가정으로 평균법을 적용하더라도 정상공손수량은 선입선출법에 의하여 계산된 정상공손수량과 동일하다.

[문제 1 - 1]

㈜한국은 단일공정에서 제품 A를 생산·판매하고 있다. 완제품의 판매가격은 단위당 ₩1,000이다. 회사는 실제원가에 의한 종합원가계산을 적용하고 있다. 제품 생산을 위해 직접재료 M1은 공정의 시작시점에 전량 투입되며, 직접재료 M2는 공정의 70%시점에서 전량 투입된다. 전환원가(가공원가: conversion costs)는 공정 전반에 걸쳐 균등하게 발생한다.

당기 중 생산 및 원가자료는 다음과 같다.

구분	물량 단위	직접재료원가		전환원가
		M1	M2	
기초재공품	100(50%)	₩12,000	₩0	₩35,000
당기착수 및 투입	900	?	?	?
기말재공품	200(90%)	?	?	?

단, 괄호 안의 숫자는 전환원가 완성도를 의미하고, 공손품은 발생하지 않는다.

회사의 재공품 평가방법은 선입선출법이며, 원가요소별로 완성품환산량 단위당 원가는 다음과 같이 계산되었다.

구분	직접재료원가		전환원가
	M1	M2	
완성품환산량 단위당 원가	₩150	₩100	₩700

기초 및 기말제품재고는 없으며, 주어진 자료 이외의 수익과 비용은 고려하지 않는다.

요구사항

[물음 1] 당기에 투입된 직접재료 M1의 원가, 직접재료 M2의 원가와 전환원가는 각각 얼마인가?

[물음 2] 당기에 생산된 제품이 모두 판매되었다면 이익(또는 손실)은 얼마인가?

[물음 3] 주어진 자료에 다음 사항이 추가되었다고 가정한다.

> 공정의 종료시점에 품질검사를 실시하였으며, 당기에 착수하여 완성한 물량 중 50단위가 공손품으로 판명되었다. 공손품은 모두 비정상적으로 발생한 것으로 처분가치가 없다.

(1) 품질검사에 합격한 완성품을 모두 판매하였다면 이익(또는 손실)은 얼마인가?

(2) 비정상공손원가가 합격품원가에 포함될 경우에 발생될 수 있는 문제점을 설명하시오(3줄 이내로 답할 것).

[문제 1 - 2]

㈜대한은 범용기계를 이용하여 제품 X와 제품 Y를 생산하고 있다. 범용기계의 가동시간은 연간 1,000시간으로 제약되어 있다. 각 제품에 대한 20×1년도 예산자료는 다음과 같다.

구분	제품 X	제품 Y
단위당 판매가격	₩200	₩300
단위당 변동원가	80	200
단위당 범용기계 소요시간	1시간	0.5시간
연간 최대수요량	900단위	1,000단위

설비와 관련된 고정원가총액은 ₩150,000이다. 모든 제품은 생산 즉시 판매되므로, 재고를 보유하고 있지 않다.

※ 아래의 물음은 상호 독립적이다.

요구사항

[물음 1] 이익을 극대화하기 위해서는 어느 제품을 얼마만큼 생산해야 하는가?

[물음 2] 20×1년 초에 ₩12,000의 고정원가를 추가하여 범용기계의 연간 가동시간을 500시간만큼 증가시킨다면, 이익은 얼마나 증가(또는 감소)하는가?

[물음 3] 20×1년 초에 ₩12,000의 고정원가를 지출하여 범용기계의 최대가동시간을 연간 1,500시간으로 확장하였으며, 제품 X와 제품 Y를 각각 900단위, 1,000단위씩 생산할 예정이다. 그런데, 거래처인 ㈜서울로부터 제품 Z를 단위당 ₩270의 가격에 600단위 구입하겠다는 주문(이하, 특별주문)을 받았다. 제품 Z의 단위당 변동원가는 ₩150이고, 단위당 범용기계의 소요시간은 0.5시간이다. 특별주문은 기존 시장에 영향을 미치지 않을 것으로 예상되며, 특별주문량의 부분 수락은 할 수 없다.

  (1) ㈜대한이 특별주문을 수락하면 이익은 얼마나 증가(또는 감소)하는가?

  (2) 제품 Z의 특별주문량이 400단위라고 가정하자. 특별주문을 수락하기 위한 제품 단위당 최소가격은 얼마인가?

📑 **Key Point**

1. 완성품환산량 단위당 원가에 완성품환산량을 곱하여 당기발생원가를 계산할 수 있다.
2. 공손품이 비정상이므로 영업이익 계산 시 당기비용처리한다.

자료정리

(문제 1 - 1)
(1) 물량흐름도
- [물음 1, 2]

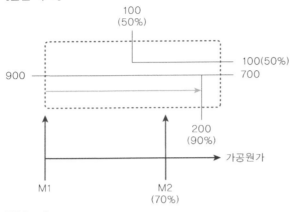

- [물음 3]

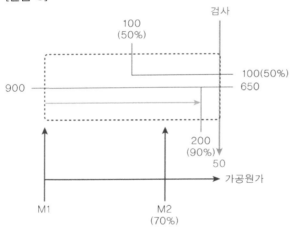

(2) 재공품

[물음 1, 2]

기초	100 (0.5)	완성품	기초	100 (0.5)
			당기	700
착수	900	기말		200 (0.9)
	1,000			1,000

[물음 3]

기초	100 (0.5)	완성품	기초	100 (0.5)
			당기	650
		공손		50
착수	900	기말		200 (0.9)
	1,000			1,000

(3) 원가요소별 당기발생원가

   ① 원가요소별 완성품환산량

     • M1:   700 + 200 =   900

     • M2:   100 + 700 + 200 = 1,000

     • 전환원가: 100 × 0.5 + 700 + 200 × 0.9 =   930

   ② 당기발생원가

     • M1:   900 × ₩150 = ₩135,000

     • M2:   1,000 × ₩100 =   100,000

     • 전환원가: 930 × ₩700 =   651,000

(문제 1 - 2)

제약자원당 공헌이익

	제품 X	제품 Y
단위당 판매가격	₩200	₩300
단위당 변동원가	80	200
단위당 공헌이익	₩120	₩100
단위당 소요시간	÷ 1시간	÷ 0.5시간
시간당 공헌이익	₩120	₩200
	2순위	1순위

(문제 1 - 1)

[물음 1]

① 물량흐름 파악(선입선출법)

재공품				
기초	100 (0.5)	완성품 ┌기초	100 (0.5)	
		└당기	700	
착수	900	기말	200 (0.9)	
	1,000		1,000	

② 완성품환산량

	M1	M2	전환원가
	–	100	50
	700	700	700
	200	200	180
	900	1,000	930

③ 환산량 단위당 원가

₩150	₩100	₩700

④ 당기발생원가(= ② × ③)

₩135,000	₩100,000	₩651,000

⑤ 원가배분

완성품	₩47,000 + 700 × ₩150 + 800 × ₩100 + 750 × ₩700 =	₩757,000
기말재공품	200 × ₩150 + 200 × ₩100 + 180 × ₩700 =	176,000
		₩933,000

[물음 2]

당기 생산된 제품이 모두 판매되었으므로 당기제품제조원가는 매출원가이다.

매출	800 × ₩1,000 =	₩800,000
매출원가		(757,000)
이익		₩43,000

[물음 3]

(1) 당기손실

공손품은 모두 비정상적으로 발생한 것으로 간주하므로 당기비용처리한다.

① 물량흐름 파악(선입선출법)

재공품				M1	M2	전환원가
기초	100 (0.5)	완성품 ┌기초	100 (0.5)	–	100	50
		└당기	650	650	650	650
		공손	50	50	50	50
착수	900	기말	200 (0.9)	200	200	180
	1,000		1,000	900	1,000	930

② 완성품환산량 (표시는 위 표 M1, M2, 전환원가 열)

③ 환산량 단위당 원가

	₩150	₩100	₩700

④ 당기발생원가(= ② × ③)

	₩135,000	₩100,000	₩651,000

⑤ 원가배분

완성품	₩47,000 + 650 × ₩150 + 750 × ₩100 + 700 × ₩700 =	₩709,500
비정상공손	50 × ₩150 + 50 × ₩100 + 50 × ₩700 =	47,500
기말재공품	200 × ₩150 + 200 × ₩100 + 180 × ₩700 =	176,000
		₩933,000

매출	750 × ₩1,000 =	₩750,000
매출원가		(709,500)
비정상공손		(47,500)
손실		₩(7,000)

(2) 비정상공손원가가 합격품원가에 포함될 경우에 발생될 수 있는 문제점

비정상공손원가가 합격품원가에 포함될 경우 검사를 통한 제품과 재공품원가는 과대평가되며 이로 인하여 매출총이익은 과소평가된다.

(문제 1 - 2)

[물음 1]

1st	제품 Y	1,000단위 × 0.5시간 =	500시간
2nd	제품 X	500단위 × 1시간 =	500
			1,000시간

그러므로, 제품 X 500단위, 제품 Y 1,000단위를 생산한다.

[물음 2]

1st	제품 Y	1,000단위 × 0.5시간 =	500시간
2nd	제품 X	900단위 × 1시간 =	900
			1,400시간 ≤ 1,500시간

즉, 제품 X 400단위를 추가할 경우 증분이익은 다음과 같다.

증분수익	공헌이익 증가	400단위 × ₩120 =	₩48,000
증분비용	고정원가 증가		(12,000)
증분이익			₩36,000

그러므로, 이익은 ₩36,000 증가한다.

[물음 3]

(1) 특별주문으로 인한 증분이익

현재 여유시간이 100시간인 상태에서 특별주문에 소요되는 시간이 600단위 × 0.5시간 = 300시간
이므로, 제품 X 200단위(= 200시간 ÷ 1시간/단위)를 포기해야 한다.

증분수익 제품 Z 매출 증가	600단위 × ₩270 =	₩162,000
증분비용 제품 Z 변동원가	600단위 × ₩150 =	(90,000)
제품 X 공헌이익 감소	200단위 × ₩120 =	(24,000)
증분이익		₩48,000

그러므로, ㈜대한이 특별주문을 수락하면 이익은 ₩48,000 증가한다.

(2) 제품 단위당 최소가격

현재 여유시간이 100시간인 상태에서 특별주문에 소요되는 시간이 400단위 × 0.5시간 = 200시간
이므로, 제품 X 100단위(= 100시간 ÷ 1시간/단위)를 포기해야 한다.
최소판매가격을 P라 한 후 정리하면 다음과 같다.

증분수익 제품 Z 매출 증가	400단위 × P =	400P
증분비용 제품 Z 변동원가	400단위 × ₩150 =	(60,000)
제품 X 공헌이익 감소	100단위 × ₩120 =	(12,000)
증분이익		400P − ₩72,000 ≥ 0

P ≥ ₩180이므로, 특별주문을 수락하기 위한 제품 단위당 최소가격은 ₩180이다.

해커스 세무사 允원가관리회계 2차 핵심문제집

제5장

결합원가계산

㈜한국은 두 개의 제조공정을 통해서 두 가지 주산품 A, B를 생산하고 있다. 공정 I에서 원재료 甲을 투입하여 두 가지 중간제품인 乙과 丙을 생산하고, 공정 II에서 중간제품 乙을 추가가공하여 두 가지 주산품 A, B를 생산하고 있다. 중간제품 丙은 시장가치가 없어 폐품처리하고 있으며 소요되는 비용은 리터당 ₩500이다.

20×1년 3월의 생산 관련 자료는 다음과 같다.

(1) 생산자료

공정 I	乙	80,000리터
	丙	20,000리터
공정 II	A	48,000리터
	B	20,000리터

(2) 원가자료

구분	직접재료원가	가공원가	총원가
공정 I	₩100,000,000	₩20,000,000	₩120,000,000
공정 II	0	150,000,000	150,000,000

(3) 리터당 판매가격과 판매비용

구분	판매가격	판매비용
A	₩6,500	₩1,000
B	5,000	600

요구사항

[물음 1] 순실현가치를 기준으로 결합원가를 최종제품 A와 B에 배분하고 리터당 원가를 구하시오.

[물음 2] 최근 ㈜한국은 신기술을 개발하여 지금까지 시장가치가 없어 폐품처리를 하던 중간제품 丙을 추가로 가공하여 제품 A를 생산하는 원재료로 이용할 수 있게 되었다. 따라서 최고경영자는 독립된 사업부를 설립하여 중간제품 丙을 추가로 가공하기로 결정하였다. 중간제품 丙을 추가로 가공하면, 공정 II의 제품 A의 원료가 되는 제품원료 C가 10,000리터, 부산물 D가 8,000 리터가 생산된다. 부산물 D는 리터당 ₩400의 판매가치를 갖게 된다.

제품원료 C를 공급함으로써 생산의 효율성이 증가하게 되어, 제품 A를 추가로 12,000리터 생산할 수 있으며, 제품원료 C는 추가비용 없이 제품 A를 제조하는 과정에만 이용할 수 있다고 가정한다. 이 경우 ㈜한국 전체 입장에서 추가가공에 투입하여야 할 최대허용가능원가를 구하시오.

─┤ 해답 ├─

자료정리

(1) 물량흐름도

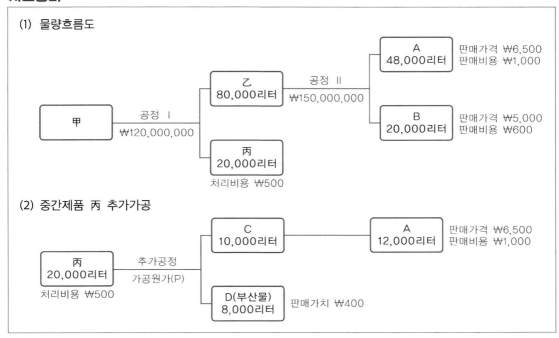

(2) 중간제품 丙 추가가공

[물음 1]

(1) 결합원가

공정 Ⅰ 원가 + 공정 Ⅱ 원가 + 폐품원가

= ₩120,000,000 + ₩150,000,000 + 20,000리터 × ₩500 = ₩280,000,000

(2) 제품별 순실현가치

- A: 48,000리터 × ₩6,500 - 48,000리터 × ₩1,000 = ₩264,000,000
- B: 20,000리터 × ₩5,000 - 20,000리터 × ₩600 = ₩88,000,000

(3) 결합원가배분

	순실현가치	비율	결합원가
A	₩264,000,000	0.75	₩210,000,000
B	88,000,000	0.25	70,000,000
	₩352,000,000	1	₩280,000,000

(4) 리터당 원가

	결합원가	생산수량	리터당 원가
A	₩210,000,000	48,000리터	₩4,375/리터
B	70,000,000	20,000리터	3,500/리터
	₩280,000,000		

[물음 2]

丙 추가가공원가를 P라 한 후 정리하면 다음과 같다.

증분수익	제품 A 판매 증가	12,000리터 × (₩6,500 - ₩1,000) =	₩66,000,000
	부산물 D 판매 증가	8,000리터 × ₩400 =	3,200,000
	丙 처리비용 감소	20,000리터 × ₩500 =	10,000,000
증분비용	丙 추가가공원가		(P)
증분이익			₩79,200,000 - P ≥ 0

그러므로, 추가가공에 투입하여야 할 최대허용가능원가는 ₩79,200,000이다.

다음 물음에 답하시오.

㈜세무는 결합생산공정을 통해 동일한 원재료 T를 가공처리하여 결합제품 A, B, C를 생산하며, 이때 폐물 P가 산출된다. 제1공정에서는 반제품이 생산되는데 그 가운데 일부는 제품 A라는 이름만 붙여 외부에 판매되며, 또 일부는 제2공정을 거쳐 제품 B가 생산되고, 나머지는 제3공정을 거쳐 제품 C가 생산된다. ㈜세무는 실제원가를 이용하여 선입선출법에 의한 종합원가계산을 사용하고 있다. 결합원가는 순실현가능가치법에 의해 각 결합제품에 배부되며, 부산물과 폐물에 대한 회계처리는 생산시점에서 순실현가능가치로 평가하여 인식된다.

다음은 20×1년 9월 생산 및 관련 자료이다.

(1) 제1공정에서 직접재료원가와 전환원가는 공정 전반에 걸쳐 균등하게 발생한다. 기초재공품 200단위(전환원가 완성도 40%), 당기투입 2,600단위, 당기완성량 2,000단위, 기말재공품 600단위(전환원가 완성도 60%), 1차 공손수량 100단위, 2차 공손수량 100단위이다. 품질검사는 두 차례 실시하는데 공정의 20%시점에서 1차 검사를 하고, 공정의 종료시점에서 2차 검사를 한다. ㈜세무의 정상공손수량은 1차 검사에서는 검사시점을 통과한 합격품의 2%, 2차 검사에서는 검사시점을 통과한 합격품의 2.5%이다. 공손품은 발생 즉시 추가비용 없이 폐기된다. 기초재공품원가는 ₩22,600 (직접재료원가 ₩10,000, 전환원가 ₩12,600)이며, 당기투입원가는 ₩2,400,000(직접재료원가 ₩1,440,000, 전환원가 ₩960,000)이다. ㈜세무는 정상공손원가를 당월에 검사시점을 통과한 합격품의 물량 단위에 비례하여 배부하며, 공손품의 처분가치는 없다.

(2) 제품 A는 400단위 생산되었으며, 추가가공원가는 발생하지 않는다. 제2공정에서는 제품 B가 600단위 생산되었으며, 추가가공원가는 총 ₩200,000 발생하였다. 제3공정에서는 제품 C가 800단위 생산되었으며, 추가가공원가는 총 ₩300,000 발생하였다. 폐물 P는 200단위 생산되었으며, 정부의 환경 관련 법규에 따라 폐기하는 데 단위당 ₩500의 비용이 소요된다. 제2공정, 제3공정에서 재료의 투입은 이루어지지 않았으며, 재공품과 공손 및 감손은 없었다.

(3) 제품 A의 단위당 판매가격은 ₩2,000, 제품 B의 단위당 판매가격은 ₩1,500, 제품 C의 단위당 판매가격은 ₩2,000이다. 제품 A의 총판매비는 ₩200,000, 제품 B의 총판매비는 ₩200,000, 제품 C의 총판매비는 ₩400,000이다.

요구사항

[물음 1] 제1공정의 1차 검사시점과 2차 검사시점의 정상공손수량을 각각 계산하시오.

[물음 2] 제1공정에서의 완성품환산량 단위당 원가, 완성품원가, 그리고 정상공손원가배부 후 비정상공손원가를 각각 계산하시오.

[물음 3] 20×1년 9월에 발생한 결합원가를 배부하여 제품 A, B, C의 제품원가를 각각 계산하시오.

[물음 4] ㈜한국이 폐물 P를 추가재료로 사용하기 위해 단위당 ₩1,500에 구입하겠다고 ㈜세무에게 제안을 하였다. 이 경우 ㈜세무는 폐물 P를 생산시점부터 부산물로 처리하려고 하며, ㈜세무는 폐물 P를 추가가공해서 판매할 수 있고, 추가가공원가는 ₩350,000이다. ㈜한국의 제안에 대해 ㈜세무의 의사결정에 대한 증분손익을 계산하고 수락 또는 거절의 의사결정을 제시하시오.

[물음 5] [물음 4]의 의사결정을 수락할 경우, 20×1년 9월에 발생한 결합원가를 배부하여 제품 A, B, C의 제품원가를 각각 계산하시오.

📝 Key Point

1. 재료원가와 가공원가 모두 균등하게 발생하므로 전체를 가공원가로 처리한다.
2. 20%시점의 정상공손원가는 당기 합격물량 2,500단위에 배부하고 100%시점의 정상공손원가는 완성품에 전액 배부한다. 따라서 20%시점의 정상공손원가 배부대상에 100%시점 공손물량이 포함된다.
3. 폐물의 폐기비용은 생산시점에 순실현가치로 인식하므로 결합제품에 배분할 결합원가에 가산한다.

┤ 해답 ├

자료정리

(1) 물량흐름도
  • 결합공정

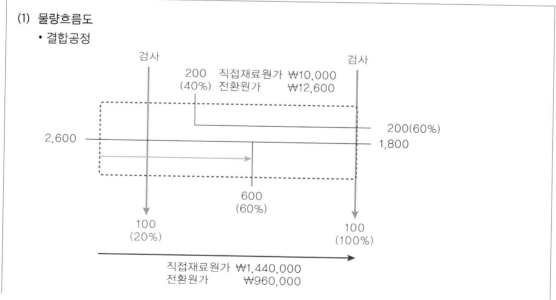

- 전체 공정

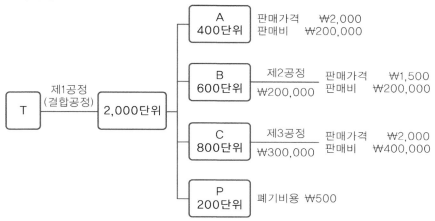

(2) 공손수량

	20%시점		100%시점	
총수량		100		100
정상공손	2,500 × 2% =	50	2,000 × 2.5% =	50
비정상공손	100 - 50 =	50	100 - 50 =	50

(3) 결합공정 원가계산

① 물량흐름 파악(선입선출법)

재공품				② 완성품환산량
				제조원가
기초	200 (0.4)	완성	200 (0.6)	120
			1,800	1,800
		정상	50 (0.2)	10
		비정상	50 (0.2)	10
		정상	50	50
		비정상	50	50
착수	2,600	기말	600 (0.6)	360
	2,800		2,800	2,400

③ 당기발생원가
  ₩2,400,000
④ 환산량 단위당 원가(= ③ ÷ ②)
  ₩1,000

⑤ 원가배분

	1차 배분	20%공손	100%공손	합계
완성품	₩1,942,600	₩7,200[*1]	₩50,200[*2]	₩2,000,000
정상공손	10,000	(10,000)		-
비정상공손	10,000			10,000
정상공손	50,000	200	(50,200)	-
비정상공손	50,000	200		50,200
기말재공품	360,000	2,400		362,400
	₩2,422,600	-	-	₩2,422,600

[*1] 완성품에 배분된 20%시점의 정상공손원가: ₩10,000 × $\dfrac{1,800}{2,500}$ = ₩7,200

[*2] 완성품에 배분된 100%시점의 정상공손원가: 완성품만 합격품이므로 전액 완성품원가에 가산한다.

[물음 1]
• 1차 검사시점: 50개
• 2차 검사시점: 50개

[물음 2]
• 완성품환산량 단위당 원가: ₩1,000
• 완성품원가: ₩2,000,000
• 정상공손원가배부 후 비정상공손원가: ₩10,000 + ₩50,200 = ₩60,200

[물음 3]
(1) 결합원가
  ₩2,000,000 + 200 × ₩500(폐물 폐기비용) = ₩2,100,000
(2) 제품별 원가

	판매가격	추가원가	판매비	순실현가치	배분비율	결합원가배분	제품원가
A	₩800,000	–	₩200,000	₩600,000	0.30	₩630,000	₩630,000
B	900,000	₩200,000	200,000	500,000	0.25	525,000	725,000
C	1,600,000	300,000	400,000	900,000	0.45	945,000	1,245,000
				₩2,000,000	1	₩2,100,000	₩2,600,000

[물음 4]

증분수익	매출 증가	200단위 × ₩1,500 =	₩300,000
증분비용	폐기비용 감소	200단위 × ₩500 =	100,000
	추가가공원가		(350,000)
증분이익			₩50,000

그러므로, ㈜한국의 제안을 수락한다.

[물음 5]
(1) 결합원가
  ₩2,000,000 + ₩50,000(부산물 순실현가치) = ₩2,050,000
(2) 제품별 원가

	판매가격	추가원가	판매비	순실현가치	배분비율	결합원가배분	제품원가
A	₩800,000	–	₩200,000	₩600,000	0.30	₩615,000	₩615,000
B	900,000	₩200,000	200,000	500,000	0.25	512,500	712,500
C	1,600,000	300,000	400,000	900,000	0.45	922,500	1,222,500
				₩2,000,000	1	₩2,050,000	₩2,550,000

※ 별도의 언급이 없는 한 각 물음은 상호 독립적이다.

㈜한국은 결합공정인 제1공정과 추가적인 제2공정을 통해 제품을 생산한다. 다음은 표준원가계산시스템을 사용하는 ㈜한국이 20×1년 3분기 예산편성을 위해 수집한 자료이다.

---

(1) ㈜한국은 3분기 중 직접재료 X 1단위를 제1공정에서 가공하여 연산품 A 2단위와 연산품 B 4단위를 생산한다. 아울러 ㈜한국은 연산품 B 2단위와 직접재료 Y 1단위를 제2공정에 투입하여 연산품 C 1단위를 생산한다. 모든 공정에서 공손품 및 부산물은 발생하지 않는다. 주어진 자료 이외의 수익과 비용은 고려하지 않는다.

(2) 제1공정에서 직접재료 X 1단위를 가공하기 위한 표준변동원가 관련 자료는 다음과 같다.

직접재료 X 1단위당 표준구매가격	₩600
직접재료 X 1단위당 표준직접노동시간	3시간
직접노동시간당 표준임률	₩200
직접재료 X 1단위당 표준변동제조간접원가	₩400

(3) 제2공정에서 연산품 C 1단위를 생산하기 위한 표준변동원가 관련 자료는 다음과 같다.

직접재료 Y 1단위당 표준구매가격	₩200
연산품 C 1단위당 표준직접노동시간	2시간
직접노동시간당 표준임률	₩200
연산품 C 1단위당 표준변동제조간접원가	₩600

(4) ㈜한국의 표준변동판매관리비는 연산품 A 1단위당 ₩200이며 연산품 C 1단위당 ₩0이다. 예산고정판매관리비는 매월 ₩500,000이다.

(5) 월초 및 월말 재고자산은 없다.

(6) 연산품 A와 C 1단위당 판매가격은 각각 ₩2,000과 ₩3,000이다. 연산품 A와 C의 월별 예상판매량은 다음과 같다.

구분	7월	8월	9월
연산품 A	200단위	300단위	250단위
연산품 C	200	300	250

요구사항

[물음 1] 순실현가능가치법을 활용하여 결합원가를 배부할 경우, 연산품 A와 C의 8월 중 제품별 매출총이익을 각각 계산하시오.

[물음 2] 균등매출총이익률법을 활용하여 결합원가를 배부할 경우, 연산품 A와 C에 대한 8월 중 결합원가 배부액을 각각 계산하시오.

[물음 3] 상기 예산자료와 함께 현금흐름과 관련된 다음 사항을 추가로 가정할 때, 다음 물음에 답하시오.

> 연산품 A와 C는 외상거래로만 판매된다. 매출액의 70%는 판매된 달에 현금으로 회수되며 다음 달에 25%가 현금으로 회수된다. 나머지 5%는 현금으로 회수되지 않는다. 직접재료 X와 Y의 구매대금은 구매한 달에 전액 현금으로 지급하고, 직접노무원가 및 변동제조간접원가도 해당 월에 전액 현금으로 지급한다. 고정판매관리비에는 매월 ₩55,000의 감가상각비가 포함되어 있고, 나머지 고정 및 변동판매관리비는 해당 월에 전액 현금으로 지급한다.

(1) 8월 중 ㈜한국의 순현금흐름액을 계산하시오.

(2) ㈜한국은 8월 말 현재 현금잔액을 최소한 7월 말 현금잔액과 동일하게 유지하려 한다. 이를 위해 ㈜한국이 8월 중 생산하여 판매해야 하는 연산품 C의 최소판매량을 계산하시오 (단, 연산품 A는 생산된 달에 전량 판매된다).

[물음 4] ㈜한국은 9월 중 실적자료를 사용하여 직접재료 X를 가공하는 제1공정에 대한 원가차이를 분석하였다. ㈜한국은 9월 중 예산안에 따라 연산품 C 250단위를 생산할 만큼의 직접재료 X를 구매하였으나, 연산품 C의 실제생산량 및 판매량은 220단위였다. 다음 물음에 답하시오.

(1) 직접재료 구입시점에서 분리한 직접재료원가 가격차이가 ₩5,000(유리)일 경우, 직접재료 X 1단위당 실제구매가격을 계산하시오.

(2) 직접노무원가 능률차이는 ₩22,000(불리), 임률차이는 ₩8,800(유리)이었다. 직접재료 X 1단위당 실제직접노동시간과 직접노동시간당 실제임률을 각각 계산하시오.

[물음 5] 표준원가계산시스템에 근거한 원가중심점 성과평가제도가 가질 수 있는 잠재적인 문제점 3가지를 지적하고, 이를 해결할 수 있는 방안을 다음 양식에 따라 간략히 작성하시오.

구분	문제점	해결방안
①		
②		
③		

📝 Key Point
1. 8월 말 현금을 7월 말 현금잔액과 동일하게 유지하는 8월 증분현금흐름은 ₩0이다.
2. 연산품 C 1단위 생산을 위해서 직접재료 X 0.5단위가 필요하다.
3. 연산품 C 250단위를 생산할 만큼의 직접재료 X 구입량은 125단위이며, 연산품 C의 실제생산량 및 판매량 220단위에 해당하는 직접재료 X는 110단위이다. 따라서 직접재료 X의 실제산출량은 110단위이다.

자료정리

(1) 물량흐름도

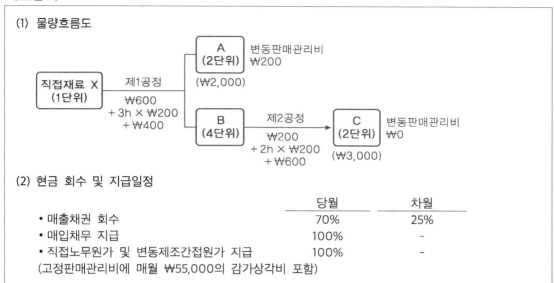

(2) 현금 회수 및 지급일정

	당월	차월
• 매출채권 회수	70%	25%
• 매입채무 지급	100%	–
• 직접노무원가 및 변동제조간접원가 지급	100%	–

(고정판매관리비에 매월 ₩55,000의 감가상각비 포함)

[물음 1]

(1) 8월 결합원가

고정제조간접원가는 없으며 8월의 예상판매량인 연산품 A와 C를 각각 300단위 생산하기 위해서는 결합공정에서 직접재료 X 150단위를 가공하여야 한다.

150단위 × (₩600 + ₩600 + ₩400)

= ₩240,000

(2) 결합원가배분

	순실현가치		배분비율	결합원가
연산품 A	300단위 × (₩2,000 - ₩200) =	₩540,000	1/2	₩120,000
연산품 C	300단위 × (₩3,000 - ₩1,200) =	540,000	1/2	120,000
		₩1,080,000		₩240,000

(3) 제품별 매출총이익

	연산품 A		연산품 C	
매출	300단위 × ₩2,000 =	₩600,000	300단위 × ₩3,000 =	₩900,000
결합원가		(120,000)		(120,000)
추가원가		–	300단위 × ₩1,200 =	(360,000)
매출총이익		₩480,000		₩420,000

[물음 2]

균등매출총이익률법이므로 연산품 A의 판매관리비는 고려하지 않는다.

	연산품 A	연산품 C	합계
매출	₩600,000	₩900,000	₩1,500,000
결합원가	(240,000)	–	(240,000)
추가원가	–	(360,000)	(360,000)
매출총이익	₩360,000	₩540,000	₩900,000
매출총이익률	60%	60%	60%

[물음 3]

(1) 8월 순현금흐름액

① 매출채권 회수

연산품 A와 연산품 C의 7월과 8월 매출을 각각 계산한다.

- 연산품 A: 7월 매출 × 25% + 8월 매출 × 70%

  = 200단위 × ₩2,000 × 25% + 300단위 × ₩2,000 × 70%

  = ₩520,000

- 연산품 C: 7월 매출 × 25% + 8월 매출 × 70%

  = 200단위 × ₩3,000 × 25% + 300단위 × ₩3,000 × 70%

  = ₩780,000

그러므로, 8월 매출채권 회수액은 ₩1,300,000이다.

② 순현금흐름

현금유입	매출채권 회수		₩1,300,000
현금유출	결합원가		(240,000)
	연산품 A 판매관리비	300단위 × ₩200 =	(60,000)
	연산품 C 추가원가	300단위 × ₩1,200 =	(360,000)
	현금지출고정판매관리비	₩500,000 – ₩55,000 =	(445,000)
순현금흐름			₩195,000

(2) 연산품 C의 8월 최소판매량

직접재료 1단위 가공으로 연산품 C를 2단위 생산하므로 연산품 C의 수량을 Q라 하면, 직접재료 X는 0.5Q이다.

8월 말 현금잔액을 최소한 7월 말 현금잔액과 동일하게 유지하려면 8월의 순현금흐름은 0보다 크거나 같아야 한다.

① 매출채권 회수

- 연산품 A: 7월 매출 × 25% + 8월 매출 × 70%

  = 200단위 × ₩2,000 × 25% + Q × ₩2,000 × 70%

  = ₩100,000 + ₩1,400Q

- 연산품 C: 7월 매출 × 25% + 8월 매출 × 70%

  = 200단위 × ₩3,000 × 25% + Q × ₩3,000 × 70%

  = ₩150,000 + ₩2,100Q

그러므로, 매출채권 회수액은 ₩250,000 + ₩3,500Q이다.

② 순현금흐름

현금유입	매출채권 회수		₩250,000 + ₩3,500Q
현금유출	결합원가	0.5Q × ₩1,600 =	(800Q)
	연산품 A 판매관리비	Q × ₩200 =	(200Q)
	연산품 C 추가원가	Q × ₩1,200 =	(1,200Q)
	현금지출고정판매관리비	₩500,000 - ₩55,000 =	(445,000)
순현금흐름			₩1,300Q - ₩195,000 ≥0

그러므로, 연산품 C의 8월 최소판매량(Q)은 150단위이다.

[물음 4]

(1) 직접재료 X 1단위당 실제구매가격

제1공정에서의 원가차이분석이므로 제1공정의 원가에 대해서만 고려한다.

직접재료 X 1단위는 연산품 C 2단위로 가공되므로 연산품 C 250단위를 생산할 만큼의 직접재료 X
는 125단위이다.

$AQ' \times AP$	$AQ' \times SP$
125단위 × ₩560	125단위 × ₩600
= ₩70,000	= ₩75,000

가격차이 ₩5,000 유리

그러므로, 실제구매가격은 ₩560(= ₩70,000 ÷ 125단위)이다.

(2) 실제직접노동시간과 실제임률

제1공정에서의 원가차이분석이므로 제1공정의 원가에 대해서만 고려한다.

직접재료 X 1단위는 연산품 C 2단위로 가공되므로 연산품 C의 실제생산량 및 판매량 220단위에
대한 제1공정에서의 실제산출량은 110단위이다.

$AQ \times AP$	$AQ \times SP$	$SQ \times SP$
440시간 × ₩180	440시간 × ₩200	110단위 × 3시간 × ₩200
= ₩79,200	= ₩88,000	= ₩66,000

임률차이 ₩8,800 유리 · 능률차이 ₩22,000 불리

그러므로, 단위당 실제직접노동시간은 4시간(= 440시간 ÷ 110단위)이고, 직접노동시간당 실제임률은
₩180(= ₩79,200 ÷ 440시간)이다.

[물음 5]

구분	문제점	해결방안
①	표준원가를 과학적이고 객관적으로 설정하기 어렵고 시간과 비용이 많이 소비된다.	카이젠원가시스템을 도입하여 원가절감을 모색할 수 있으며, 균형성과표의 내부 프로세스 관점에서 운영프로세스 단계의 품질, 효율성, 시간 관련 성과지표 등의 비재무적 성과측정치를 반영할 수 있다.
②	직접노무원가 통제에 초점이 맞추어져 있는 표준원가계산제도는 공장 자동화 환경에서는 그 중요성이 감소하고 있다.	
③	표준원가는 주로 재무적인 측정치를 강조하고 비재무적인 측정치를 무시하는 경향이 있다.	

제6장

표준원가계산

㈜한국은 단일제품을 대량생산하고 있다. 기초재고는 없고 당기완성량은 9,600단위, 기말재공품은 1,000 단위(완성도는 재료원가 100%, 가공원가 30%), 당해 연도 판매량은 9,000단위이다. 또한, 단위당 판매 가격은 ₩200,000이며 판매관리비 발생액은 ₩136,000,000이다. 회사는 연말에 발생하는 모든 원가차 이를 기타손익에서 조정한다.

다음은 회사의 제조원가 예산과 실제발생자료이다.
(1) 단위당 표준원가

	SQ	SP	표준원가
직접재료원가	1.5kg	₩20,000	₩30,000
직접노무원가	2시간	30,000	60,000
변동제조간접원가	2시간	10,000	20,000
고정제조간접원가	2시간	15,000	30,000
			₩140,000

(2) 제조간접원가 예산

변동제조간접원가	간접재료원가	₩100,000,000
	간접노무원가	60,000,000
	소모공구비	40,000,000
	합계	₩200,000,000
고정제조간접원가	감가상각비	₩150,000,000
(기준조업도 10,000단위)	임차료	80,000,000
	기타고정제조간접원가	70,000,000
	합계	₩300,000,000

(3) 실제발생원가

직접재료원가	구입액	15,000kg × ₩21,000
	사용액	16,000kg × ₩20,000
직접노무원가		22,000시간 × ₩31,500
제조간접원가	간접재료원가	₩110,000,000
	간접노무원가	50,000,000
	소모공구비	43,000,000
	감가상각비	170,000,000
	임차료	90,000,000
	기타고정제조간접원가	69,000,000
	합계	₩532,000,000

요구사항

[물음 1] 원가요소별 원가차이를 구하시오(단, 직접재료원가의 가격차이는 구입시점에서 분리하시오).

[물음 2] 당해 연도 손익계산서를 작성하시오.

📝 **Key Point**

1. 재공품이 있는 경우 실제산출량은 원가요소별 완성품환산량이다.
2. 제조간접원가를 기준조업도로 나누어 제조간접원가 표준배부율을 계산할 수 있다. 또한, 제조간접원가는 변동 제조간접원가와 고정제조간접원가로 구분할 수 있다.

---| 해답 |--

자료정리

(1) 원가요소별 완성품환산량

표준종합원가계산의 경우 실제산출량은 원가요소별 완성품환산량이다.
- 재료원가: 9,600단위 + 1,000단위 = 10,600단위
- 가공원가: 9,600단위 + 1,000단위 × 0.3 = 9,900단위

(2) 제조간접원가 표준배부율
- 변동제조간접원가: ₩200,000,000 ÷ (10,000단위 × 2시간) = ₩10,000/시간
- 고정제조간접원가: ₩300,000,000 ÷ (10,000단위 × 2시간) = ₩15,000/시간

[물음 1]

(1) 직접재료원가

AQ′ × AP	AQ′ × SP
15,000kg × ₩21,000	15,000kg × ₩20,000
= ₩315,000,000	= ₩300,000,000

구입가격차이 ₩15,000,000 U

AQ × SP	SQ × SP
16,000kg × ₩20,000	10,600 × 1.5kg × ₩20,000
= ₩320,000,000	= ₩318,000,000

수량차이 ₩2,000,000 U

(2) 직접노무원가

AQ × AP	AQ × SP	SQ × SP
22,000h × ₩31,500	22,000h × ₩30,000	9,900 × 2h × ₩30,000
= ₩693,000,000	= ₩660,000,000	= ₩594,000,000

임률차이 ₩33,000,000 U   능률차이 ₩66,000,000 U

(3) 변동제조간접원가

실제	AQ × SP	SQ × SP
	22,000h × ₩10,000	9,900 × 2h × ₩10,000
₩203,000,000	= ₩220,000,000	= ₩198,000,000

소비차이 ₩17,000,000 F   능률차이 ₩22,000,000 U

(4) 고정제조간접원가

실제	예산	SQ × SP
	10,000 × 2h × ₩15,000	9,900 × 2h × ₩15,000
₩329,000,000	= ₩300,000,000	= ₩297,000,000

소비차이 ₩29,000,000 U   조업도차이 ₩3,000,000 U

(5) 총원가차이

구입가격차이 ₩15,000,000 U + 수량차이 ₩2,000,000 U + 임률차이 ₩33,000,000 U
+ 능률차이 ₩66,000,000 U + 소비차이 ₩17,000,000 F + 능률차이 ₩22,000,000 U
+ 소비차이 ₩29,000,000 U + 조업도차이 ₩3,000,000 U = 153,000,000 U

[물음 2]

원가차이를 모두 기타손익에 반영한다.

매출액	9,000 × ₩200,000 =	₩1,800,000,000
매출원가	9,000 × ₩140,000 =	(1,260,000,000)
매출총이익		₩540,000,000
판매관리비		(136,000,000)
원가차이		(153,000,000)
영업이익		₩251,000,000

다음을 읽고 물음에 답하시오.

㈜한국은 표준원가계산제도를 사용하고 있으며 회사가 설정한 표준은 다음과 같다.

구분	SQ	SP
직접재료원가	5m²/단위	₩10/m²
직접노무원가	3시간/단위	₩20/h

회사는 직접재료 13,000m²를 ₩120,000에 구입하여 11,000m²를 사용하였다. 또한 직접노무원가 발생액은 ₩160,000이며 실제직접노동시간은 7,000시간이다.

당해 제조간접원가 발생액은 ₩1,200,000으로 이 중 60%는 변동제조간접원가이며 변동제조간접원가는 기계시간당 표준배부율이 ₩24이고 실제기계시간은 26,000시간이며 제품 단위당 표준기계시간은 10시간이다.

고정제조간접원가의 기준조업도는 30,000기계시간이며 당월생산량은 2,500개이다.

제조간접원가 표준배부율은 기계시간당 ₩45이며 당해 회사는 직접재료원가 가격차이를 구입시점에서 분리한다.

요구사항

[물음 1] 직접재료원가 구입가격차이와 수량(능률)차이를 구하시오.

[물음 2] 직접노무원가 임률차이와 능률차이를 구하시오.

[물음 3] 변동제조간접원가 소비차이와 능률차이를 구하시오.

[물음 4] 고정제조간접원가 소비차이와 조업도차이를 구하시오.

[물음 5] 표준원가계산제도의 유용성에 대하여 설명하시오.

📝 Key Point

1. 직접노무원가 수량표준은 노동시간이고 제조간접원가 수량표준은 기계시간이다.
2. 제조간접원가 실제발생액과 표준배부율을 변동제조간접원가와 고정제조간접원가로 구분한다.
3. 고정제조간접원가의 표준배부율에 기준조업도를 곱하여 예산을 계산할 수 있다.

─|해답|─

자료정리

(1) 고정제조간접원가 표준배부율

제조간접원가 표준배부율 – 변동제조간접원가 표준배부율

= ₩45 – ₩24 = ₩21

(2) 표준원가표

구분	SQ	SP
직접재료원가	5m²	₩10
직접노무원가	3시간	20
변동제조간접원가	10기계시간	24
고정제조간접원가	10기계시간	21

[물음 1]

(1) 구입가격차이

AQ′ × AP	AQ′ × SP
	13,000m² × ₩10
₩120,000	= ₩130,000

가격차이 ₩10,000(유리)

(2) 수량(능률)차이

AQ × SP	SQ × SP
11,000m² × ₩10	12,500m²* × ₩10
= ₩110,000	= ₩125,000

능률차이 ₩15,000(유리)

* 2,500개 × 5m² = 12,500m²

[물음 2]

AQ × AP	AQ × SP	SQ × SP
	7,000시간 × ₩20	7,500시간* × ₩20
₩160,000	= ₩140,000	= ₩150,000

임률차이 ₩20,000(불리)　　능률차이 ₩10,000(유리)

* 2,500개 × 3시간 = 7,500시간

[물음 3]

실제	AQ × SP	SQ × SP
	26,000기계시간 × ₩24	25,000기계시간*² × ₩24
₩720,000*¹	= ₩624,000	= ₩600,000

소비차이 ₩96,000(불리)　　능률차이 ₩24,000(불리)

*¹ 변동제조간접원가 실제발생액: ₩1,200,000 × 60% = ₩720,000
*² 2,500개 × 10기계시간 = 25,000기계시간

표준원가계산

제6장

해커스 세무사 冺원기관리회계 2차 핵심문제집

[물음 4]

실제	예산[*3] 30,000기계시간 × ₩21[*2]	SQ × SP 25,000기계시간[*4] × ₩21[*2]
₩480,000[*1]	= ₩630,000	= ₩525,000

소비차이 ₩150,000(유리) 조업도차이 ₩105,000(불리)

[*1] 고정제조간접원가 실제발생액: ₩1,200,000 × 40% = ₩480,000

[*2] ₩45 - ₩24 = ₩21

[*3] 고정제조간접원가 표준배부율 = $\dfrac{\text{고정제조간접원가 예산}}{\text{기준조업도}}$

⇒ 고정제조간접원가 예산 = 기준조업도 × 고정제조간접원가 표준배부율

[*4] 2,500개 × 10기계시간 = 25,000기계시간

[물음 5]

① 예산을 설정하는 데 있어서 기초자료로 활용할 수 있다.

② 실제원가와의 비교를 통해 실제원가가 표준원가의 일정한 범위 내에서 발생하고 있는지를 파악함으로써 원가통제를 수행할 수 있다.

③ 표준원가를 기준으로 제품원가계산을 하면 원가계산이 신속하고 간편해진다.

다음을 읽고 물음에 답하시오.

단일공정을 통해 제품을 생산하는 ㈜국세는 표준원가를 이용한 종합원가계산제도를 사용하고 있다. 전기와 당기에 설정한 ㈜국세의 제품 단위당 표준원가는 다음과 같다.

<전기의 제품 단위당 표준원가>

구분	표준수량	표준가격	표준원가
직접재료원가	4kg	₩20	₩80
직접노무원가	2시간	20	40
변동제조간접원가	2시간	20	40
고정제조간접원가	2시간	40	80
			₩240

<당기의 제품 단위당 표준원가>

구분	표준수량	표준가격	표준원가
직접재료원가	4kg	₩25	₩100
직접노무원가	2시간	20	40
변동제조간접원가	2시간	20	40
고정제조간접원가	2시간	50	100
			₩280

직접재료는 공정 초기에 40%가 투입되고, 나머지는 공정 전반에 걸쳐 균등하게 투입된다. 가공원가는 공정 전반에 걸쳐서 균등하게 발생한다. ㈜국세는 선입선출법을 적용하며, 당기의 생산과 관련된 자료는 다음과 같다. 단, 괄호 안의 수치는 가공원가의 완성도를 의미한다.

구분	물량 단위
기초재공품	2,000단위(50%)
당기투입	12,000단위
완성품	10,000단위
기말재공품	4,000단위(20%)

요구사항

[물음 1] 당기의 완성품원가와 기말재공품원가를 구하시오.

[물음 2] 당기에 실제발생한 직접재료와 관련된 원가자료 및 차이분석 결과가 다음과 같을 때, 당기의 직접재료 실제사용량과 단위당 실제구입가격을 구하시오(단, 전기에 구입된 직접재료는 전기에 다 사용되어, 당기로 이월되지 않았음을 가정한다).

> * 직접재료 당기 구입량: 당기 사용량의 1.2배
> * 직접재료원가 수량차이(사용시점에서 분리): ₩82,000(불리한 차이)
> * 직접재료원가 가격차이(구입시점에서 분리): ₩110,400(유리한 차이)

[물음 3] ㈜국세는 당기 제조간접원가를 직접노무시간을 기준으로 배부한다. 당기의 기준조업도는 12,000개이며, 실제제조간접원가 발생액은 ₩1,580,000이었다. 위의 자료를 이용하여 제조간접원가의 예산차이와 조업도차이를 계산하시오(단, 유리한 차이 또는 불리한 차이를 표시하시오).

📝 Key Point

1. 직접재료의 40%는 공정 초기에 투입되고 60%는 공정 전반에 걸쳐 균등하게 발생하므로 균등하게 발생하는 60%의 완성품환산량은 가공원가처럼 계산한다.
2. 재공품이 있는 경우 실제산출량은 원가요소별 완성품환산량이다.
3. 기초재공품원가는 전기 표준원가를 이용하여 계산한다.
4. 이월된 직접재료가 없으므로 기초 직접재료는 없다.
5. 고정제조간접원가 표준배부율에 기준조업도를 곱하여 고정제조간접원가 예산을 계산할 수 있다.
6. 실제제조간접원가를 변동제조간접원가 및 고정제조간접원가로 구분할 수 없어 3분법을 이용하여 차이분석을 할 수 있다.

자료정리

(1) 재료원가 완성품환산량
- 완성품
  기초재공품 추가진행분 + 당기착수완성분
  = 2,000 × 0.6 × 0.5 + 8,000 = 8,600
- 기말재공품
  4,000 × 0.4 + 4,000 × 0.6 × 0.2 = 2,080

(2) 가공원가 완성품환산량
- 완성품
  기초재공품 추가진행분 + 당기착수완성분
  = 2,000 × 0.5 + 8,000 = 9,000
- 기말재공품
  4,000 × 0.2 = 800

[물음 1]

(1) 전기 및 당기 표준원가

구분	전기	당기
직접재료원가	₩80	₩100
가공원가	160	180

(2) 기초재공품원가
- 직접재료원가: (2,000 × 0.4 + 2,000 × 0.6 × 0.5) × ₩80 = ₩112,000
- 가공원가: 2,000 × 0.5 × ₩160 = ₩160,000

(3) 완성품 및 기말재공품원가
- 완성품원가: ₩272,000 + 8,600 × ₩100 + 9,000 × ₩180 = ₩2,752,000
- 기말재공품원가: 2,080 × ₩100 + 800 × ₩180 = ₩352,000

[물음 2]

직접재료원가 수량차이와 가격차이를 이용하여 실제사용량과 실제구입가격을 찾을 수 있다.

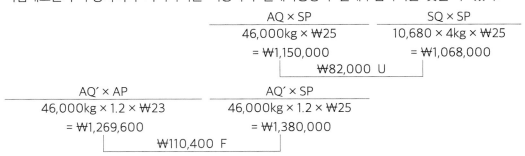

$$\underbrace{\underset{\substack{46,000kg \times ₩25 \\ = ₩1,150,000}}{AQ \times SP}\qquad\qquad\underset{\substack{10,680 \times 4kg \times ₩25 \\ = ₩1,068,000}}{SQ \times SP}}_{₩82,000\ U}$$

$$\underbrace{\underset{\substack{46,000kg \times 1.2 \times ₩23 \\ = ₩1,269,600}}{AQ' \times AP}\qquad\qquad\underset{\substack{46,000kg \times 1.2 \times ₩25 \\ = ₩1,380,000}}{AQ' \times SP}}_{₩110,400\ F}$$

그러므로, 직접재료 실제사용량(AQ)은 46,000kg이며 단위당 실제구입가격(AP)은 ₩23이다.

[물음 3]

실제	AQ × SP	SQ × SP	SQ × SP
		9,800 × 2h × ₩20 = ₩392,000	9,800 × 2h × ₩20 = ₩392,000
?	?		

실제	예산	예산	SQ × SP
	12,000 × 2h × ₩50 = ₩1,200,000	12,000 × 2h × ₩50 = ₩1,200,000	9,800 × 2h × ₩50 = ₩980,000
₩1,580,000		₩1,592,000	₩1,372,000
	₩12,000 F		₩220,000 U

그러므로, 예산차이와 조업도차이는 각각 ₩12,000 F, ₩220,000 U이다.

문제 27 복수재료원가와 재공품이 있는 경우 표준종합원가계산

회계사 91 수정

표준종합원가계산제도를 채택하고 있는 ㈜한국의 20×1년 표준원가 및 실제원가자료는 다음과 같다.

	단위당 표준원가		실제원가 발생액	
재료 A	3kg × ₩4 =	₩12	20,000kg × ₩5 =	₩100,000
재료 B	2kg × ₩9 =	18	15,000kg × ₩8 =	120,000
직접노무원가	2시간 × ₩5 =	10	13,000시간 × ₩6 =	78,000
변동제조간접원가	2시간 × ₩8 =	16		95,000
고정제조간접원가	2시간 × ₩12 =	24		95,000
		₩80		₩488,000

회사의 연간 고정제조간접원가 예산은 ₩120,000이고, 연간 직접노동시간 10,000시간을 기준조업도로 하여 직접노동시간당 ₩12의 고정제조간접원가 표준원가를 산출하였다. 기초재공품은 200단위(20% 완성)이고, 실제생산량은 5,200단위이며 기말재공품은 800단위(40% 완성)이다. 재료는 A, B 모두 공정 초기에 전량 투입되고 가공원가는 공정 전반에 걸쳐 균등하게 발생한다. 단, 전기와 당기 원가요소별 표준원가는 동일하다.

요구사항

[물음 1] 20×1년 제조원가보고서를 작성하고 완성품원가와 기말재공품원가를 구하시오(단, 제조원가 차이는 전액 매출원가에서 조정한다).

[물음 2] 다음 각각의 모든 원가차이를 구하시오.

(1) 직접재료원가차이(수율, 배합차이 포함)

(2) 직접노무원가차이

(3) 변동제조간접원가차이

(4) 고정제조간접원가차이

[물음 3] 기말에 제조원가 총차이를 재공품과 제품, 매출원가의 총잔액을 기준으로 배부한다면 차이 배분 후의 외부공표용 재무제표상 재공품, 제품, 매출원가는 각각 얼마인가? (단, 회사의 기 초제품과 기말제품은 각각 2,300개와 1,000개이며, 매출원가는 기초재고금액을 포함한 금 액을 적용한다)

📝 **Key Point**

1. 재공품이 있는 경우 실제산출량은 원가요소별 완성품환산량이다.
2. 단위당 표준재료원가는 ₩300이고 단위당 표준가공원가는 ₩500이다.

자료정리

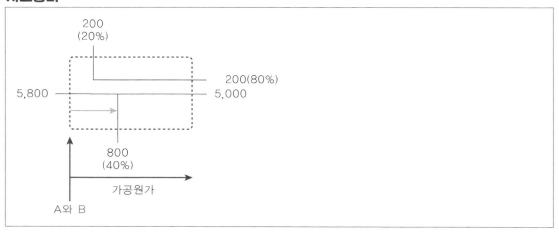

[물음 1]

① 물량흐름 파악

재공품				
기초	200 (0.2)	완성 ┌기초	200 (0.8)	
		└당기	5,000	
착수	5,800	기말	800 (0.4)	
	6,000		6,000	

② 완성품환산량

	재료원가	가공원가
	–	160
	5,000	5,000
	800	320
	5,800	5,480

③ 환산량 단위당 원가
| | ₩30 | ₩50 |

④ 원가(= ② × ③)
| | ₩174,000 | ₩274,000 |

⑤ 원가배분

완성품   ₩8,000* + 5,000 × ₩30 + 5,160 × ₩50 =   ₩416,000

기말재공품   800 × ₩30 + 320 × ₩50 =   40,000

* 기초재공품 표준배부금액
  200 × ₩30 + 200 × 0.2 × ₩50 = ₩8,000

[물음 2]

(1) 직접재료원가차이(수율, 배합차이 포함)

① 가격차이와 수량차이

	AQ × AP	AQ × SP	SQ × SP
A	20,000kg × ₩5 = ₩100,000	20,000kg × ₩4 = ₩80,000	5,800 × 3kg × ₩4 = ₩69,600
B	15,000kg × ₩8 = 120,000	15,000kg × ₩9 = 135,000	5,800 × 2kg × ₩9 = 104,400
	₩220,000	₩215,000	₩174,000

└─ ₩5,000 불리 ─┘ └─ ₩41,000 불리 ─┘

② 배합차이와 수율차이

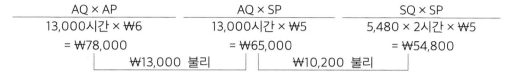

	AQ × SP	Total AQ × BM × SP	SQ × SP
A	20,000kg × ₩4 = ₩80,000	35,000kg × 0.6 × ₩4 = ₩84,000	5,800 × 3kg × ₩4 = ₩69,600
B	15,000kg × ₩9 = 135,000	35,000kg × 0.4 × ₩9 = 126,000	5,800 × 2kg × ₩9 = 104,400
	35,000kg ₩215,000	35,000kg ₩210,000	29,000kg ₩174,000

₩5,000 불리   ₩36,000 불리

(2) 직접노무원가차이

AQ × AP	AQ × SP	SQ × SP
13,000시간 × ₩6	13,000시간 × ₩5	5,480 × 2시간 × ₩5
= ₩78,000	= ₩65,000	= ₩54,800

₩13,000 불리   ₩10,200 불리

(3) 변동제조간접원가차이

실제	AQ × SP	SQ × SP
	13,000시간 × ₩8	5,480 × 2시간 × ₩8
₩95,000	= ₩104,000	= ₩87,680

₩9,000 유리   ₩16,320 불리

(4) 고정제조간접원가차이

실제	예산	SQ × SP
	10,000시간 × ₩12	5,480 × 2시간 × ₩12
₩95,000	= ₩120,000	= ₩131,520

₩25,000 유리   ₩11,520 유리

[물음 3]

(1) 물량흐름

재공품				제품			
기초	200(0.2)	완성	5,200	기초	2,300	판매	6,500
착수	5,800	기말	800(0.4)	대체	5,200	기말	1,000
	6,000		6,000		7,500		7,500

(2) 원가차이 조정

		조정 전 금액	비율	조정
기말재공품	800 × ₩30 + 800 × 0.4 × ₩50 =	₩40,000	6.25%	₩2,500
기말제품	1,000 × ₩80 =	80,000	12.50%	5,000
매출원가	6,500 × ₩80 =	520,000	81.25%	32,500
		₩640,000	100%	₩40,000

(3) 원가차이 조정 후 금액

	조정 전 금액	조정	조정 후 금액
기말재공품	₩40,000	₩2,500	₩42,500
기말제품	80,000	5,000	85,000
매출원가	520,000	32,500	552,500
	₩640,000	₩40,000	₩680,000

㈜한국은 단일제품을 대량생산하고 있다. 이 회사는 표준종합원가계산을 이용하고 있으며 20×1년 1년 동안 제조활동과 원가자료는 다음과 같다.

---

(1) 단위당 표준원가

	SQ	SP	표준원가
직접재료원가	10g	₩500	₩5,000
직접노무원가	0.4시간	2,500	1,000
변동제조간접원가	0.4시간	150	60
고정제조간접원가	0.4시간	80	32
			₩6,092

　　고정제조간접원가의 기준조업도는 1,500단위이다.

(2) 선입선출법에 의해 원가계산을 하였으며 기초재공품 수량은 200단위(완성도 40%), 당기착수량은 1,400단위, 당기완성품 수량은 1,240단위이고 기말재공품 수량은 300단위(완성도 80%)이다. 재료는 기초시점에서 전량 투입된다.

(3) 공손은 진척도가 90%일 때 검사하며, 검사수량의 5%가 정상공손으로 분류된다. 또한 총공손수량이 정상공손수량에 미달하는 경우 (-)비정상공손을 인식한다.

(4) 당기의 원가자료

당기직접노무시간	480시간
변동제조간접원가 소비차이	₩1,500 불리
고정제조간접원가 예산차이	₩2,000 유리

요구사항

[물음 1] 완성품환산량을 구하시오.

[물음 2] 완성품의 표준원가를 구하시오. (단, 전기와 당기 원가요소별 단위당 표준원가는 동일하다)

[물음 3] 가공원가 환산량이 1,600이라고 가정할 때 변동제조간접원가, 고정제조간접원가의 부족배부액 혹은 초과배부액을 구하시오. (단, 실제자료는 위 자료 (4)를 이용하시오)

[물음 4] JIT재고관리가 공손품관리에 시사하는 의미를 서술하시오.

📋 **Key Point**

1. 총공손수량에서 표준정상공손수량을 차감하여 비정상공손수량을 결정한다.
2. 재공품이 있는 경우 실제산출량은 원가요소별 완성품환산량이다.
3. 완성품의 표준원가는 허용수준의 정상공손원가를 반영한 금액을 말한다.

자료정리

(1) 물량흐름도

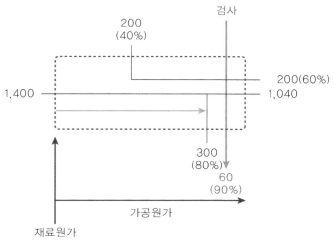

(2) 공손수량

① 총공손수량

200단위 + 1,400단위 – 1,240단위 – 300단위 = 60단위

② 정상공손수량

검사수량 × 5%

= (200단위 + 1,400단위 – 300단위) × 5% = 65단위

③ 비정상공손수량

60단위 – 65단위 = (5단위)

(3) 재공품현황

재공품			
기초	200(0.4)	완성품	200(0.6)
			1,040
		정상공손	65(0.9)
		비정상공손	(5)(0.9)
착수	1,400	기말	300(0.8)
	1,600		1,600

(4) 고정제조간접원가 예산

기준조업도 × 표준배부율

= 1,500단위 × 0.4시간 × ₩80 = ₩48,000

[물음 1]

① 물량흐름 파악(선입선출법)

재공품				② 완성품환산량	
				재료원가	가공원가
기초	200 (0.4)	완성품 ┌ 기초	200 (0.6)	–	120
		└ 당기	1,040	1,040	1,040
		정상공손	65 (0.9)	65	58.5
		비정상공손	(5) (0.9)	(5)	(4.5)
착수	1,400	기말	300 (0.8)	300	240
	1,600		1,600	1,400	1,454

[물음 2]

완성품원가	1,240 × ₩5,000 + 1,240 × ₩1,092 =	₩7,554,080[*]
정상공손원가	65 × ₩5,000 + 65 × 0.9 × ₩1,092 =	388,882
합계		₩7,942,962

[*] 선입선출법 적용
(1) 기초재공품: 200 × ₩5,000 + 200 × 0.4 × ₩1,092 = ₩1,087,360
(2) 완성품: ₩1,087,360 + 1,040 × ₩5,000 + 1,160 × ₩1,092 = ₩7,554,080

[물음 3]

(1) 변동제조간접원가

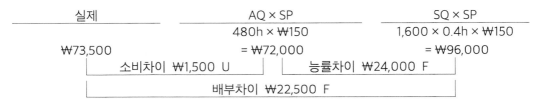

```
        실제              AQ × SP                    SQ × SP
                        480h × ₩150            1,600 × 0.4h × ₩150
    ₩73,500          = ₩72,000                  = ₩96,000
         └─ 소비차이 ₩1,500 U ─┘    └─ 능률차이 ₩24,000 F ─┘
              └──────── 배부차이 ₩22,500 F ────────┘
```

(2) 고정제조간접원가

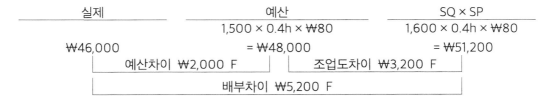

```
        실제              예산                       SQ × SP
                     1,500 × 0.4h × ₩80        1,600 × 0.4h × ₩80
    ₩46,000          = ₩48,000                  = ₩51,200
         └─ 예산차이 ₩2,000 F ─┘    └─ 조업도차이 ₩3,200 F ─┘
              └──────── 배부차이 ₩5,200 F ────────┘
```

[물음 4]

적시생산시스템은 필요한 수량만큼 적시에 공급되어 생산하는 무재고 원가관리시스템이다. 적시생산시스템하에서 공손이 발생할 경우 생산일정과 납기에 큰 차질이 발생하기 때문에 불량이 발생하지 않도록 전사적인 품질관리노력이 필요하다. 따라서 적시생산시스템에서 발생한 공손은 모두 비정상공손으로 간주하고 공손의 최소화를 목표로 품질관리를 해야 한다.

다음을 읽고 물음에 답하시오.

20×1년도 초에 영업활동을 개시한 ㈜한국은 우편엽서 제조업체로서 평준화(정상)원가계산(normal costing)과 전부원가계산(absorption costing)을 사용하고 있으며, 기말에는 내부보고목적으로 실제원가계산(actual costing)과의 차이를 조정하여 재무제표를 작성한다. 이 회사에서 매년 변동제조간접원가 배부차이는 발생하지 않으며, 고정제조간접원가 배부차이 중에는 조업도차이만 발생한다. 기말 차이조정 시 조업도차이는 전액 매출원가 항목에서 조정한다. 고정제조간접원가는 기준조업도 25,000개를 기준으로 배부한다(조업도: 생산량). 20×2년도 기말에 실제원가와의 차이를 조정하여 작성한 포괄손익계산서의 일부 및 관련 자료는 다음 표와 같다. 선입선출법을 적용하며, 기초 및 기말재공품은 없는 것으로 가정한다.

	금액(원)		수량(개)	단가(원)
매출		380,000	19,000	20
매출원가				
기초제품재고액	10,000*		1,000	10
당기제품제조원가	200,000*		20,000	10
판매가능액	210,000		21,000	10
기말제품재고액	(20,000)		2,000	10
매출원가(조정 전)	190,000		19,000	10
불리한 조업도차이	20,000	(210,000)		
매출총이익		170,000		
변동판매관리비		(57,000)	19,000	3
고정판매관리비		(43,000)		
법인세비용차감전순이익		70,000		

* 전기, 당기 제품 단위당 고정제조간접원가는 동일하다.

요구사항

[물음 1] 다음 물음에 답하시오.

    (1) 고정제조간접원가 차이분석의 일반적인 틀을 도식화하여 나타내고, 조업도차이를 계산하는 식을 제시하시오(숫자를 제시하지 말고 설명할 것).

    (2) 20×2년도 ㈜한국의 실제발생 고정제조간접원가는 얼마인가? (계산근거를 제시할 것)

[물음 2] 다음 물음에 답하시오.

    (1) 20×2년도 ㈜한국의 평준화전부원가계산 포괄손익계산서를 변동원가계산(variable costing) 하에서의 손익계산서로 변환하되, 공헌이익손익계산서 형태로 작성하시오(문제에 있는 표와 마찬가지로 수량과 단가를 반드시 표시할 것).

    (2) ㈜한국의 20×1년도 생산량은 20,000개이며, 고정제조간접원가 발생액은 20×2년도와 동일하다. 만약 이 회사가 고정제조간접원가 배부차이를 전액 매출원가에서 조정하지 않고 매년 안분법(원가요소기준 비례배분법)을 사용하여 조정한다면, 20×2년도에 평준화전부원가계산(기말조정 후)하에서 비용화되는 고정제조간접원가는 얼마인가?

[물음 3] 법인세비용차감전순이익이 0이 되는 손익분기점(BEP) 판매량과 관련된 다음 물음에 답하시오.

    (1) 20×2년도 ㈜한국의 생산량이 20,000개일 때, 변동원가계산 방식과 평준화전부원가계산 방식(기말조정 후 기준)하에서의 손익분기점(BEP) 판매량은 각각 몇 개인가?

    (2) 두 방식에서 BEP 판매량의 차이가 왜 발생하는지를 설명하고, 의사결정목적상으로 볼 때 어느 방식이 왜 문제가 있는지 설명하시오(반드시 3줄 이내로 쓸 것).

    (3) 일반적으로, 제조기업들은 불황으로 인한 판매 감소가 예상되는 경우 기존의 원가구조를 변경하여 BEP를 낮추고자 하는 경우가 있다. 어떤 방법을 추진할 수 있는지 가장 중요하다고 생각하는 방법을 두 개만 쓰시오. 그 경우 고정원가와 관련하여 선결되어야 하는 조건이 무엇인지도 설명하시오(반드시 5줄 이내로 쓸 것).

📝 **Key Point**

1. 기준조업도, 실제생산량 및 조업도차이를 이용하여 고정제조간접원가 예정배부율을 계산할 수 있다.
2. 정상전부원가계산 손익분기점을 계산하는 경우 고정제조간접원가 조업도차이를 당기비용에 반영한다.

→| 해답 |

자료정리

(1) 재고현황

20×2년 기초재고수량이 1,000단위이므로 20×1년 기말재고수량은 1,000단위이다.

20×1년

기초	–	판매	19,000
생산	20,000	기말	1,000
	20,000		20,000

20×2년 매출원가는 ₩190,000이고, 단위당 원가는 ₩10이므로 판매량은 ₩190,000 ÷ ₩10 = 19,000단위이다.

20×2년

기초	1,000	판매	19,000
생산	20,000	기말	2,000
	21,000		21,000

(2) 단위당 표준고정제조간접원가

기준조업도가 25,000개이고 불리한 조업도차이는 ₩20,000이므로 단위당 표준고정제조간접원가는 다음과 같다.

예산	SQ × SP
25,000 × SP	20,000 × SP

₩20,000 U

그러므로, SP는 ₩4(= ₩20,000 ÷ 5,000)이다.

(3) 고정제조간접원가 예산

25,000 × ₩4 = ₩100,000

(4) 단위당 변동제조원가

₩10 – ₩4 = ₩6

[물음 1]

(1) 고정제조간접원가 차이분석의 일반적인 틀

실제발생액	예산	SQ × SP
고정제조간접원가 실제발생액	기준조업도 × SP(표준배부액)	실제생산량에 허용된 표준수량 × SP(표준배부액)

| 예산차이(소비차이) | 조업도차이 |

(2) 실제발생 고정제조간접원가

실제발생액	예산	SQ × SP
고정제조간접원가 실제발생액	25,000개 × 단위당 표준배부액* = ₩100,000	20,000개 × 단위당 표준배부액* = ₩80,000

₩0   ₩20,000 U

* (25,000 – 20,000) × 단위당 표준배부액 = ₩20,000
  따라서 단위당 표준배부액 = ₩4이다.

예산차이는 없으므로 실제발생 고정제조간접원가는 예산과 동일한 ₩100,000이다.

[물음 2]

(1) 공헌이익손익계산서(20×2년)

매출액		₩380,000
변동원가		
변동매출원가	19,000개 × ₩6 =	(114,000)
변동판매관리비	19,000개 × ₩3 =	(57,000)
공헌이익		₩209,000
고정원가		
고정제조간접원가		(100,000)
고정판매관리비		(43,000)
영업이익		₩66,000

(2) 비용화되는 고정제조간접원가

배부차이를 원가요소기준 비례배분법에 의해서 조정하므로 이론적으로 실제원가계산과 동일하다. 선입선출법이므로 총판매량 19,000개의 실제발생 고정제조간접원가는 다음과 같다.

기초	1,000개 × ₩5* =	₩5,000
당기	18,000개 × ₩5* =	90,000
합계		₩95,000

    * ₩100,000 ÷ 20,000개 = ₩5

[물음 3]

(1) 손익분기점 판매량

① 변동원가계산 손익분기점

$$\frac{\text{총고정원가}}{\text{단위당 공헌이익}} = \frac{₩143,000}{₩11} = 13,000개$$

② 평준화전부원가계산 손익분기점

$$\frac{\text{총고정판매비와 관리비} \pm \text{배부차이}}{\text{단위당 공헌이익} - \text{고정제조간접원가 표준배부율}} = \frac{₩43,000 + ₩20,000}{(₩11 - ₩4)} = 9,000개$$

(2) 전부원가계산과 변동원가계산에서의 손익분기점 차이

변동원가계산에서는 생산량과 판매량이 달라도 손익분기점 판매량은 변함이 없지만, 전부원가계산에서 고정제조간접원가는 제품원가에 포함된 후 판매 시 매출원가로 비용처리되기 때문에 전부원가계산의 손익분기점 판매량은 생산량에 따라서 달라지게 된다. 고정제조간접원가를 제품원가에 포함시키면 생산량에 따라서 이익이 달라질 수 있고 단기적인 관점에서 고정제조간접원가는 생산량과 무관하게 발생하므로 기간비용처리하는 변동원가계산이 경영자 의사결정에 좀 더 적합하다.

(3) 원가구조 변경을 통한 BEP 변화

① 전부원가계산의 경우 고정제조간접원가는 제품원가에 포함되므로 생산량 증가는 단위당 고정제조간접원가를 감소시켜 궁극적으로 손익분기점을 낮출 수 있다.

② 원가구조는 변동원가와 고정원가의 상대적인 비율을 의미하며, 불황 시 손익분기점을 낮추려면 고정원가의 비중을 낮춰야 한다.

제조간접원가 행태별 기준조업도가 다른 경우 원가차이분석과 해석

제조기업인 ㈜한국은 변동예산과 표준원가계산제도를 사용하고 있으며, 원가계산주기는 한 달이다. 원가계산과 관리목적으로 4가지 원가그룹(직접재료원가, 직접노무원가, 변동제조간접원가, 고정제조간접원가)을 설정하고 있으며, 직접노동시간을 변동제조간접원가와 고정제조간접원가의 배부기준으로 사용하고 있다. 20×1년도에 ㈜한국의 제품 한 단위당 표준은 다음과 같다.

원가그룹	투입물량	물량 한 단위당 표준가격
직접재료원가	5kg	₩300
직접노무원가	?	1,000
변동제조간접원가	?	?
고정제조간접원가	?	?

20×1년도 연간 예상 변동제조간접원가총액은 ₩6,000,000으로서 예상 직접노동시간 12,000시간을 기준으로 설정되었다. 연간 예상 고정제조간접원가총액은 ₩12,000,000이며, 표준배부율은 기준조업도(생산량) 7,500개를 기초로 계산한다. 원가관리목적상 고정제조간접원가 예산은 월별로 균등하게 배분한다.

20×1년도 5월 초 직접재료와 재공품재고는 없었으며, 5월 말 재공품재고도 없었다. 5월 중에 제품의 실제생산량은 500개이며, 원가그룹별로 발생한 구체적인 내역은 다음과 같다.

- 구매 당시 직접재료원가 가격차이: ₩200,000(불리)
- 직접재료 kg당 가격차이: ₩50
- 직접재료원가 능률차이: ₩150,000(유리)
- 직접노무원가 발생액: ₩960,000
- 직접노무원가 임률차이: ₩160,000(불리)
- 변동제조간접원가 발생액: ₩450,000
- 변동제조간접원가 능률차이: ₩100,000(유리)
- 고정제조간접원가 소비차이: ₩100,000(불리)

요구사항

[물음 1] 다음 물음에 답하시오.

    (1) 5월 중 직접재료 구매량과 직접재료 실제사용량은?

    (2) 직접재료원가 가격차이를 구매시점에서 분리할 경우, 5월 중 직접재료 사용시점에서의 분개는?

    (3) 직접재료원가 가격차이를 사용시점에서 분리할 경우, 5월 중 직접재료 사용시점에서의 분개는?

[물음 2] 다음 물음에 답하시오.

    (1) 5월 중 직접노동시간 실제투입시간은?

    (2) 5월 중 직접노무원가 능률차이는?

[물음 3] 5월 중 변동제조간접원가와 관련된 분개는? (발생부터 단계별로 반드시 구분하여 작성하되, 변동제조간접원가 발생 분개 시 상대계정으로는 미지급비용을 사용할 것)

[물음 4] 5월 중 고정제조간접원가 실제발생액과 조업도차이는?

[물음 5] ㈜한국의 변동제조간접원가 항목 중 윤활유가 있는데, 5월 중에 윤활유를 리터당 표준가격보다 비싸게 구입한 결과, 수량은 예상(표준)보다 적게 투입되었으며, 이로 인해 직접노동시간(변동, 고정제조간접원가의 배부기준)이 표준시간보다 적게 투입되었다고 하자. 이 경우, 다음 표에서 각 차이에 미치는 영향에 대해 적합한 란에 "O" 표시를 하고, 그 이유를 간략히 설명하시오(각 차이별로 반드시 2줄 이내로 쓸 것).

구분	유리	불리	무관	불확실
변동제조간접원가 소비차이				
변동제조간접원가 능률차이				
고정제조간접원가 소비차이				
고정제조간접원가 조업도차이				

📝 **Key Point**

1. 직접노동시간은 제조간접원가의 배부기준이므로 제조간접원가와 직접노무원가의 수량표준은 동일하다.
2. 변동제조간접원가의 기준조업도는 12,000시간이고 고정제조간접원가의 기준조업도는 7,500개이다.

자료정리

> (1) 단위당 직접노동시간
>
> - 실제직접노동시간
>   직접노무원가 임률차이: ₩160,000 U = ₩960,000 − AQ × ₩1,000
>   ∴ AQ = 800시간
> - 단위당 표준직접노동시간
>   변동제조간접원가 능률차이: ₩100,000 F = 800h × ₩500 − 500h × SQ × ₩500
>   ∴ SQ = 2시간
>
> (2) 변동제조간접원가 표준배부율
>
> $\dfrac{₩6,000,000}{12,000시간}$ = ₩500
>
> (3) 고정제조간접원가 표준배부율
>
> $\dfrac{₩12,000,000}{(7,500개 × 2시간)}$ = ₩800
>
> (4) 표준원가표
>
> | 원가그룹 | SQ | SP |
> |---|---|---|
> | 직접재료원가 | 5kg | ₩300/kg |
> | 직접노무원가 | 2h | 1,000/h |
> | 변동제조간접원가 | 2h | 500/h |
> | 고정제조간접원가 | 2h | 800/h |

[물음 1]

(1) 직접재료 구매량과 직접재료 실제사용량

- 직접재료 구매량
  ₩200,000 ÷ ₩50 = 4,000kg
- 직접재료 실제사용량

$$\underset{\substack{AQ × ₩300 \\ = ₩600,000}}{AQ × SP} \qquad \underset{\substack{500 × 5kg × ₩300 \\ = ₩750,000}}{SQ × SP}$$

$$\underbrace{\qquad\qquad\qquad}_{₩150,000\ F}$$

AQ = 2,000kg

(2) 구매시점에서 분리할 경우 분개

(차) 재공품	750,000	(대) 직접재료	600,000
		직접재료 능률차이	150,000

(3) 사용시점에서 분리할 경우 분개

(차) 재공품	750,000	(대) 직접재료*	700,000
직접재료 가격차이	100,000	직접재료 능률차이	150,000

* 사용량 × 실제가격
  2,000kg × ₩350 = ₩700,000

[물음 2]

(1) 직접노동시간 실제투입시간

직접노무원가 임률차이: ₩160,000 U = ₩960,000 - AQ × ₩1,000

∴ AQ = 800시간

(2) 직접노무원가 능률차이

AQ × SP	SQ × SP
800h × ₩1,000	500 × 2h × ₩1,000
= ₩800,000	= ₩1,000,000

₩200,000 F

[물음 3]

(1) 발생 시

(차) 변동제조간접원가	450,000	(대) 미지급비용	450,000

(2) 배부 시

(차) 재공품	500,000*	(대) 변동제조간접원가	450,000
소비차이	50,000	능률차이	100,000

* 변동제조간접원가 표준배부액
500 × 2h × ₩500 = ₩500,000

[물음 4]

실제	예산	SQ × SP
		500 × 2h × ₩800
		= ₩800,000
₩1,100,000	₩1,000,000	

₩100,000 U

₩200,000 U

고정제조간접원가 실제발생액은 ₩1,100,000이고, 조업도차이는 ₩200,000 U이다.

[물음 5]

(1) 변동제조간접원가 소비차이: 불확실

소비차이는 실제발생원가와 실제 직접노동시간에 대한 표준투입원가와의 차이로서 윤활유의 가격 증가분과 수량 증가분에 대한 자료가 불충분하여 소비차이의 유·불리는 정확하게 파악할 수가 없다.

(2) 변동제조간접원가 능률차이: 유리

제조간접원가의 배부기준이 직접노동시간이며 직접노동시간이 표준보다 적게 투입되었으므로 변동제조간접원가의 능률차이는 유리한 차이가 발생된다.

(3) 고정제조간접원가 소비차이: 무관

고정제조간접원가는 실제발생액과 예산과의 차이로서 주어진 자료에 의한 영향은 없다.

(4) 고정제조간접원가 조업도차이: 무관

고정제조간접원가는 예산과 표준투입액과의 차이로서 주어진 자료에 의한 영향은 없다.

㈜한국은 제품 X를 생산·판매하고 있으며, 전부원가계산에 의한 표준종합원가계산시스템을 적용하고 있다.

(1) ㈜한국이 20×1년 6월에 설정한 제품 단위당 표준원가는 다음 <자료 1>과 같다.

<자료 1> 제품 X의 단위당 표준원가

구분	제품 X		
	표준수량	표준가격	표준원가
직접재료원가	2kg	₩20	₩40
직접노무원가	2시간	10	20
변동제조간접원가	2	3	6
고정제조간접원가	2	A	?
제품 단위당 표준원가			?
제품 단위당 정상공손허용액			B
정상품 단위당 표준원가			?

(2) 직접재료는 공정 초에 전량 투입되며, 전환원가(conversion costs)는 공정 전반에 걸쳐 균등하게 발생한다. 제품 X에 대한 공손검사는 공정이 60% 진행된 시점에서 이루어지며, 검사를 통과한 합격품의 10%에 해당하는 공손수량은 정상적인 것으로 간주한다. ㈜한국은 원가흐름에 대한 가정으로 선입선출법을 사용한다.

(3) ㈜한국의 월간 조업도기준(생산량)은 다음과 같다.

구분	실제최대조업도	정상조업도
생산량	1,300단위	1,000단위

(4) ㈜한국은 시장수요에 따라 정상조업도 수준의 생산을 유지하고 있으며, 제품 X의 고정제조간접원가 예산은 ₩10,000이다. 정상조업도에서 허용된 표준직접노무시간을 기준으로 고정제조간접원가 표준배부율을 계산한다.

(5) ㈜한국의 제품 X의 단위당 판매가격은 ₩100이다.

요구사항

[물음 1] <자료 1> 의 빈칸에 들어갈 ① A의 금액, ② B의 금액과 ③ 제품 X의 총완성품원가를 계산하여 다음 주어진 양식에 따라 답하시오.

구분	금액
① 고정제조간접원가 표준가격(A)	
② 제품 단위당 정상공손허용액(B)	
③ 총완성품원가	

[물음 2] 당월의 기초재공품 700단위는 65%, 기말재공품 500단위는 70%가 완성되었다. 공손수량은 150단위이고 당월 중 제품 X의 판매량은 1,000단위이다. 기초와 기말제품재고가 없다고 가정할 경우, 다음 물음에 답하시오.

(1) 당월 중 비정상공손수량과 비정상공손원가는 각각 얼마인가?

(2) 당월 말 재공품원가는 얼마인가?

(3) 당월 중 직접재료원가와 전환원가의 완성품환산량은 각각 얼마인가?

(4) 당월 중 재공품계정의 차변에 기록되는 직접재료원가와 전환원가는 각각 얼마인가?

[물음 3] 아래의 각 물음에 답하시오

(1) 직접노무인력은 숙련공과 미숙련공으로 구성된다. 관련 자료는 다음과 같다.

<자료 2> 제품 1단위당 직접노무인력별 표준시간과 표준임률

구분	표준시간	시간당 표준임률
숙련공	1시간	₩12
미숙련공	1	8
합계	2	20

<자료 3> 직접노무인력별 실제시간과 실제직접노무원가

구분	실제시간	실제직접노무원가
숙련공	1,050시간	₩12,180
미숙련공	950	8,360
합계	2,000	20,540

㈜한국의 임률차이, 배합차이, 수율차이를 다음 주어진 양식에 따라 답하시오. 유리한 차이는 'F' 혹은 '유리'로 표시하고, 불리한 차이는 'U' 혹은 '불리'로 표시하시오.

구분	원가차이
① 임률차이	
② 배합차이	
③ 수율차이	

(2) ㈜한국의 실제변동제조간접원가는 ₩6,200이고, 실제고정제조간접원가는 ₩9,100이다. 변동제조간접원가의 소비차이와 능률차이 및 고정제조간접원가의 예산차이와 조업도차이를 다음 주어진 양식에 따라 답하시오. 유리한 차이는 'F' 혹은 '유리'로 표시하고, 불리한 차이는 'U' 혹은 '불리'로 표시하시오.

구분		원가차이
변동제조간접원가	① 소비차이	
	② 능률차이	
고정제조간접원가	③ 예산차이	
	④ 조업도차이	

(3) 위의 (1), (2)에서 계산한 직접노무원가차이, 변동제조간접원가차이 및 고정제조간접원가 차이 각각에 대해 당월 말 차이인식 시 해야 할 회계처리를 다음 주어진 양식에 따라 답하시오.

① 직접노무원가차이 인식 시 회계처리	
(차)	(대)
② 변동제조간접원가차이 인식 시 회계처리	
(차)	(대)
③ 고정제조간접원가차이 인식 시 회계처리	
(차)	(대)

(4) ㈜한국은 20×1년 7월에 실제 최대조업도 수준까지 생산을 늘릴 예정이다. 위 (2)와 같이 실제고정제조간접원가는 ₩9,100으로 예상된다. 고정제조간접원가의 예산차이와 조업 도차이를 답하시오.

(5) 종합원가계산을 사용하는 기업이 표준원가계산제도를 도입할 경우의 장·단점을 각각 2가지씩 간략히 서술하시오.

📝 **Key Point**

1. 고정제조간접원가의 기준조업도는 정상조업도인 1,000단위이다.
2. 기초 및 기말제품재고가 없으므로 당기 생산량은 판매량과 일치한다.

→| 해답 |

[물음 1]

구분	금액
① 고정제조간접원가 표준가격(A)	₩5
② 제품 단위당 정상공손허용액(B)	6.16
③ 총완성품원가	82.16

① 고정제조간접원가 표준가격(A)

$\dfrac{₩10,000}{1,000단위 \times 2h}$ = ₩5/h이므로, 고정제조간접원가 표준가격(A)은 ₩5이다.

② 제품 단위당 정상공손허용액(B)

공정 60%시점에서 검사하므로, 공손의 전환원가 완성도는 60%이다.
제품 단위당 정상공손허용액(B)은 다음과 같다.
₩40 × 0.1 + (₩36 × 0.6 × 0.1) = ₩6.16

③ 총완성품원가

(₩40 + ₩20 + ₩6 + ₩10) + ₩6.16 = ₩82.16

[물음 2]

(1) 비정상공손수량과 비정상공손원가

• 비정상공손수량

① 물량흐름 파악(선입선출법)

② 완성품환산량

재공품					재료원가	전환원가
기초	700(0.65)	완성품 ┌ 기초	700	(0.35)	–	245
		└ 당기	300		300	300
		정상공손	80*2	(0.6)	80	48
		비정상공손	70	(0.6)	70	42
착수	950*1	기말	500	(0.7)	500	350
	1,650		1,650		950	985

*1 당기착수량
1,000 + 500 + 150 – 700 = 950단위
*2 정상공손수량
(300 + 500) × 0.1 = 80단위

• 비정상공손원가

재료원가	70 × ₩40 =	₩2,800
전환원가	70 × 0.6 × ₩36 =	1,512
		₩4,312

(2) 당월 말 재공품원가

- 재공품원가(정상공손원가배분 전)

재료원가	500 × ₩40 =	₩20,000
전환원가	500 × 0.7 × ₩36 =	12,600
		₩32,600

- 정상공손원가

재료원가	80 × ₩40 =	₩3,200
전환원가	80 × 0.6 × ₩36 =	1,728
		₩4,928

- 재공품원가(정상공손원가배분 후)

$$₩32,600 + ₩4,928 \times \frac{500}{300 + 500} = ₩35,680$$

(3) 직접재료원가와 전환원가의 완성품환산량

- 직접재료원가: 950단위
- 전환원가: 700 × 0.35 + 300 + 500 × 0.7 + 150 × 0.6 = 985단위

(4) 당월 직접재료원가 및 전환원가

- 직접재료원가: 950단위 × ₩40 = ₩38,000
- 전환원가: 985단위 × ₩36 = ₩35,460

[물음 3]

(1) 임률차이와 배합차이, 수율차이

구분	원가차이
① 임률차이	₩340 불리
② 배합차이	₩200 불리
③ 수율차이	₩300 불리

- 임률차이와 능률차이

	AQ × AP	AQ × SP	SQ × SP
숙련공	₩12,180	1,050 × ₩12 = ₩12,600	985 × 1h × ₩12 = ₩11,820
미숙련공	8,360	950 × ₩8 = 7,600	985 × 1h × ₩8 = 7,880
	₩20,540	₩20,200	₩19,700

임률차이 ₩340 불리   능률차이 ₩500 불리

- 배합차이와 수율차이

	AQ × SP	Total AQ × BM × SP	SQ × SP
숙련공	1,050 × ₩12 = ₩12,600	2,000 × 1/2 × ₩12 = ₩12,000	985 × 1h × ₩12 = ₩11,820
미숙련공	950 × ₩8 = 7,600	2,000 × 1/2 × ₩8 = 8,000	985 × 1h × ₩8 = 7,880
	₩20,200	₩20,000	₩19,700

배합차이 ₩200 불리   수율차이 ₩300 불리

(2) 제조간접원가 원가차이

구분		원가차이
변동제조간접원가	① 소비차이	₩200 불리
	② 능률차이	₩90 불리
고정제조간접원가	③ 예산차이	₩900 유리
	④ 조업도차이	₩150 불리

- 변동제조간접원가

실제	AQ × SP 2,000h × ₩3	SQ × SP 985 × 2h × ₩3
₩6,200	= ₩6,000	= ₩5,910

소비차이 ₩200 불리   능률차이 ₩90 불리

- 고정제조간접원가

실제	예산 1,000 × 2h × ₩5	SQ × SP 985 × 2h × ₩5
₩9,100	= ₩10,000	= ₩9,850

예산차이 ₩900 유리   조업도차이 ₩150 불리

(3) 회계처리

① 직접노무원가차이 인식 시 회계처리			
(차) 재공품	₩19,700	(대) 직접노무원가	₩20,540
임률차이	340		
배합차이	200		
수율차이	300		
② 변동제조간접원가차이 인식 시 회계처리			
(차) 재공품	₩5,910	(대) 변동제조간접원가	₩6,200
소비차이	200		
능률차이	90		
③ 고정제조간접원가차이 인식 시 회계처리			
(차) 재공품	₩9,850	(대) 고정제조간접원가	₩9,100
조업도차이	150	예산차이	900

(4) 실제 최대조업도 수준까지 생산량을 늘릴 경우 고정제조간접원가 차이분석

실제	예산 1,000 × 2h × ₩5	SQ × SP 1,300 × 2h × ₩5
₩9,100	= ₩10,000	= ₩13,000

예산차이 ₩900 유리   조업도차이 ₩3,000 유리

(5) 표준원가계산제도의 장·단점

　① 장점

　　• 제품 단위당 표준원가는 원가요소별 예산을 쉽게 편성할 수 있다.

　　• 원가흐름의 가정이 필요 없으며, 수량만 파악하면 매출원가 및 재고자산가액을 쉽게 결정할 수 있다.

　　• 실제원가와의 차이분석을 통해 성과평가에 반영할 수 있다.

　② 단점

　　• 표준원가를 설정하는 데 많은 시간과 비용이 소비된다.

　　• 품목의 다양화로 인하여 간접원가 비중이 높아 표준원가의 유용성이 점차 감소하고 있다.

　　• 품질 및 납기 등 비재무적인 측면을 간과할 수 있다.

해커스 세무사 允원가관리회계 2차 핵심문제집

제7장

변동원가계산

㈜한국은 공기청정기 단일제품을 생산·판매하고 있다. 회사는 표준원가계산제도를 채택하고 있다. 회사는 선입선출법을 적용하고 있으며 단위당 판매가격은 ₩40이다.

당해 연도 회사의 재무자료는 다음과 같다.

---

(1) 생산 및 판매 관련 자료

판매수량	18,000단위
생산수량	16,000단위
기초재고수량	3,000단위

(2) 원가자료

단위당 표준변동제조원가	₩25
단위당 변동판매관리비	4
고정제조간접원가 예산	100,000
고정판매관리비	40,000

기초재고자산의 단위당 표준원가는 당해 연도와 동일하다고 가정한다.

(3) 회사는 정상조업도 20,000단위를 기준조업도로 설정하였다.

(4) 원가차이

변동제조원가에 대한 불리한 원가차이는 ₩40,000이 발생하였으며 고정제조간접원가의 예산차이는 없다. 회사는 원가차이를 모두 매출원가에서 조정한다.

요구사항

[물음 1] 변동원가계산에 의한 당해 연도 손익계산서를 작성하시오.

[물음 2] 전부원가계산에 의한 당해 연도 손익계산서를 작성하시오.

[물음 3] 변동원가계산과 전부원가계산의 영업이익의 차이를 조정하고 설명하시오.

📑 **Key Point**

1. 고정제조간접원가 예산과 기준조업도를 이용하여 표준배부율을 계산할 수 있다.
2. 고정제조간접원가 예산차이는 없으므로 실제발생금액과 예산은 동일하다.
3. 원가차이를 모두 매출원가에서 조정하므로 재고자산의 고정제조간접원가는 표준배부액이다.

자료정리

(1) 재고현황

제품

기초	3,000	판매	18,000
생산	16,000	기말	1,000
	19,000		19,000

(2) 고정제조간접원가 표준배부율

₩100,000 ÷ 20,000단위

= ₩5/단위

(3) 고정제조간접원가 원가차이

고정제조간접원가의 예산차이는 없으므로 조업도차이만 존재한다.

예산	SQ × SP
20,000 × ₩5	16,000 × ₩5
= ₩100,000	= ₩80,000

₩20,000 불리

[물음 1]

매출액	18,000 × ₩40 =	₩720,000
변동제조원가	18,000 × ₩25 =	(450,000)
원가차이		(40,000)
변동판매관리비	18,000 × ₩4 =	(72,000)
공헌이익		₩158,000
고정제조간접원가		(100,000)
고정판매관리비		(40,000)
영업이익		₩18,000

[물음 2]

매출액	18,000 × ₩40 =	₩720,000
매출원가	18,000 × (₩25 + ₩5) =	(540,000)
원가차이	₩40,000 + ₩20,000 =	(60,000)
매출총이익		₩120,000
변동판매관리비	18,000 × ₩4 =	(72,000)
고정판매관리비		(40,000)
영업이익		₩8,000

[물음 3]

기초재고자산의 단위당 표준원가는 당해 연도와 동일하고 원가차이를 매출원가에서 조정하므로 재고자산의 고정제조간접원가는 표준배부액이다.

변동원가이익		₩18,000
(+) 기말재고 × 고정제조간접원가	1,000 × ₩5 =	5,000
(-) 기초재고 × 고정제조간접원가	3,000 × ₩5 =	(15,000)
(=) 전부원가이익		₩8,000

㈜한국은 피아노를 생산·판매하는 회사이다. 20×1년 기초재고는 없으며 연간 40,000대를 생산하였다. 20×1년 중 대당 변동제조원가는 ₩5,000, 대당 변동판매관리비는 ₩750이 발생되었다. 그리고 ㈜한국의 20×1년의 손익계산서는 다음과 같다.

손익계산서		
I. 매출액	(35,000대 × ₩8,000)	₩280,000,000
II. 매출원가		(227,500,000)
III. 매출총이익		₩52,500,000
IV. 판매비와 관리비		(32,000,000)
V. 당기순이익		₩20,500,000

요구사항

[물음 1] 20×1년도에 발생한 변동원가총액과 고정원가총액은 얼마인가?

[물음 2] 변동원가계산에 의한 20×1년의 순이익은 얼마인가?

[물음 3] 전부원가계산과 변동원가계산의 중요한 차이점에 대하여 서술하시오.

[물음 4] 경영자가 내부관리목적으로 전부원가계산보다 변동원가계산을 선호하는 이유는 무엇인가?

[물음 5] 변동원가계산의 한계점을 서술하시오.

📝 **Key Point**

1. 대당 변동제조원가와 변동판매관리비와 판매량을 이용하여 고정제조원가와 고정판매관리비를 추정할 수 있다.
2. 고정제조원가는 단위당 고정제조원가에 생산량을 곱하여 계산한다.
3. 고정판매관리비는 총판매관리비에서 변동판매관리비를 차감하여 계산한다.
4. 제조원가 발생액은 생산에 소요된 원가이고 판매관리비 발생액은 판매에 소요된 원가이다.

자료정리

(1) 재고현황

제품

기초	–	판매	35,000
생산	40,000	기말	5,000
	40,000		40,000

(2) 고정제조원가

- 단위당 제조원가: ₩227,500,000 ÷ 35,000 = ₩6,500
- 단위당 고정제조원가: ₩6,500 – ₩5,000 = ₩1,500
- 고정제조원가: ₩1,500 × 40,000 = ₩60,000,000

(3) 고정판매관리비

- 변동판매관리비: ₩750 × 35,000 = ₩26,250,000
- 고정판매관리비: ₩32,000,000 – ₩26,250,000 = ₩5,750,000

[물음 1]

(1) 변동원가총액

변동제조원가 + 변동판매관리비
= ₩5,000 × 40,000대 + ₩750 × 35,000대
= ₩226,250,000

(2) 고정원가총액

고정제조원가 + 고정판매관리비
= ₩60,000,000 + ₩5,750,000
= ₩65,750,000

[물음 2]

(1) 가격과 원가구조

단위당 판매가격	₩8,000
단위당 변동원가	5,750 (= ₩5,000 + ₩750)
단위당 공헌이익	₩2,250
고정원가	₩65,750,000

(2) 순이익

₩2,250 × 35,000대 – ₩65,750,000 = ₩13,000,000
또는, 다음과 같이 계산할 수 있다.
전부원가계산 이익 = 변동원가계산 이익 + 기말재고 × 고정제조간접원가 – 기초재고 × 고정제조간접원가
변동원가계산 이익을 x라 하고 정리하면 다음과 같다.
₩20,500,000 = x + 5,000대 × ₩1,500
그러므로, 변동원가계산에 의한 20×1년의 순이익(x)은 ₩13,000,000이다.

[물음 3]

- 전부원가계산은 제품원가에 고정제조간접원가를 포함한 후 매출원가처리되는 반면, 변동원가계산은 당기발생 고정제조원가 전액이 비용처리된다.
- 전부원가계산은 고정제조원가를 제품원가에 포함한다. 따라서 생산량의 증가는 단위당 고정제조간접원가의 하락으로 이어져 제품원가는 낮아지고 이익은 증가한다. 즉, 전부원가계산의 이익은 판매량뿐만 아니라 생산량에 의해서도 영향을 받는다. 반면에 변동원가계산은 고정제조원가를 당기비용처리한다. 따라서 생산량의 변화는 원가에 영향을 미치지 않는다. 즉, 변동원가계산의 이익은 오직 판매량에 의해서만 영향을 받는다.
- 전부원가계산 손익계산서는 총비용을 기능에 따라 매출원가와 판매관리비로 구분하여 기능적 손익계산서(functional income statement)라 한다. 반면에 변동원가계산 손익계산서는 총비용을 변동원가와 고정원가로 구분하고 매출액에서 변동원가를 차감한 공헌이익을 별도로 나타내어 공헌이익손익계산서라 한다.

[물음 4]

- 단기적인 의사결정에 적합한 정보를 제공한다.
- 생산량으로 인한 이익조작을 방지할 수 있다.
- 이익은 판매량에 의해서만 영향을 받아 재고과잉위험이 존재하지 않는다.
- 공헌이익접근법을 활용하여 CVP분석, 가격결정 및 의사결정에 활용할 수 있다.

[물음 5]

- 변동원가와 고정원가의 구분이 어렵다.
- 재고자산금액이 과소평가된다.
- 회계원칙과 법인세계산에서 인정하지 않는다.

20×1년 초 영업을 개시한 ㈜한국은 휴대폰을 생산·판매하고 있다. 첫 해 손익계산서를 외부공시용으로 다음과 같이 작성하였다. 회사의 최고경영자는 재무이사에게 내부관리목적으로 변동원가계산 손익계산서 작성을 요청하였다.

(1) 손익계산서(20×1년 1월 1일 ~ 20×1년 12월 31일)

I.	매출액(15,000단위)	₩7,500,000
II.	매출원가	(4,500,000)
III.	매출총이익	₩3,000,000
IV.	판매관리비	(1,500,000)
V.	영업이익	₩1,500,000

(2) 생산 및 영업자료

20×1년 생산수량은 18,000단위이며 단위당 변동판매관리비는 ₩60, 단위당 직접재료원가는 ₩100 그리고 변동제조원가는 ₩250이다. 재공품은 없는 것으로 가정한다.

요구사항

[물음 1] 20×1년 고정제조간접원가를 구하시오.

[물음 2] 변동원가계산 손익계산서를 작성하시오.

[물음 3] 전부원가계산과 변동원가계산의 영업이익차이를 서술하시오.

[물음 4] 초변동원가계산 손익계산서를 작성하시오.

[물음 5] 변동원가계산과 초변동원가계산의 영업이익차이를 서술하시오.

📝 **Key Point**

1. 손익계산서 매출원가와 판매관리비를 이용하여 단위당 전부제조원가와 단위당 판매관리비를 계산할 수 있다.
2. 단위당 전부제조원가에서 단위당 변동제조원가를 차감한 단위당 고정제조원가에 생산수량을 곱하여 총고정제조원가를 계산한다.
3. 총판매관리비에서 변동판매관리비를 차감하여 고정판매관리비를 계산한다.

—| 해답 |—

자료정리

(1) 재고현황

<table>
<tr><td colspan="4" align="center">제품</td></tr>
<tr><td>기초</td><td>-</td><td>판매</td><td>15,000단위</td></tr>
<tr><td>생산</td><td>18,000단위</td><td>기말</td><td>3,000단위</td></tr>
<tr><td></td><td>18,000단위</td><td></td><td>18,000단위</td></tr>
</table>

(2) 총고정제조원가

- 단위당 고정제조원가

  단위당 전부제조원가 - 단위당 변동제조원가

  $= \dfrac{₩4,500,000}{15,000단위} - ₩250 = ₩50$

- 총고정제조원가

  단위당 고정제조원가 × 생산수량

  $= ₩50 × 18,000단위 = ₩900,000$

(3) 고정판매관리비

총판매관리비 - 변동판매관리비

$= ₩1,500,000 - ₩60 × 15,000단위 = ₩600,000$

(4) 단위당 변동가공원가

단위당 변동제조원가 - 단위당 직접재료원가

$= ₩250 - ₩100 = ₩150$

(5) 가격과 원가구조

단위당 판매가격	₩500 (= ₩7,500,000 ÷ 15,000단위)
단위당 변동원가	310 (= ₩250 + ₩60)
단위당 공헌이익	₩190
고정원가	₩1,500,000 (= ₩900,000 + ₩600,000)

[물음 1]

₩900,000

[물음 2]

I. 매출액(15,000단위)	₩7,500,000
II. 변동원가	(4,650,000) (= ₩310 × 15,000단위)
III. 공헌이익	₩2,850,000
IV. 고정원가	(1,500,000)
V. 영업이익	₩1,350,000

[물음 3]

전부원가계산의 이익 = 변동원가계산의 이익 + 기말재고 × 고정제조간접원가 – 기초재고 × 고정제조간접원가
₩1,500,000 = ₩1,350,000 + 3,000단위 × ₩50
그러므로, 이익차이는 기말재고에 포함된 고정제조간접원가인 ₩150,000이다.

[물음 4]

I. 매출액	₩7,500,000
II. 직접재료원가	(1,500,000) (= ₩100 × 15,000단위)
II. 재료처리량 공헌이익	₩6,000,000
IV. 변동가공원가	(2,700,000) (= ₩150 × 18,000단위)
V. 변동판매관리비	(900,000) (= ₩60 × 15,000단위)
VI. 고정제조간접원가	(900,000)
VII. 고정판매관리비	(600,000)
	₩900,000

[물음 5]

변동원가계산의 이익 = 초변동원가계산의 이익 + 기말재고 × 변동가공원가 – 기초재고 × 변동가공원가
₩1,350,000 = ₩900,000 + 3,000단위 × ₩150
그러므로, 이익차이는 기말재고에 포함된 변동가공원가인 ₩450,000이다.

다음을 읽고 물음에 답하시오.

전부(흡수)원가계산에 의하여 작성한 개업 후 3년간의 포괄손익계산서는 다음과 같다.

(1) 전부원가계산 손익계산서

구분	1차년도	2차년도	3차년도
매출액	₩704,000	₩528,000	₩704,000
매출원가	(520,000)	(330,000)	(680,000)
매출총이익	₩184,000	₩198,000	₩24,000
판매관리비	(180,000)	(160,000)	(180,000)
영업이익	₩4,000	₩38,000	₩(156,000)

(2) 원가자료

단위당 변동제조원가	₩3
고정제조간접원가	400,000
고정판매관리비	100,000

(3) 3차 기간 동안 생산량 및 판매량

구분	1차년도	2차년도	3차년도
생산량	40,000개	50,000개	20,000개
판매량	40,000	30,000	40,000

요구사항

[물음 1] 변동원가계산에 의하여 각 연도 포괄손익계산서를 작성하시오.

[물음 2] 전부(흡수)원가계산 1차년도와 2차년도 포괄손익계산서를 보면 판매량이 적은 2차년도 순이익이 1차년도 순이익보다 오히려 크다. 그 이유를 설명하고 근거수치를 제시하시오.

[물음 3] 위의 전부(흡수)원가계산에 의한 1차년도와 3차년도의 포괄손익계산서를 보면 비록 동일한 수량을 판매하였으나 순이익(손실)에 있어서 큰 차이를 보이고 있다. 그 이유를 설명하고, 순이익의 관계를 나타내시오.

📝 **Key Point**

1. 개업 후 3년이므로 첫 해 기초재고는 없다.
2. 총판매관리비에서 고정판매관리비를 차감한 후 판매수량으로 나누어 단위당 판매관리비를 계산할 수 있다.

─┤ 해답 ├────────────────────────

자료정리

(1) 연도별 재고상황

	1차년도				2차년도				3차년도		
기초	–	판매	40,000	기초	–	판매	30,000	기초	20,000	판매	40,000
생산	40,000	기말	–	생산	50,000	기말	20,000	생산	20,000	기말	–
	40,000		40,000		50,000		50,000		40,000		40,000

(2) 단위당 변동판매관리비

(총판매관리비 – 고정판매관리비) ÷ 판매수량

= (₩180,000 – ₩100,000) ÷ 40,000개 = ₩2

[물음 1]

	1차년도	2차년도	3차년도
매출액	₩704,000	₩528,000	₩704,000
변동매출원가	(120,000) [*1]	(90,000)	(120,000)
변동판매관리비	(80,000) [*2]	(60,000)	(80,000)
공헌이익	₩504,000	₩378,000	₩504,000
고정제조간접원가	(400,000)	(400,000)	(400,000)
고정판매관리비	(100,000)	(100,000)	(100,000)
영업이익	₩4,000	₩(122,000)	₩4,000

[*1] ₩3 × 40,000개 = ₩120,000
[*2] ₩2 × 40,000개 = ₩80,000

[물음 2]

(1) 2차년도와 1차년도의 순이익차이

2차년도 순이익	₩38,000
1차년도 순이익	4,000
순이익차이	₩34,000

(2) 차이원인

① 공헌이익 감소액: ₩126,000
  • 단위당 공헌이익: ₩12.6(= ₩17.6 – ₩3 – ₩2)
  • 판매량 감소: 10,000단위
② 자산화된 고정제조간접원가: ₩8 × 20,000 = ₩160,000

[물음 3]

판매량이 동일한 경우라도 생산량이 감소하면 비용화되는 고정제조간접원가가 증가되어 순이익은 감소한다.

• 1차년도 비용화된 고정원가: ₩400,000
• 3차년도 비용화된 고정원가: ₩160,000(2차년도 발생분) + ₩400,000(3차년도 발생분)

문제 36 정상전부원가계산과 정상변동원가계산

세무사 19 수정

㈜한국은 단일제품을 생산하여 판매한다. 20×1년도 1월과 2월의 원가계산 및 손익계산을 위한 자료는 다음과 같다.

(1) 제품생산 및 판매자료

구분	1월	2월
월초 재고수량	0단위	100단위
생산량	400	500
판매량	300	300
월말 재고수량	100	300

(2) 실제발생원가자료

원가항목	1월	2월
단위당 직접재료원가	₩100	₩100
단위당 직접노무원가	40	40
단위당 변동제조간접원가	20	20
단위당 변동판매관리비	10	10
월 총고정제조간접원가	12,000	12,000
월 총고정판매관리비	2,000	2,000

(3) 단위당 판매가격은 ₩400이며 월초 및 월말재공품은 없다.

요구사항

[물음 1] 선입선출법을 사용하여 재고자산을 평가하는 경우 실제전부원가계산과 실제변동원가계산에 의한 20×1년도 1월과 2월의 영업이익을 구하시오.

[물음 2] [물음 1]에서 실제전부원가계산과 실제변동원가계산의 20×1년도 1월과 2월의 영업이익을 구하는 과정에서 비용으로 인식한 고정제조간접원가를 구하고, 그 금액을 사용하여 두 가지 원가계산에 의한 영업이익의 차이를 설명하시오.

[물음 3] 가중평균법을 사용하여 재고자산을 평가하는 경우 실제전부원가계산에 의한 20×1년도 2월의 영업이익을 구하시오.

[물음 4] ㈜한국은 정상원가계산(평준화원가계산, normal costing)과 원가차이조정 시 매출원가조정법을 사용한다. 이 경우 제조간접원가 배부기준은 기계작업시간이며 20×1년도 제조간접원가 예정배부율 산정을 위한 연간 제조간접원가 예산금액은 ₩220,800(변동제조간접원가 ₩76,800, 고정제조간접원가 ₩144,000)이고 연간 예정조업도는 9,600시간(제품 4,800단위)이다. 월 예정기계작업시간은 800시간이나 실제기계작업시간은 1월에 800시간, 2월에 1,000시간이 발생하였다. 한편, 고정제조간접원가의 월 예산금액은 실제발생액과 동일한 ₩12,000이다. 정상전부원가계산과 정상변동원가계산에 의한 20×1년도 1월과 2월의 원가차이조정 후 영업이익을 구하시오.

⧠ **Key Point**

1. 정상전부원가계산은 변동제조간접원가와 고정제조간접원가의 배부차이가 발생하지만 정상변동원가계산은 변동제조간접원가에 대한 배부차이가 발생하며 실제고정제조간접원가는 당기비용처리된다.
2. 매출원가조정법이므로 원가차이는 모두 매출원가에 가감한다.

자료정리

(1) 월별 단위당 고정제조간접원가

- 1월: $\dfrac{\text{₩12,000}}{\text{400단위}} = \text{₩30}$

- 2월: $\dfrac{\text{₩12,000}}{\text{500단위}} = \text{₩24}$

(2) 월별 단위당 전부원가
- 1월: ₩160 + ₩30 = ₩190
- 2월: ₩160 + ₩24 = ₩184

(3) 예정배부율

- 변동제조간접원가: $\dfrac{\text{₩76,800}}{\text{9,600시간}} = \text{₩8/시간}$

- 고정제조간접원가: $\dfrac{\text{₩144,000}}{\text{9,600시간}} = \text{₩15/시간}$

[물음 1]

(1) 전부원가계산

	1월		2월	
매출액	300단위 × ₩400 =	₩120,000	300단위 × ₩400 =	₩120,000
매출원가	300단위 × ₩190 =	(57,000)		(55,800)*
매출총이익		₩63,000		₩64,200
변동판매관리비		(3,000)		(3,000)
고정판매관리비		(2,000)		(2,000)
영업이익		₩58,000		₩59,200

* 매출원가: 100단위 × ₩190 + 200단위 × ₩184 = ₩55,800

(2) 변동원가계산

	1월		2월	
매출액	300단위 × ₩400 =	₩120,000	300단위 × ₩400 =	₩120,000
변동원가	300단위 × ₩170 =	(51,000)	300단위 × ₩170 =	(51,000)
공헌이익		₩69,000		₩69,000
고정원가		(14,000)		(14,000)
영업이익		₩55,000		₩55,000

[물음 2]

	1월			2월
전부원가	300단위 × ₩30 =	₩9,000		₩7,800*
변동원가		12,000		12,000
차이		₩3,000		₩4,200

* 고정제조간접원가: 100단위 × ₩30 + 200단위 × ₩24 = ₩7,800

[물음 3]

(1) 평균단가

$$\frac{100단위 × ₩190 + 500단위 × ₩184}{600단위} = ₩185$$

(2) 2월 영업이익

매출액	300단위 × ₩400 =	₩120,000
매출원가	300단위 × ₩185 =	(55,500)
매출총이익		₩64,500
변동판매관리비		(3,000)
고정판매관리비		(2,000)
영업이익		₩59,500

[물음 4]

(1) 전부원가계산

	1월		2월	
매출액	300단위 × ₩400 = ₩120,000		300단위 × ₩400 = ₩120,000	
정상매출원가	300단위 × ₩186*¹ = (55,800)		300단위 × ₩186*¹ = (55,800)	
배부차이	(1,600)U*²		1,000F*²	
매출총이익	₩62,600		₩65,200	
변동판매관리비	(3,000)		(3,000)	
고정판매관리비	(2,000)		(2,000)	
영업이익	₩57,600		₩60,200	

*¹ 단위당 정상전부제조원가
₩140 + ₩8/시간 × 2시간 + ₩15/시간 × 2시간 = ₩186
*² 배부차이
- 1월

	변동제조간접원가		고정제조간접원가	
예정배부	800시간 × ₩8 =	₩6,400	800시간 × ₩15 =	₩12,000
실제	400단위 × ₩20 =	8,000		12,000
차이		₩1,600U		-

- 2월

	변동제조간접원가		고정제조간접원가	
예정배부	1,000시간 × ₩8 =	₩8,000	1,000시간 × ₩15 =	₩15,000
실제	500단위 × ₩20 =	10,000		12,000
차이		₩2,000U		₩3,000F

(2) 변동원가계산

	1월		2월	
매출액	300단위 × ₩400 =	₩120,000	300단위 × ₩400 =	₩120,000
정상변동원가	300단위 × ₩166[*1] =	(49,800)	300단위 × ₩166[*1] =	(49,800)
배부차이		(1,600)U[*2]		(2,000)U[*2]
공헌이익		₩68,600		₩68,200
고정원가		(14,000)		(14,000)
영업이익		₩54,600		₩54,200

[*1] 단위당 정상변동원가
 ₩140 + ₩8 × 2시간 + ₩10 = ₩166

[*2] 배부차이
 • 1월

	변동제조간접원가		고정제조간접원가
예정배부	800시간 × ₩8 =	₩6,400	-
실제	400단위 × ₩20 =	8,000	-
차이		₩1,600U	-

 • 2월

	변동제조간접원가		고정제조간접원가
예정배부	1,000시간 × ₩8 =	₩8,000	-
실제	500단위 × ₩20 =	10,000	-
차이		₩2,000U	-

㈜한국은 내부의사결정목적으로는 변동원가계산을, 외부보고목적으로는 전부원가계산을 사용하고 있다.

(1) 당기 중에 실제발생한 제품 단위당 원가는 다음과 같다.

직접재료원가(1단위당 0.5kg)	₩1,500
직접노무원가	3,000
변동제조간접원가	500
고정제조간접원가	550

(2) 직접재료는 기초시점에 투입되며, 가공원가는 공정 전체에 걸쳐 균등하게 발생한다.
(3) 당기 매입한 직접재료는 12,000kg이며 직접재료 중 당기에 11,000kg이 공정에 투입되었다.
(4) 기초재고와 기말재고에 관련된 내용은 다음과 같다.

구분	원재료	재공품	제품
기초재고	2,000kg	500개(50%)	850개
기말재고	3,000kg	750개(40%)	600개

(5) 제품 단위당 판매가격은 ₩10,000이다.
(6) 재고자산평가 시 선입선출법을 사용하며 전기에도 단위당 원가는 당기와 동일하다고 가정한다.
(7) 변동판매관리비는 단위당 ₩1,000이고 고정판매관리비는 ₩30,000,000이다.

요구사항

[물음 1] 재고자산계정들의 물량흐름을 파악하고 당기분 원가요소별 완성품환산량을 계산하시오.

[물음 2] 전부원가계산 손익계산서를 작성하시오.

[물음 3] 변동원가계산을 사용할 때 공헌이익과 영업이익은 얼마인가?

[물음 4] 전부원가계산과 변동원가계산의 영업손익의 차이를 분석하시오.

📝 Key Point

가공원가는 공정 전반에 걸쳐 균등하게 발생하므로 전부원가계산과 변동원가계산의 이익차이는 제품과 재공품에 포함된 고정제조간접원가이다.

[물음 1]

(1) 재고현황

제품 단위당 0.5kg이 사용된다.

원재료

기초	2,000	사용	11,000 (제품 22,000 생산)
투입	12,000	기말	3,000
	14,000		14,000

재공품

기초	500 (0.5)	완성	21,750
착수	22,000	기말	750 (0.4)
	22,500		22,500

제품

기초	850	판매	22,000
생산	21,750	기말	600
	22,600		22,600

(2) 완성품환산량

① 물량흐름 파악(선입선출법)

② 완성품환산량

	재공품				재료원가	가공원가
기초	500 (0.5)	완성품	┌ 기초	500 (0.5)	–	250
			└ 당기	21,250	21,250	21,250
착수	22,000	기말		750 (0.4)	750	300
	22,500			22,500	22,000	21,800

[물음 2]

(1) 단위당 전부원가

₩1,500 + ₩3,000 + ₩500 + ₩550 = ₩5,550

(2) 전부원가계산 손익계산서

매출액	22,000 × ₩10,000 =	₩220,000,000
매출원가	22,000 × ₩5,550 =	(122,100,000)
매출총이익		₩97,900,000
변동판매관리비	22,000 × ₩1,000 =	(22,000,000)
고정판매관리비		(30,000,000)
영업이익		₩45,900,000

[물음 3]

(1) 단위당 변동제조원가

    ₩1,500 + ₩3,000 + ₩500 = ₩5,000

(2) 고정제조간접원가

    단위당 고정제조간접원가 × 가공원가 완성품환산량

    = ₩550 × 21,800 = ₩11,990,000

(3) 변동원가계산 손익계산서

매출액	22,000 × ₩10,000 =	₩220,000,000
변동원가	22,000 × (₩5,000 + ₩1,000) =	(132,000,000)
공헌이익		₩88,000,000
고정제조간접원가		(11,990,000)
고정판매관리비		(30,000,000)
영업이익		₩46,010,000

그러므로, 공헌이익과 영업이익은 각각 ₩88,000,000과 ₩46,010,000이다.

[물음 4]

영업이익차이는 재고자산(제품 및 재공품)에 포함되어 있는 고정제조간접원가이다. 또한, 제조간접원가는 공정 전반에 걸쳐 균등하게 발생하므로 재공품의 경우 완성도를 반영하여 환산해야 한다.

변동원가이익		₩46,010,000
(+) 기말재고 × 고정제조간접원가	600 × ₩550 + 750 × 0.4 × ₩550 =	495,000
(−) 기초재고 × 고정제조간접원가	850 × ₩550 + 500 × 0.5 × ₩550 =	(605,000)
(=) 전부원가이익		₩45,900,000

㈜한국은 표준종합원가계산을 적용하고 있다. 20×1년의 생산 및 판매활동, 그리고 원가에 관한 자료는 다음과 같다.

<자료 1> 실제생산자료

구분	수량(완성도)
기초재공품	2,000단위(40%)
기말재공품	3,000단위(20%)
당기완성품	15,000단위

<자료 2> 실제판매자료

구분	수량
기초제품	1,000단위
기말제품	2,500단위
판매량	13,500단위

<자료 3> 원가요소별 표준원가

직접재료원가	₩250
직접노무원가	50
변동제조간접원가	60
고정제조간접원가	90

(1) 직접재료는 공정 초에 모두 투입되고, 가공원가는 공정 전반에 걸쳐 균등하게 발생한다.
(2) 기초재공품의 가공원가 완성도는 40%이며, 기말재공품의 가공원가 완성도는 20%이다.
(3) 재고자산은 선입선출법(FIFO)을 적용하여 평가하며, 당기 중 공손 및 감손은 발생하지 않았다.
(4) 전기와 당기의 원가요소별 표준원가는 모두 동일하다.
(5) 회계연도 말에 실제발생한 제조간접원가를 집계한 결과 총액은 ₩2,300,000이었으며, 그 중 고정제조간접원가는 ₩1,350,000인 것으로 파악되었다.
(6) ㈜한국은 원가차이를 전액 매출원가에서 조정하고 있다. 단, 제조간접원가 차이를 제외한 다른 원가차이는 발생하지 않았다.
(7) 제품의 단위당 판매가격은 ₩700이고, 변동판매관리비는 단위당 ₩50이며, 고정판매관리비는 ₩1,000,000이다.

요구사항

[물음 1] 20×1년의 표준원가를 반영하여 다음의 물음에 답하시오.

　　　　(1) 직접재료원가와 가공원가에 대한 당기완성품환산량을 계산하시오.

　　　　(2) 기초재공품원가, 당기총제조원가, 완성품원가 및 기말재공품원가를 계산하시오.

　　　　(3) 전부원가계산에 의한 영업이익과 변동원가계산에 의한 영업이익의 차이를 계산하시오.

[물음 2] 20×1년의 실제원가를 반영하여 다음의 물음에 답하시오.

　　　　(1) 변동원가계산에 의한 공헌이익과 영업이익을 계산하시오.

　　　　(2) 초변동원가계산에 의한 손익계산서를 작성하시오.

📝 Key Point

1. 원가차이를 매출원가에서 조정하므로 전부원가계산과 변동원가계산의 이익차이는 재고에 포함되어 있는 표준 고정제조간접원가 배부금액이다. 또한, 재고는 제품과 재공품을 의미한다.
2. 변동원가계산을 적용하는 경우 변동제조간접원가의 배부차이를 계산한 후 변동매출원가에 조정한다.
3. 초변동원가계산을 적용하는 경우 실제제조간접원가를 당기비용처리한다.

자료정리

(1) 변동제조간접원가와 고정제조간접원가
- 변동제조간접원가: ₩950,000
- 고정제조간접원가: ₩1,350,000

(2) 원가요소별 완성품환산량

① 물량흐름 파악

	재공품			재료원가	가공원가
기초	2,000(0.4)	완성	2,000(0.6)	–	1,200
			13,000	13,000	13,000
착수	16,000	기말	3,000(0.2)	3,000	600
	18,000		18,000	16,000	14,800

② 완성품환산량 (재료원가 / 가공원가 columns above)

(3) 제조간접원가 배부차이

- 변동제조간접원가

실제		SQ × SP
₩950,000		$14,800^* \times$ ₩60 = ₩888,000

₩62,000 불리

- 고정제조간접원가

실제		SQ × SP
₩1,350,000		$14,800^* \times$ ₩90 = ₩1,332,000

₩18,000 불리

* 가공원가의 완성품환산량

[물음 1]

(1) 직접재료원가와 가공원가에 대한 당기완성품환산량
- 직접재료원가: 16,000
- 가공원가: 14,800

(2) 기초재공품원가, 당기총제조원가, 완성품원가 및 기말재공품원가
- 기초재공품원가: 2,000 × ₩250 + 2,000 × 40% × ₩200 = ₩660,000
- 당기총제조원가: 16,000 × ₩250 + 14,800 × ₩200 = ₩6,960,000
- 완성품원가: 15,000 × ₩250 + 15,000 × ₩200 = ₩6,750,000
- 기말재공품원가: 3,000 × ₩250 + 3,000 × 20% × ₩200 = ₩870,000

(3) 전부원가계산에 의한 영업이익과 변동원가계산에 의한 영업이익의 차이

기말재고 × 고정제조간접원가	(2,500 + 3,000 × 20%) × ₩90 =	₩279,000
(–) 기초재고 × 고정제조간접원가	(1,000 + 2,000 × 40%) × ₩90 =	(162,000)
(=) 영업이익차이		₩117,000

[물음 2]

(1) 변동원가계산에 의한 공헌이익과 영업이익

변동원가계산

매출액	13,500 × ₩700 =		₩9,450,000
변동원가			
변동매출원가	13,500 × ₩360 =	₩4,860,000	
변동원가차이		62,000	
변동판매관리비	13,500 × ₩50 =	675,000	(5,597,000)
공헌이익			₩3,853,000
고정원가			
고정제조간접원가		₩1,350,000	
고정판매관리비		1,000,000	(2,350,000)
영업이익			₩1,503,000

즉, 공헌이익과 영업이익은 각각 ₩3,853,000과 ₩1,503,000이다.

(2) 초변동원가계산에 의한 손익계산서

직접노무원가와 변동제조간접원가는 당기발생금액을 비용처리한다.

초변동원가계산

매출액	13,500 × ₩700 =		₩9,450,000
직접재료원가	13,500 × ₩250 =		(3,375,000)
재료처리량 공헌이익			₩6,075,000
운영원가			
직접노무원가	14,800 × ₩50 =	₩740,000	
변동제조간접원가		950,000	
변동판매관리비	13,500 × ₩50 =	675,000	
고정제조간접원가		1,350,000	
고정판매관리비		1,000,000	(4,715,000)
영업이익			₩1,360,000

cpa.Hackers.com

해커스 세무사 允원가관리회계 2차 핵심문제집

제8장

원가함수추정

㈜한국은 대형 LCD모니터를 생산하는 회사이다. 지난 수년간 연구 · 개발 후 양산에 준비하고 있다.

(1) 첫 1단위 생산 시 원가

직접재료원가	₩100,000
직접노무원가(2,000시간 × ₩200/시간)	400,000
변동제조간접원가[*1]	200,000
기타[*2]	100,000
합계	₩800,000

[*1] 변동제조간접원가는 직접노무원가에 비례하여 발생한다. 즉, 직접노무원가의 50%이다.
[*2] 기타는 일반관리비 및 이윤보상목적으로 직접노무원가의 25%로 설정한다.

(2) 학습곡선(증분단위시간모형)

- 증분단위시간 m = b × $x^{-학습지수}$(b: 최초 단위당 투입시간)
- 학습률 85% 적용 시 학습곡선의 학습지수는 0.2345이다.

학습지수를 반영한 $x^{-학습지수}$의 값은 다음과 같다.

누적생산량	$x^{-학습지수}$	결과값
1	$1^{-0.2345}$	1.0000
2	$2^{-0.2345}$	0.8500
3	$3^{-0.2345}$	0.7728
4	$4^{-0.2345}$	0.7224

요구사항

[물음 1] 증분단위시간모형을 적용하여 1 ~ 4개까지의 증분단위시간, 누적총시간을 나타내는 표를 작성하고, 1단위를 생산한 후 추가적인 3단위를 생산하기 위한 총원가를 구하시오.

[물음 2] 누적평균시간모형을 적용하여 1 ~ 4개까지의 누적평균시간, 누적총시간을 나타내는 표를 작성하고, 1단위를 생산한 후 추가적인 3단위를 생산하기 위한 총원가를 구하시오.

📝 Key Point
변동제조간접원가와 기타는 직접노무원가를 기준으로 배부하므로 학습곡선에 영향을 받는다.

─┤해답├─

자료정리

(1) 증분단위시간모형

누적생산량	증분단위시간	누적총시간 (= Σ증분단위시간)
1	2,000시간	2,000시간
2	2,000시간 × 0.85 = 1,700시간	3,700시간
3	2,000시간 × 0.7728 = 1,545.6시간	5,245.6시간
4	2,000시간 × 0.7224 = 1,444.8시간	6,690.4시간

(2) 누적평균시간모형

누적생산량	누적평균시간	누적총시간 (= 누적생산량 × 누적평균시간)
1	2,000시간	2,000시간
2	2,000시간 × 0.85 = 1,700시간	3,400시간
3	2,000시간 × 0.7728 = 1,545.6시간	4,636.8시간
4	2,000시간 × 0.7224 = 1,444.8시간	5,779.2시간

[물음 1]

(1) 3단위 추가작업에 필요한 시간

6,690.4시간 – 2,000시간
= 4,690.4시간

(2) 총원가

직접재료원가	3단위 × ₩100,000 =	₩300,000
직접노무원가	4,690.4시간 × ₩200 =	938,080
변동제조간접원가	₩938,080 × 50% =	469,040
기타	₩938,080 × 25% =	234,520
합계		₩1,941,640

[물음 2]

(1) 3단위 추가작업에 필요한 시간

5,779.2시간 – 2,000시간
= 3,779.2시간

(2) 총원가

직접재료원가	3단위 × ₩100,000 =	₩300,000
직접노무원가	3,779.2시간 × ₩200 =	755,840
변동제조간접원가	₩755,840 × 50% =	377,920
기타	₩755,840 × 25% =	188,960
합계		₩1,622,720

무선이어폰을 생산·판매하고 있는 ㈜한국은 무선이어폰에 장착되는 주요 부품인 음성수신장치를 자체 생산하고 있다. ㈜한국은 20×1년도에 무선이어폰 생산 및 판매량을 1,000단위로 예상하고 음성수신장치 1,000단위를 자체 생산할 계획에 있으며, 1,000단위의 음성수신장치 생산과 관련된 원가를 다음과 같이 예상하고 있다. 물음에 답하시오(단, 각 물음은 독립적이다).

구분	총원가
직접재료원가(₩600/단위)	₩600,000
직접노무원가(₩900/시간)	900,000
변동제조간접원가(₩900/직접노무시간)	900,000
고정제조간접원가	500,000
합계	₩2,900,000

요구사항

[물음 1] ㈜한국은 외부공급업자로부터 무선이어폰에 장착되는 음성수신장치 1,000단위 전량을 공급해 주겠다는 제안을 받았다. ㈜한국이 이 공급제안을 수용하는 경우, 고정제조간접원가 중 ₩100,000을 절감할 수 있으며, 기존 생산설비를 임대하여 연간 ₩200,000의 수익을 창출할 수 있다. ㈜한국이 외부공급업자의 제안을 수용하기 위해서 지불할 수 있는 단위당 최대 구입가격을 계산하시오.

[물음 2] ㈜한국은 무선이어폰에 장착되는 음성수신장치의 생산방식을 기존 생산방식에서 1묶음(batch)의 크기를 5단위로 하는 묶음생산방식으로의 변경을 검토하고 있다. ㈜한국은 생산방식을 묶음생산방식으로 변경하는 경우, 기존 생산방식에서 발생하는 고정제조간접원가 중 ₩100,000과 변동가공원가(variable conversion cost)의 30%를 절감할 수 있고 생산설비의 일부를 임대하여 연간 ₩150,000의 수익을 창출할 수 있으나, 작업준비와 관련하여 묶음당 ₩4,000의 변동제조간접원가가 추가적으로 발생할 것으로 예상하고 있다. ㈜한국이 생산방식을 묶음생산방식으로 변경하는 경우, 기존 생산방식과 비교하여 영업이익이 얼마나 증가 또는 감소하는지를 계산하시오(단, 영업이익이 증가하는 경우에는 금액 앞에 '(+)'를, 감소하는 경우에는 금액 앞에 '(-)'를 표시하시오).

[물음 3] ㈜한국은 무선이어폰에 장착되는 음성수신장치를 자체 생산하지 않고 외부공급업자로부터 공급받는 것을 검토하던 중, ㈜대한으로부터 20×1년도에 소요될 음성수신장치 1,000단위 전량을 단위당 ₩3,500에 공급하겠다는 제안을 받았다. ㈜대한의 제안을 수용하는 경우 ㈜한국은 기존 생산설비를 이용하면, 외부공급업자로부터 공급받은 음성수신장치를 추가적으로 가공하여 음성송신기능을 갖춘 고급사양의 음성송수신장치를 생산할 수 있으며, 무선이어폰에 해당 음성송수신장치를 장착하게 되면 무선이어폰의 단위당 판매가격을 ₩1,500 인상할

수 있다. 고급사양의 음성송수신장치 생산을 위한 추가가공은 묶음생산방식에 의해 가공이 이루어지며, 추가가공과 관련된 원가는 묶음(batch)수에 비례하여 발생하는 변동가공원가 (variable conversion cost)로서 묶음당 ₩10,000이 발생한다. ㈜한국이 ㈜대한의 제안을 수용하려면 추가가공을 위한 1묶음의 크기는 최소 몇 단위가 되어야 하는지 계산하시오(단, 고급사양의 음성송수신장치를 장착한 무선이어폰의 생산·판매량은 1,000단위로 동일하다).

[물음 4] ㈜한국은 20×1년도에 무선이어폰 1,000단위 생산에 소요되는 음성수신장치 1,000단위를 기존 생산방식에서 250단위를 1묶음(batch)으로 하는 묶음생산방식으로 변경하는 것을 검토하고 있다. ㈜한국이 음성수신장치를 묶음생산방식으로 생산할 경우, 직접노무시간은 90%의 누적평균시간 학습곡선모형을 따르며, 음성수신장치 250단위 생산과 관련된 원가는 다음과 같다.

구분	총원가
직접재료원가(₩600/단위)	₩150,000
직접노무원가(₩900/시간)	225,000
변동제조간접원가(₩900/직접노무시간)	225,000
고정제조간접원가	500,000
합계	₩1,100,000

㈜한국은 무선이어폰에 장착되는 음성수신장치를 묶음생산방식으로 생산하기로 결정하고 연간 생산계획을 수립하던 중, 무선이어폰에 장착이 가능한 동일한 사양의 음성수신장치를 외부공급업자로부터 단위당 ₩2,100에 구입이 가능하다는 사실을 파악하였다. ㈜한국이 20×1년도 무선이어폰 생산에 필요한 음성수신장치 1,000단위 전량을 외부공급업자로부터 구입할 경우, 묶음생산방식에 의해 자체 생산하는 경우에 비하여 영업이익이 얼마나 증가 또는 감소하는지를 계산하시오(단, 영업이익이 증가하는 경우에는 금액 앞에 '(+)'를, 감소하는 경우에는 금액 앞에 '(-)'를 표시하시오).

📝 **Key Point**

1. 자가생산 시 단위당 변동제조원가와 총고정원가로 구분한다.
2. 첫 묶음(250단위) 생산 시 총노무원가를 임률로 나누어 첫 묶음에 소요된 노무시간을 추정할 수 있다.

┤해답├

자료정리

(1) 단위당 변동제조원가

직접재료원가	₩600	
직접노무원가	900	(1시간/단위, ₩900/시간)
변동제조간접원가	900	(1시간/단위, ₩900/시간)
계	₩2,400	

(2) 학습효과(학습률 90%)
- 첫 묶음 생산 시 시간

  ₩225,000 ÷ ₩900 = 250시간
- 누적총시간

생산량	평균시간	누적총시간
1묶음	250	250
2묶음	225	450
4묶음	202.5	810

[물음 1]

단위당 최대구입가격을 P라 한 후 정리하면 다음과 같다.

증분수익	임대수익		₩200,000
증분비용	변동제조원가 감소	1,000단위 × ₩2,400 =	2,400,000
	고정제조간접원가 감소		100,000
	구입금액		(1,000 × P)
증분이익			₩2,700,000 - 1,000 × P ≥ 0

그러므로, ㈜한국이 외부공급업자의 제안을 수용하기 위해서 지불할 수 있는 최대구입가격(P)은 ₩2,700 이다.

[물음 2]

증분수익	임대수익		₩150,000
증분비용	변동가공원가 감소	1,000단위 × ₩1,800 × 0.3 =	540,000
	고정제조간접원가 감소		100,000
	변동제조간접원가 증가	(1,000단위 ÷ 5단위) × ₩4,000 =	(800,000)
증분손실			₩(10,000)

[물음 3]

묶음수를 Q라 한 후 정리하면 다음과 같다.

증분수익	매출 증가	1,000단위 × ₩1,500 =	₩1,500,000
증분비용	변동제조원가 감소	1,000단위 × ₩2,400 =	2,400,000
	변동가공원가 증가		(10,000Q)
	구입금액	1,000단위 × ₩3,500 =	(3,500,000)
증분이익			₩400,000 - ₩10,000Q = ₩0

그러므로, Q는 40묶음이다.

따라서 묶음당 수량은 1,000단위 ÷ 40묶음 = 25단위이므로, ㈜한국이 ㈜대한의 제안을 수용하려면 추가가공을 위한 1묶음의 크기는 최소 25단위가 되어야 한다.

[물음 4]

(1) 자체 생산 시 변동제조원가

직접재료원가	₩150,000 × 4묶음 =	₩600,000
직접노무원가	₩900 × 810시간 =	729,000
변동제조간접원가	₩900 × 810시간 =	729,000
		₩2,058,000

(2) 외부구입가격

1,000단위 × ₩2,100 = ₩2,100,000

(3) 외부구입 시 영업이익 증감

₩2,100,000 - ₩2,058,000 = ₩42,000만큼 증분손실이 발생한다.

해커스 세무사 允원가관리회계 2차 핵심문제집

제9장

CVP분석

㈜한국은 카메라를 전문으로 생산·판매하는 회사이다. 회사의 연간 최대조업도는 12,000대이며, 연간 6,000대를 생산할 때 변동원가의 예산은 ₩120,000이다. 각 조업도 수준에서의 고정원가 예산은 다음과 같다.

조업도(생산량)	연간고정원가
0대 ~ 3,000대 미만	₩80,000
3,000대 이상 ~ 6,000대 미만	100,000
6,000대 이상 ~ 9,000대 미만	140,000
9,000대 이상 ~ 12,000대	160,000

요구사항

[물음 1] 현재 단위당 판매가격은 ₩40이다. 회사의 손익분기점 판매수량을 구하시오.

[물음 2] 회사는 예기치 못한 3,000대의 특별주문을 받았다. 현재 5,000대를 확실히 판매할 수 있는 상황에서 특별주문으로 인한 총목표이익 ₩8,000을 얻기 위한 최소판매가격을 구하시오.

[물음 3] 회사는 예기치 못한 3,000대의 특별주문을 받았다. 현재 5,000대를 확실히 판매할 수 있는 상황에서 특별주문으로 인하여 기존 영업이익이 감소하지 않기 위한 특별주문에 대한 최소 판매가격을 구하시오. (단, 소수점 이하 절사하시오)

⧉ Key Point

1. 고정원가만 비선형인 CVP분석모형이다.
2. 현재 생산량 5,000대에서 특별주문량 3,000대를 추가하면 고정원가가 ₩140,000으로 증가한다.

자료정리

(1) 단위당 변동원가

$$\frac{\text{₩}120,000}{6,000대} = \text{₩}20$$

(2) 가격과 원가구조

구분	0대 ~ 3,000대 미만	3,000대 이상 ~ 6,000대 미만	6,000대 이상 ~ 9,000대 미만	9,000대 이상 ~ 12,000대
단위당 판매가격	₩40	₩40	₩40	₩40
단위당 변동원가	20	20	20	20
단위당 공헌이익	₩20	₩20	₩20	₩20
고정원가	₩80,000	₩100,000	₩140,000	₩160,000

[물음 1]

손익분기점 판매수량을 Q라 한 후 정리하면 다음과 같다.

(1) 0대 ~ 3,000대 미만

₩20Q - ₩80,000 = ₩0, Q = 4,000대(×)

(2) 3,000대 이상 ~ 6,000대 미만

₩20Q - ₩100,000 = ₩0, Q = 5,000대(○)

(3) 6,000대 이상 ~ 9,000대 미만

₩20Q - ₩140,000 = ₩0, Q = 7,000대(○)

(4) 9,000대 이상 ~ 12,000대

₩20Q - ₩160,000 = ₩0, Q = 8,000대(×)

그러므로, 손익분기점 판매수량(Q)은 5,000대, 7,000대이다.

[물음 2]

최소판매가격을 P라 한 후 정리하면 다음과 같다.

5,000대 × ₩20 + 3,000대 × (P - ₩20) - ₩140,000 = ₩8,000

그러므로, 최소판매가격(P)은 ₩36이다.

[물음 3]

(1) 특별주문 전 이익

5,000대 × ₩20 - ₩100,000 = ₩0

(2) 최소판매가격(P)

5,000대 × ₩20 + 3,000대 × (P - ₩20) - ₩140,000 = ₩0

그러므로, 최소판매가격(P)은 ₩33이다.

㈜한국은 A, B, C 세 가지 제품을 생산하여 판매하고 있다. 이와 관련된 생산 및 원가자료는 다음과 같으며 기초재고는 없다.

	A제품	B제품	C제품
판매량	100단위	300단위	500단위
생산량	200	400	600
단위당 판매가격	₩60	₩70	₩90
단위당 변동원가			
직접재료원가	₩6	₩7	₩15
직접노무원가	6	8	15
변동제조간접원가	8	10	10
변동판매관리비	10	15	20
합계	₩30	₩40	₩60
단위당 공헌이익	₩30	₩30	₩30
고정제조간접원가	₩3,000	₩6,000	₩9,000
고정판매관리비	600	1,800	3,000

모든 제품의 단위당 고정제조간접원가 배부율은 ₩15이고 위의 모든 원가와 비용은 현금유출을 수반한다. 위의 자료로 상호 독립적인 다음 물음에 답하시오.

요구사항

[물음 1] 전부원가계산과 변동원가계산에 의한 순이익을 계산하고 이익차이를 조정하시오.

[물음 2] 법인세율이 40%라고 가정하고, 각 제품의 판매량비율이 1 : 3 : 5일 때 전부원가계산하의 각 제품별 손익분기점을 구하시오.

[물음 3] 법인세율이 40%라고 가정하고, 판매량비율이 [물음 2]와 같을 때 세후현금흐름 ₩24,840을 얻기 위한 제품별 판매수량을 계산하시오(단, 이 경우 생산량과 판매량은 일치하는 것으로 가정한다).

📝 Key Point

1. 기초재고는 없으므로 전부원가계산과 변동원가계산의 이익차이는 기말재고에 포함된 고정제조간접원가이다.
2. 단위당 고정제조간접원가는 고정제조간접원가를 생산량으로 나눈 금액이다.
3. 생산량과 판매량이 일치하는 경우 손익분기점분석 시 고정제조간접원가 전액을 모두 비용처리한다.

┤해답├

자료정리

(1) 가격과 원가구조

	A제품	B제품	C제품
판매량비율	1	3	5
판매량	100	300	500
생산량	200	400	600
판매가격	₩60	₩70	₩90
변동원가	30	40	60
공헌이익	₩30	₩30	₩30
고정제조간접원가	₩3,000	₩6,000	₩9,000
고정판매관리비	600	1,800	3,000

(2) 단위당 전부제조원가
- A제품: ₩6 + ₩6 + ₩8 + ₩15 = ₩35
- B제품: ₩7 + ₩8 + ₩10 + ₩15 = ₩40
- C제품: ₩15 + ₩15 + ₩10 + ₩15 = ₩55

[물음 1]

(1) 전부원가계산 순이익

- A제품: (₩60 − ₩35) × 100단위 − (₩10 × 100단위 + ₩600) =   ₩900
- B제품: (₩70 − ₩40) × 300단위 − (₩15 × 300단위 + ₩1,800) =   2,700
- C제품: (₩90 − ₩55) × 500단위 − (₩20 × 500단위 + ₩3,000) =   4,500
-     ₩8,100

(2) 변동원가계산 순이익

- A제품: (₩60 − ₩30) × 100단위 − (₩3,000 + ₩600) =   ₩(600)
- B제품: (₩70 − ₩40) × 300단위 − (₩6,000 + ₩1,800) =   1,200
- C제품: (₩90 − ₩60) × 500단위 − (₩9,000 + ₩3,000) =   3,000
-     ₩3,600

(3) 영업이익차이

	변동원가계산 영업이익	₩3,600
(+)	기말재고 × 고정제조간접원가	4,500 (= 300단위 × ₩15)
(−)	기초재고 × 고정제조간접원가	−
(=)	전부원가계산 영업이익	₩8,100

[물음 2]

(1) 전부원가계산 CVP분석을 위한 자료

	A제품	B제품	C제품
판매량비율	1	3	5
판매량	100	300	500
생산량	200	400	600
판매가격	₩60	₩70	₩90
변동원가	30	40	60
단위당 고정제조간접원가	15	15	15
단위당 이익	₩15	₩15	₩15
고정판매관리비	₩600	₩1,800	₩3,000

(2) 묶음당 이익

₩15 × 1단위 + ₩15 × 3단위 + ₩15 × 5단위 = ₩135

(3) 손익분기점 묶음수(Qset)

묶음당 이익으로 등식을 이용하여 손익분기점 묶음수(Qset)를 계산한다.

₩135 · Qset − ₩5,400 = ₩0

그러므로, 손익분기점 묶음수(Qset)는 40묶음이다.

(4) 제품별 손익분기점

묶음 내에 있는 개별제품 수량을 곱하여 개별제품의 손익분기점을 계산한다.

A제품(1단위): 40묶음 × 1단위 = 40단위
B제품(3단위): 40묶음 × 3단위 = 120단위
C제품(5단위): 40묶음 × 5단위 = 200단위

그러므로, 제품별 손익분기점은 A제품 40단위, B제품 120단위, C제품 200단위이다.

[물음 3]

(1) 변동원가계산 CVP분석을 위한 자료

	A제품	B제품	C제품
판매량비율	1	3	5
판매량	100	300	500
생산량	200	400	600
판매가격	₩60	₩70	₩90
변동원가	30	40	60
공헌이익	₩30	₩30	₩30
고정제조간접원가	₩3,000	₩6,000	₩9,000
고정판매관리비	600	1,800	3,000

(2) 묶음당 공헌이익

₩30 × 1단위 + ₩30 × 3단위 + ₩30 × 5단위 = ₩270

(3) 목표현금흐름 묶음수(Qset)

묶음당 공헌이익으로 등식을 이용하여 목표현금흐름 묶음수(Qset)를 계산한다.

(₩270 · Qset - ₩23,400) × (1 - 40%) + ₩0(감가상각비) = ₩24,840

그러므로, 목표현금흐름 묶음수(Qset)는 240묶음이다.

(4) 제품별 판매수량

묶음 내에 있는 개별제품 수량을 곱하여 개별제품의 제품별 판매수량을 계산한다.

A제품(1단위): 240묶음 × 1단위 = 240단위
B제품(3단위): 240묶음 × 3단위 = 720단위
C제품(5단위): 240묶음 × 5단위 = 1,200단위

그러므로, 제품별 판매수량은 A제품 240단위, B제품 720단위, C제품 1,200단위이다.

세무사 K씨의 고객인 L사는 여러 가지 등산용품을 만드는 회사이다. L사는 한동안 인기를 누리다가 최근 들어 판매가 부진한 '간편버너'를 내년에도 계속 생산하여 판매할 것인지의 여부를 결정하기 위해 K씨를 방문했다. 즉, 통상적으로 원가 – 조업도 – 이익분석(CVP분석)이라는 방법에 대한 자문을 구하러 온 것이다. L사의 '간편버너' 연간 생산가능대수는 1,000대이며, 이를 기준으로 L사가 제시한 간편버너의 '대당 생산원가'는 다음과 같다.

직접재료원가	₩25
직접노무원가	10
제품 가동 활동원가	8
재료 이동 활동원가	12
제품유지활동원가	20
시설유지활동원가	30

L사는 이들 원가항목 중에서 제품유지와 시설유지활동원가를 제외한 나머지는 변동원가로 구분했다. L사의 세율은 30%이고 간편버너의 대당 판매가격은 ₩155이다. 분석의 편의를 위해 판매비 등은 없는 것으로 가정한다.

요구사항

[물음 1] '간편버너'의 손익분기점, 즉 '간편버너'로부터의 세후순이익이 ₩0이 되기 위한 판매량은? (소수점 이하 절사)

[물음 2] L사가 '간편버너'로부터 세후순이익 ₩10,000을 얻으려면 몇 대를 팔아야 하는가? (소수점 이하 절사)

[물음 3] L사의 담당자와 토의하던 중, 위의 대당 원가 외에 L사는 '간편버너' 한 대당 위 대당 원가자료에 근거하여 계산된 이익의 10%를 제휴사에 기술료로 지불해야 한다는 사실이 밝혀졌다. 이 경우 세후순이익 ₩10,000을 얻으려면 몇 대를 팔아야 하는가? (소수점 이하 절사)

[물음 4] 위 [물음 3]과 달리 특수한 사정 때문에 이 기술료가 세법상 소득에서 공제될 수 없다고 한다. 이 경우 세후순이익 ₩10,000을 얻으려면 몇 대를 팔아야 하는가? (소수점 이하 절사)

※ 이하의 [물음 5]와 [물음 6]에서는 세금과 기술료를 고려하지 마시오.

[물음 5] L사의 시장분석자료에 의하여 내년의 판매수량은 700대가 될 것이라고 한다. 한편, 중소업체 S사에 '간편버너'의 외주제작을 대당 ₩80에 L사가 원하는 수량만큼 맡길 수 있다고 한다. 이 경우, L사 입장에서 선택 가능한 3가지 방안을 열거하고, 이 중 어느 것이 가장 유리한지를 밝혀라. 원가발생구조에 대해서는 통상적인 CVP분석에서 가정되는 내용을 따르도록 하라.

[물음 6] K씨는 위 [물음 5]에 대한 분석을 마친 후 그 타당성에 대하여 평가해 보았다. 즉, [물음 5]를 원론적인 가정에 의한 분석이라고 할 때, 이와 달리 보다 현실적인 시각에서 회계전문가로서 L사에 추천해 줄 수 있는 타당한 대안을 마련하기 위해서 회사의 원가구조를 재검토하였다. 그 결과 회사가 변동원가로 분류한 재료 이동 활동원가는 묶음수에 비례하는데 회사는 1묶음당 '간편버너' 250대를 생산하며 1묶음당 재료 이동 활동원가는 ₩3,000씩 발생되고 제품유지활동원가는 제품 생산을 중단할 경우 회피가능한 원가라고 밝혀냈다. 당신이 K씨라면, L사에게 '어떤' 대안이 '왜' 가장 유리하다고 하겠는가? 특히 ABC(활동기준원가계산)의 관점에서 L사의 원가구조를 평가하여 어떤 대안이 L사에게 합리적인 대안이 될 수 있는지를 대답에 포함하도록 하라.

📑 Key Point
1. 생산가능대수를 이용하여 총고정원가를 계산한다.
2. 재료 이동 활동에 대해서 묶음수(원가동인수)에 대한 자료가 없으므로 [물음 1]에서 [물음 5]까지는 단위수준활동으로 추정할 수 있다.
3. 기술료는 대당 발생하므로 변동원가로 처리해야 한다.
4. 세법상 소득공제가 되지 않는 기술료는 법인세 감세효과가 없으므로 전액 모두 비용처리한다.
5. 재료 이동 활동의 경우 700대 ÷ 250대 = 2.8이므로 3묶음으로 처리한다. 또한, 제품유지활동원가는 제품 생산을 중단할 경우 회피가능한 원가이므로 자가제조를 하지 않는 경우 발생하지 않는다.

자료정리

> (1) 가격과 원가구조
>
> | | |
> |---|---|
> | 단위당 판매가격 | ₩155 |
> | 단위당 변동원가 | 55 (= ₩25 + ₩10 + ₩8 + ₩12) |
> | 단위당 공헌이익 | ₩100 |
> | 제품유지활동원가 | ₩20,000 (= ₩20 × 1,000대) |
> | 시설유지활동원가 | 30,000 (= ₩30 × 1,000대) |
>
> (2) 영업이익
>
> 공헌이익 - 고정원가
>
> = ₩100 × 1,000대 - ₩50,000 = ₩50,000
>
> 그러므로, 단위당 이익은 ₩50,000 ÷ 1,000대 = ₩500이다.
>
> (3) 가격과 원가구조(기술료 반영)
>
> | | |
> |---|---|
> | 단위당 판매가격 | ₩155 |
> | 단위당 변동원가 | 60 (= ₩55 + ₩50 × 10%) |
> | 단위당 공헌이익 | ₩95 |
> | 제품유지활동원가 | ₩20,000 (= ₩20 × 1,000대) |
> | 시설유지활동원가 | 30,000 (= ₩30 × 1,000대) |

[물음 1]

손익분기점 판매량을 Q라 한 후 정리하면 다음과 같다.

₩100Q - ₩50,000 = ₩0

그러므로, 세후순이익이 ₩0이 되기위한 판매량은 500대이다.

[물음 2]

목표판매량을 Q라 한 후 정리하면 다음과 같다.

(₩100Q - ₩50,000) × (1 - 0.3) = ₩10,000

그러므로, 세후순이익 ₩10,000을 얻으려면 642대를 팔아야 한다.

[물음 3]

목표판매량을 Q라 한 후 정리하면 다음과 같다.

(₩95Q - ₩50,000) × (1 - 0.3) = ₩10,000

그러므로, 세후순이익 ₩10,000을 얻으려면 676대를 팔아야 한다.

[물음 4]

기술료는 소득공제 효과가 없으므로 별도로 전액을 비용처리한다.

(₩100Q - ₩50,000) × (1 - 0.3) - ₩5Q = ₩10,000

그러므로, 세후순이익 ₩10,000을 얻으려면 692대를 팔아야 한다.

[물음 5]

(1) 3가지 방안

- 1방안: 전량을 자가제조
- 2방안: 전량을 외주제작
- 3방안: 제조 및 판매포기

(2) 각 방안의 손익

제조 및 판매포기의 경우 고정원가를 회피할 수 없다.

- 1방안: (₩155 − ₩55) × 700대 − ₩50,000 = ₩20,000
- 2방안: (₩155 − ₩80) × 700대 − ₩50,000 = ₩2,500
- 3방안: ₩(50,000)

그러므로, 1방안을 선택한다.

[물음 6]

자가제조의 경우 재료 이동 활동원가를 재계산하고 자가제조를 하지 않는 2방안과 3방안의 경우 제품유지활동원가는 회피할 수 있다.

- 1방안: (₩155 − ₩43^{*1}) × 700대 − 3묶음^{*2} × ₩3,000 − ₩50,000 = ₩19,400
  - ^{*1} ₩25 + ₩10 + ₩8 = ₩43
  - ^{*2} 700대 ÷ 250대 = 2.8이므로 3묶음이다.
- 2방안: (₩155 − ₩80) × 700대 − ₩30,000 = ₩22,500
- 3방안: ₩(30,000)

그러므로, 2방안을 선택한다.

문제 44 복수제품 CVP분석 종합

㈜한국은 2개의 제품인 제품 A와 제품 B를 생산·판매하고 있다. 최고경영자는 다음의 손익계산서를 제시하고 여러 가지 분석을 요구하였다.

구분	제품 A	제품 B	합계
매출액	₩600	₩400	₩1,000
변동원가	480	120	600
공헌이익	₩120	₩280	₩400
고정원가			300
영업이익			₩100
총판매량	120단위	40단위	160단위

요구사항

[물음 1] 제품 A만 판매하는 경우 손익분기점 판매수량을 구하시오.

[물음 2] 제품 B만 판매하는 경우 목표이익 ₩400을 달성할 수 있는 판매수량을 구하시오.

[물음 3] 손익계산서를 분석하여 매출배합비율을 판매수량기준과 매출액기준으로 각각 구하시오.

[물음 4] 상기의 손익계산서의 매출배합을 유지하면서 제품 A와 제품 B를 동시에 판매하는 경우 손익분기점 판매수량을 다음의 방법을 이용하여 구하시오.
   (1) 묶음법(꾸러미법)
   (2) 가중평균공헌이익법
   (3) 가중평균공헌이익률법

📝 Key Point
1. 제품별 판매량을 기준으로 매출배합을 계산한다.
2. 제품별 판매량을 기준으로 단위당 판매가격, 단위당 변동원가 및 총고정원가를 계산한다.

자료정리

(1) 가격 및 원가구조

	제품 A	제품 B
단위당 가격	₩5	₩10
단위당 변동원가	4	3
단위당 공헌이익	₩1	₩7
공헌이익률	20%	70%
고정원가	₩300	

(2) 매출배합

	제품 A	제품 B
총판매량	120단위	40단위
	÷ 40단위	÷ 40단위
판매량비율	3	1
단위당 판매가격	× ₩5	× ₩10
총매출액	₩15	₩10
	÷ ₩5	÷ ₩5
매출액비율	3	2

[물음 1]

손익분기점 판매수량을 Q라 한 후 정리하면 다음과 같다.

₩1 · Q − ₩300 = ₩0

그러므로, 손익분기점 판매수량(Q)은 300개이다.

[물음 2]

목표이익 판매수량을 Q라 한 후 정리하면 다음과 같다.

₩7 · Q − ₩300 = ₩400

그러므로, 목표이익 ₩400을 달성할 수 있는 판매수량(Q)은 100개이다.

[물음 3]

구분	제품 A	제품 B
판매수량기준	3	1
매출액기준	3	2

[물음 4]

(1) 묶음법(꾸러미법)

- 묶음당 공헌이익

  ₩1 × 3 + ₩7 × 1 = ₩10

- 손익분기점 묶음수(Q)

  ₩10 · Q − ₩300 = ₩0

  Q는 30묶음이다.

- 손익분기점 판매수량

  제품 A: 30묶음 × 3 = 90개

  제품 B: 30묶음 × 1 = 30개

(2) 가중평균공헌이익법

- 가중평균공헌이익

  $\dfrac{₩10}{3+1}$ = ₩2.5

- 손익분기점 총판매수량(Q)

  ₩2.5 · Q − ₩300 = ₩0

  Q는 120개이다.

- 손익분기점 판매수량

  제품 A: 120개 × $\dfrac{3}{3+1}$ = 90개

  제품 B: 120개 × $\dfrac{1}{3+1}$ = 30개

(3) 가중평균공헌이익률법

- 가중평균공헌이익률

  20% × $\dfrac{3}{3+2}$ + 70% × $\dfrac{2}{3+2}$ = 40%

- 손익분기점 총매출액(S)

  0.4 · S − ₩300 = ₩0

  S는 ₩750이다.

  그러므로, 제품 A는 ₩750 × $\dfrac{3}{3+2}$ = ₩450, 제품 B는 ₩750 × $\dfrac{2}{3+2}$ = ₩300이다.

- 손익분기점 판매수량

  제품 A: ₩450 ÷ ₩5 = 90개

  제품 B: ₩300 ÷ ₩10 = 30개

㈜한국은 20×0년 초에 설립된 화장품제조회사이다. 지난해(20×0년도)와 올해(20×1년도) 초까지 ㈜한국은 외부의 판매 대리점을 통해서 제품을 판매해 오고 있으며 매출액의 20%를 외부의 판매 대리점에 수수료로 지급하고 있다. 설립 2년째를 맞이하여 ㈜한국은 자사의 영업사원을 통한 판매방법의 도입을 고려하고 있다. 이 경우 ㈜한국은 자사의 영업사원에게 연간 고정급여 ₩5,000,000과 매출액의 10%에 해당하는 수수료를 지급할 예정이다. ㈜한국의 회계부서에서 작성한 판매방법별 당해 연도(20×1년도)의 예상손익계산서는 다음과 같다.

	예상손익계산서 20×1년 1월 1일 ~ 20×1년 12월 31일				
	판매 대리점을 통한 판매		영업사원을 통한 판매		
매출액		₩50,000,000		₩50,000,000	
매출원가					
변동원가	₩20,000,000		₩20,000,000		
고정원가	5,500,000	(25,500,000)	5,500,000	(25,500,000)	
매출총이익		₩24,500,000		₩24,500,000	
판매관리비					
판매수수료	₩10,000,000		₩5,000,000		
고정원가	6,500,000	(16,500,000)	11,500,000	(16,500,000)	
영업이익		₩8,000,000		₩8,000,000	

요구사항

[물음 1] 위의 예상손익계산서에 기초하여 20×1년도의 공헌이익률, 손익분기점 매출액, 영업레버리지도, 안전한계 매출액, 안전한계비율을 판매방법별로 각각 구하시오.

[물음 2] ① 영업레버리지의 개념, ② 원가구조와 영업레버리지의 관계에 대해서 설명하시오. ③ 위의 [물음 1]에서 구한 영업레버리지도에 기초할 때 영업이익을 극대화하기 위해서 ㈜한국은 어느 판매방법을 선택하여야 하는가?

[물음 3] ㈜한국은 20×2년도에 자사의 영업사원을 통해 제품을 판매하고자 한다. 이 경우 영업사원은 연간 ₩5,000,000의 고정급여 이외에 매출액의 20%에 해당하는 수수료를 ㈜한국에 요구할 것으로 예상된다. ㈜한국은 비록 영업사원에게 지급하여야 하는 수수료율이 20×1년도에 비해 증가하더라도 자사 영업사원을 통한 제품 판매방법이 외부의 판매 대리점을 통한 방법보다 많은 이점이 기대되므로 이 방법을 활용하고자 한다. 20×2년도에 자사의 영업사원에게 지급하는 매출액에 대한 수수료율이 20×1년도에 비해 증가하는 것 이외에 다른 모든 원가행태가 20×1년도와 동일하다면 ㈜한국이 20×1년도의 영업이익(₩8,000,000)과 동일한 영업이익을 획득하기 위해서 20×2년도에 달성해야 하는 매출액을 계산하시오.

📋 **Key Point**

1. 변동제조원가와 매출액의 일정비율인 판매수수료는 변동원가, 나머지는 고정원가이다.
2. 판매수수료비율이 변동하므로 변동제조원가비율과 판매수수료비율을 별도로 구분한다.

자료정리

(1) 공헌이익손익계산서

공헌이익손익계산서
20×1년 1월 1일 ~ 20×1년 12월 31일

	판매 대리점을 통한 판매		영업사원을 통한 판매	
매출액		₩50,000,000		₩50,000,000
변동원가				
제조원가	₩20,000,000		₩20,000,000	
판매수수료	10,000,000	(30,000,000)	5,000,000	(25,000,000)
공헌이익		₩20,000,000 (0.4)		₩25,000,000 (0.5)
고정원가				
제조원가	₩5,500,000		₩5,500,000	
판매관리비	6,500,000	(12,000,000)	11,500,000	(17,000,000)
영업이익		₩8,000,000		₩8,000,000

(2) PV도표

(3) 변동제조원가비율

$$\frac{₩20,000,000}{₩50,000,000} = 40\%$$

(4) 변동비율

판매 대리점을 통한 판매	영업사원을 통한 판매
40% + 20% = 60%	40% + 10% = 50%

[물음 1]

	판매 대리점을 통한 판매		영업사원을 통한 판매	
• 공헌이익률	$1 - 60\% =$	40%	$1 - 50\% =$	50%
• 손익분기점 매출액	$\dfrac{₩12,000,000}{0.4} =$	₩30,000,000	$\dfrac{₩17,000,000}{0.5} =$	₩34,000,000
• 영업레버리지도	$\dfrac{₩20,000,000}{₩8,000,000} =$	2.5	$\dfrac{₩25,000,000}{₩8,000,000} =$	3.125
• 안전한계 매출액	₩50,000,000 - ₩30,000,000 =	₩20,000,000	₩50,000,000 - ₩34,000,000 =	₩16,000,000
• 안전한계비율	$\dfrac{₩8,000,000}{₩20,000,000} =$	40%	$\dfrac{₩8,000,000}{₩25,000,000} =$	32%

[물음 2]

① 영업레버리지는 고정원가로 인하여 매출액의 변화율에 대한 영업이익 변화율이 확대되는 효과를 말한다.

② 총원가에서 고정원가의 비중이 상대적으로 커질수록 영업레버리지도는 커진다.

③ 매출액이 증가할 것으로 예상되는 경우 영업사원을 통한 방법이 영업이익 확대효과는 더 커진다. 반면에 매출액이 감소할 것으로 예상되는 경우 판매 대리점을 통한 방법이 영업이익이 감소하는 폭을 줄일 수 있다.

[물음 3]

(1) 변동원가율

변동제조원가율 + 판매수수료율

= 40% + 20% = 60%

(2) 공헌이익률

1 - 60%

= 40%

(3) 목표매출액(S)

$0.4 \cdot S - ₩17,000,000 = ₩8,000,000$

그러므로, ㈜한국이 20×2년도에 달성해야 하는 매출액(S)은 ₩62,500,000이다.

㈜한국은 제품 A를 생산하여 판매하고 있다. 다음의 자료를 이용해서 물음에 답하시오.

<자료 1>
제품 A의 생산구간별 추정 변동원가(평균단가)는 다음과 같다.

구분	1~1,000개	1,001~3,000개	3,001~5,000개
변동원가(평균단가)	₩15	₩20	₩25

<자료 2>
제품 A의 생산구간별 추정 고정원가는 다음과 같다.

구분	1~2,000개	2,001~5,000개
총고정원가	₩170,000	₩200,000

요구사항

[물음 1] 제품 A의 판매가격이 낮아질수록 예상판매량은 증가할 것으로 판단하고 판매가격별 제품 판매(수요)량은 아래와 같다고 예상한다. 회사는 이익을 극대화하기 위해 단위당 제품 판매가격을 얼마로 설정하여야 하는가?

개당 판매가격	판매(수요)량
₩200	1,000개
₩150	2,000개
₩120	3,000개
₩95	4,000개
₩80	5,000개

[물음 2] 회사가 제품 A의 개당 판매가격을 ₩140으로 책정할 경우, 제품 A에 대한 제품 판매(수요)는 최대 5,000개라고 가정한다. 목표이익 ₩90,000을 달성하기 위해서는 제품 A를 몇 개 판매해야 하는가? (단, 소수점 이하는 반올림하시오)

📑 Key Point
변동원가와 고정원가가 변하는 조업도 구간은 1개~1,000개, 1,001개~2,000개, 2001개~3,000개, 3,001개~5,000개 이다.

─| 해답 |─────────────────────────────

자료정리

(1) 판매가격을 반영할 조업도 구간

	$1 \le Q \le 1,000$	$1,001 \le Q \le 2,000$	$2,001 \le Q \le 3,000$	$3,001 \le Q \le 4,000$	$4,001 \le Q \le 5,000$
판매가격	?	?	?	?	?
변동원가	₩15	₩20	₩20	₩25	₩25
공헌이익	?	?	?	?	?
고정원가	₩170,000	₩170,000	₩200,000	₩200,000	₩200,000

(2) 판매가격이 결정된 상황에서 조업도 구간

	$1 \le Q \le 1,000$	$1,001 \le Q \le 2,000$	$2,001 \le Q \le 3,000$	$3,001 \le Q \le 5,000$
판매가격	₩140	₩140	₩140	₩140
변동원가	15	20	20	25
공헌이익	₩125	₩120	₩120	₩115
고정원가	₩170,000	₩170,000	₩200,000	₩200,000

[물음 1]

판매가격에 따라 예상판매량이 달라지므로 판매가격은 일정하지만 변동원가와 고정원가는 조업도 구간별로 적용해서 이익을 계산한다.

가격	이익
₩200	1,000개 × (₩200 − ₩15) − ₩170,000 = ₩15,000
₩150	1,000개 × (₩150 − ₩15) + 1,000개 × (₩150 − ₩20) − ₩170,000 = 95,000
₩120	1,000개 × (₩120 − ₩15) + 2,000개 × (₩120 − ₩20) − ₩200,000 = 105,000
₩95	1,000개 × (₩95 − ₩15) + 2,000개 × (₩95 − ₩20) + 1,000개 × (₩95 − ₩25) − ₩200,000 = 100,000
₩80	1,000개 × (₩80 − ₩15) + 2,000개 × (₩80 − ₩20) + 2,000개 × (₩80 − ₩25) − ₩200,000 = 95,000

₩120일 경우의 이익이 ₩105,000으로 가장 크므로, 회사는 이익을 극대화하기 위해 단위당 제품 판매가격을 ₩120으로 설정하여야 한다.

[물음 2]

(1) 1 ~ 1,000개일 경우

Q × ₩125 − ₩170,000 = ₩90,000

Q = 2,080개(×)

(2) 1,001 ~ 2,000개일 경우

1,000 × ₩125 + (Q − 1,000) × ₩120 − ₩170,000 = ₩90,000

Q = 2,125개(×)

(3) 2,001 ~ 3,000개일 경우

1,000 × ₩125 + 1,000 × ₩120 + (Q − 2,000) × ₩120 − ₩200,000 = ₩90,000

Q = 2,375개(○)

(4) 3,001 ~ 5,000개일 경우

1,000 × ₩125 + 2,000 × ₩120 + (Q − 3,000) × ₩115 − ₩200,000 = ₩90,000

Q = 2,348개(×)

그러므로, 목표이익 ₩90,000을 달성하기 위해서는 제품 A를 2,375개 판매해야 한다.

손님들에게 식사를 제공하는 ㈜한국의 당해 연도 요약손익계산서이다.

매출액		₩365,800,000
매출원가		(215,670,000)
매출총이익		₩150,130,000
영업비용		
변동원가	₩40,390,000	
고정원가	16,700,000	
관리비(전부 고정원가)	34,540,000	(91,630,000)
순이익		₩58,500,000

㈜한국의 1인당 평균 저녁식사대금은 ₩4,000이고 점심식사대금은 ₩2,000이다. 저녁식사를 준비하여 제공하는 데 소요되는 변동원가는 점심식사의 두 배가 소요되며, 매출원가는 전액 변동원가이다. 또한 점심식사 손님은 저녁에 비해 두 배나 더 많으며 일 년에 305일을 영업한다.

요구사항

[물음 1] 일별 손익분기점에 도달하기 위해서는 점심식사에 몇 명이 식사를 해야 하는가?

[물음 2] ㈜한국은 고급품질의 재료만 사용하고 있는데, 재료원가는 이 식당 총변동원가의 25%를 차지하고 있다. 고급품질 대신 보통품질의 원재료를 사용하면 변동재료원가의 20%를 절약할 수 있다고 한다. 판매가격을 그대로 유지하고 매출배합도 그대로 유지된다면 ₩10,065,000의 순이익(법인세차감전)을 달성하기 위해서는 최소한 저녁식사에 매일 몇 명이 와야 하는가?

📑 Key Point
1. 가격과 매출액을 이용하여 판매량을 계산할 수 있다.
2. 총변동원가는 매출원가 ₩215,670,000과 변동원가 ₩40,390,000의 합이다.
3. 점심과 저녁의 판매배합은 2 : 1이다.

자료정리

> **(1) 판매량**
> 저녁식사수량을 Q라 하면 점심식사수량은 2Q이다.
> ₩2,000 × 2Q + ₩4,000 × Q = ₩365,800,000
> Q = 45,725
> 그러므로, 저녁식사수량은 45,725이며 점심식사수량은 91,450이다.
>
> **(2) 변동원가**
> 저녁식사 변동원가를 x라 하면 점심식사 변동원가는 $0.5x$이다.
> x × 45,725 + $0.5x$ × 91,450 = ₩215,670,000 + ₩40,390,000
> x = ₩2,800
> 그러므로, 저녁식사 변동원가는 ₩2,800이며 점심식사 변동원가는 ₩1,400이다.
>
> **(3) 보통품질 원재료를 사용하는 경우 절약액**
> • 점심: ₩1,400 × 25% × 20% = ₩70
> • 저녁: ₩2,800 × 25% × 20% = ₩140
>
> **(4) 가격과 원가구조**
>
> | | 점심 | 저녁 |
> |---|---|---|
> | p | ₩2,000 | ₩4,000 |
> | vc | 1,400 | 2,800 |
> | cm | ₩600 | ₩1,200 |
> | FC | ₩51,240,000 | ← 고정원가가 제품별로 구분되지 않으므로 복수제품 CVP분석 |
> | 매출배합 | 2 | 1 |

[물음 1]

(1) 묶음당 공헌이익

점심과 저녁 각각 2단위와 1단위에 포함되어 있는 묶음을 기준으로 한 공헌이익을 계산한다.
₩600 × 2단위 + ₩1,200 × 1단위 = ₩2,400

(2) 손익분기점 묶음수(Qset)

묶음당 공헌이익으로 등식을 이용하여 손익분기점 묶음수(Qset)를 계산한다.
₩2,400 · Qset − ₩51,240,000 = ₩0
Qset = 21,350이므로, 일별 Qset는 21,350 ÷ 305일 = 70묶음이다.
그러므로, 점심은 140명, 저녁은 70명이다.

따라서 일별 손익분기점에 도달하기 위해서는 점심시간에 140명이 식사를 해야 한다.

[물음 2]

	점심	저녁
p	₩2,000	₩4,000
vc	1,400 - 70	2,800 - 140
cm	₩670	₩1,340
FC	₩51,240,000	
매출배합	2	1

(1) 묶음당 공헌이익

점심과 저녁 각각 2단위와 1단위에 포함되어 있는 묶음을 기준으로 한 공헌이익을 계산한다.

₩670 × 2단위 + ₩1,340 × 1단위 = ₩2,680

(2) 목표이익 묶음수(Qset)

묶음당 공헌이익으로 등식을 이용하여 목표이익 묶음수(Qset)를 계산한다.

₩2,680 · Qset - ₩51,240,000 = ₩10,065,000

Qset = 22,875이므로, 일별 Qset는 22,875 ÷ 305일 = 75묶음이다.

그러므로, 점심은 150명, 저녁은 75명이다.

따라서 최소한 저녁식사에 매일 75명이 와야 한다.

㈜한국은 새로운 CD플레이어를 생산하여 단위당 ₩105의 가격에 연중 고르게 판매하는 방안을 고려하고 있다. 이 신제품의 판매는 추가의 고정판매비 없이 기존의 판매망을 통하여 이루어질 수 있다. ㈜한국의 원가계산부서는 이 신제품의 예상연간판매량인 120,000단위에 근거하여 아래와 같은 연간 증분원가 정보를 산출하였다.

제조원가:	직접재료원가	₩3,600,000	직접노무원가	₩2,400,000
	변동제조간접원가	₩1,200,000	고정제조간접원가	₩2,000,000
판매비와 관리비:	판매수수료	매출액의 10%		
	재고관리비	?		

위의 판매비와 관리비 중 재고관리비는 유지되어야 하는 평균재고자산가액(고정원가 불포함)의 12%로 추정되는데, 신제품의 도입 시 유지되어야 하는 평균재고자산의 자료는 다음과 같다.
- 원재료: 2개월 판매량
- 재공품(원재료: 100% 완성도, 노무원가 및 변동제조간접원가: 50% 완성도): 1개월 판매량
- 제품: 2개월 판매량

요구사항

[물음 1] ㈜한국이 신제품을 도입할 경우의 연간 증분원가를 구하시오.

[물음 2] ㈜한국이 신제품을 도입할 경우, 단위당 공헌이익 ₩20인 기존제품의 연간 판매수량이 현재의 연 300,000단위에서 연 240,000단위로 감소한다고 할 때, 연간 순이익에 미치는 영향을 계산하시오.

[물음 3] ㈜한국이 신제품을 도입할 경우, 단위당 공헌이익이 ₩20인 기존제품의 연간 판매수량은 신제품이 두 단위 팔릴 때마다 한 단위씩 감소한다고 할 때, 신제품의 손익분기점 판매수량을 계산하시오(단, 소수점 첫째 자리에서 반올림하시오).

📋 **Key Point**
1. 평균재고자산가액에는 고정원가는 제외하고 직접재료원가, 직접노무원가 및 변동제조간접원가만 포함한다.
2. 재고관리비를 계산할 때 평균재고자산은 예상판매량에 따라 변동하므로 손익분기점 계산 시 단위당 재고관리비를 계산하여 변동원가에 반영한다. 또한, 한 단위 판매 시 단위당 공헌이익이 ₩20인 기존제품이 1/2단위만큼 감소하므로 ₩20×1/2 = ₩10만큼 단위당 수익에서 차감한다.

─┤해답├─────────────────────────────────────

자료정리

(1) 단위당 변동원가
   - 직접재료원가: ₩3,600,000 ÷ 120,000단위 = ₩30
   - 직접노무원가: ₩2,400,000 ÷ 120,000단위 = ₩20
   - 변동제조간접원가: ₩1,200,000 ÷ 120,000단위 = ₩10

(2) 재고관리비
   - 원재료: ₩30 × 120,000단위 × 2/12 = ₩600,000
   - 재공품: [₩30 + (₩20 + ₩10) × 50%] × 120,000단위 × 1/12 = ₩450,000
   - 제품: (₩30 + ₩20 + ₩10) × 120,000단위 × 2/12 = ₩1,200,000
   그러므로, 재고관리비는 (₩600,000 + ₩450,000 + ₩1,200,000) × 12% = ₩270,000이다.

(3) 가격과 원가구조

단위당 판매가격	₩105
단위당 변동원가	70.5 (= ₩30 + ₩20 + ₩10 + ₩105 × 10%)
단위당 공헌이익	₩34.5
고정제조간접원가	₩2,000,000
재고관리비	270,000　(변동원가 성격)

[물음 1]

₩70.5 × 120,000단위 + ₩2,000,000 + ₩270,000 = ₩10,730,000

[물음 2]

증분수익	신제품 매출	120,000단위 × ₩105 =	₩12,600,000
증분비용	증분원가		(10,730,000)
	기존제품 판매 감소	60,000단위 × ₩20 =	(1,200,000)
증분이익			₩670,000

[물음 3]

(1) 단위당 재고관리비

   ₩270,000 ÷ 120,000단위 = ₩2.25

(2) 기존제품 감소로 인한 손실

   ₩20 × 1/2 = ₩10

(3) 손익분기점 판매수량(Q)

   (₩34.5 - ₩2.25 - ₩10)Q - ₩2,000,000 = ₩0
   그러므로, 신제품의 손익분기점 판매수량(Q)은 89,888단위이다.

다음을 읽고 물음에 답하시오.

㈜세무는 20×1년 7월 1일에 설립된 타월 제조기업이다. ㈜세무는 7월 한 달 동안 타월 3,000장을 제조하여 모두 판매하였으며, 재고를 보유하지 않는 정책을 사용하고 있다. ㈜세무의 7월 영업성과는 다음과 같고, 8월에도 7월과 동일한 영업상황이 유지될 것으로 예상하고 있다.

매출액	₩6,000,000
매출원가	(3,600,000)
판매비	(2,100,000)
영업이익	₩300,000

㈜세무의 모든 원가는 생산량을 원가동인으로 하여 변동원가와 고정원가로 분류할 수 있다. 타월의 단위당 변동판매비는 ₩500이며, 타월의 단위당 제조원가 ₩1,200에 대한 원가요소별 구성 내역은 다음과 같다.

구분	단위당 변동원가	단위당 고정원가
직접재료원가	₩600	–
직접노무원가	50	₩150
제조간접원가	100	300
제조원가	₩750	₩450

㈜세무는 서울에서 20×1년 8월 31일 개장할 예정인 한국호텔로부터 8월 중에 타월 500장을 단위당 ₩1,100에 공급해달라는 1회성 특별주문을 받았다. 한국호텔의 특별주문에서 판매비가 소요되지 않는다. ㈜세무는 한국호텔의 특별주문을 수락하더라도 판매량과 판매가격은 변하지 않는다. 그러나 ㈜세무는 특별주문용 호텔타월에 인쇄할 한국호텔 로고의 디자인비용 ₩400을 그래픽디자인 회사인 ㈜수정에게 지급해야 하고, 디자인이 완성된 로고를 타월에 인쇄하기 위해 타월 한 장당 ₩10의 인쇄비를 추가로 부담할 것으로 예상된다. ㈜세무가 생산하여 판매하는 일반타월과 호텔타월은 로고 인쇄 여부를 제외하면 제품의 특성이나 품질은 동일하다.

요구사항

[물음 1] 한국호텔의 특별주문과 관련된 ㈜세무의 증분수익, 증분원가 및 증분손익을 계산하고, 이를 근거로 특별주문의 수락 여부를 결정하시오.

[물음 2] ㈜세무가 한국호텔의 특별주문을 수락하면, 호텔타월 2장당 1장의 비율로 일반타월의 판매량이 감소한다고 가정한다. 이 경우 한국호텔의 특별주문과 관련된 ㈜세무의 증분수익, 증분원가 및 증분손익을 계산하고, 이를 근거로 특별주문의 수락 여부를 결정하시오.

[물음 3] ㈜세무가 한국호텔의 특별주문을 수락하지 않을 경우, 20×1년 8월의 타월 판매에 대한 손익분기점 매출액을 계산하시오.

[물음 4] ㈜세무는 지방에 있는 한국호텔의 체인에도 타월을 공급할 수 있게 되었다. 이로 인해 20×1년 8월 한 달 동안 일반타월과 호텔타월 간의 판매량 매출배합은 2 : 1이 될 것으로 예상되었다. ㈜세무는 한국호텔 체인의 주문을 충족시킬 수 있을 만큼 충분한 생산능력을 보유하고 있다. 따라서 호텔타월은 한국호텔 체인에 공급하더라도, 기존 일반타월의 판매수량과 판매가격에는 아무런 영향이 없다. ㈜세무의 20×1년 8월 일반타월과 호텔타월의 손익분기점 판매수량을 계산하시오(단, 호텔타월의 가격과 원가에 대한 정보는 서울에서 개장하는 한국호텔로부터의 특별주문과 동일하다고 가정한다).

📑 Key Point

1. 3,000장을 제조하여 모두 판매하므로 생산량과 판매량은 동일하다.
2. 매출원가와 판매비는 손익계산서와 단위당 변동원가를 이용하여 변동원가와 고정원가로 구분할 수 있다.

┤해답├

자료정리

(1) 고정제조간접원가

매출원가 - 변동매출원가
= ₩3,600,000 - ₩750 × 3,000장 = ₩1,350,000

(2) 고정판매비

판매비 - 변동판매비
= ₩2,100,000 - ₩500 × 3,000장 = ₩600,000

(3) 가격과 원가구조(일반타월)

단위당 판매가격	₩2,000 (= ₩6,000,000 ÷ 3,000장)
단위당 변동원가	1,250 (= ₩600 + ₩50 + ₩100 + ₩500)
단위당 공헌이익	₩750
고정원가	₩1,950,000 (= ₩450 × 3,000장 + ₩600,000*)

* ₩2,100,000 - ₩500 × 3,000장 = ₩600,000

(4) 가격과 원가구조(일반타월과 호텔타월)

	일반타월	호텔타월
단위당 판매가격	₩2,000	₩1,100
단위당 변동원가	1,250	750 + 10
단위당 공헌이익	₩750	₩340
고정원가	₩1,950,000 + ₩400 = ₩1,950,400	

[물음 1]

증분수익	매출	500단위 × ₩1,100 =	₩550,000
증분비용	변동원가 증가	500단위 × (₩750 + ₩10) =	(380,000)
	디자인비용		(400)
증분이익			₩169,600

그러므로, 특별주문을 수락한다.

[물음 2]

증분수익	매출	500단위 × ₩1,100 =	₩550,000
증분비용	변동원가 증가	500단위 × (₩750 + ₩10) =	(380,000)
	디자인비용		(400)
	기존판매 감소	500단위 × 1/2 × ₩750 =	(187,500)
증분손실			₩(17,900)

그러므로, 특별주문을 수락하지 않는다.

[물음 3]

손익분기점 판매량을 Q라 한 후 정리하면 다음과 같다.

₩750 × Q − ₩1,950,000 = 0

Q = 2,600장

그러므로, 손익분기점 매출액은 ₩2,000 × 2,600장 = ₩5,200,000이다.

[물음 4]

(1) 묶음당 공헌이익

   ₩750 × 2 + ₩340 × 1 = ₩1,840

(2) 손익분기점 묶음수량(Q)

   ₩1,840 × Q − ₩1,950,400 = 0

   Q = 1,060

(3) 손익분기점 판매수량

   • 일반타월: 1,060 × 2 = 2,120장
   • 호텔타월: 1,060 × 1 = 1,060장

다음을 읽고 물음에 답하시오.

㈜국세는 부산에서 공장을 운영하고 있는데, 사업확장을 위해 이번 달부터 대구에서도 공장을 운영하기로 했다. 부산공장은 한 종류의 제품인 곰인형을 생산·판매하고 있으나, 대구공장은 세 종류의 제품인 토끼인형, 거북이인형, 그리고 호랑이인형을 생산·판매하고자 한다. 대구공장에서 예상되는 월간 판매량은 토끼인형은 200,000단위, 거북이인형은 160,000단위, 그리고 호랑이인형은 40,000단위이다. 부산공장의 월간 원가자료와 대구공장의 월간 예산자료는 다음과 같다.

<부산공장 - 원가자료>

구분	곰인형
판매량	4,000단위
공헌이익률	60%
단위당 변동원가	₩110
고정제조간접원가	₩340,000
고정판매비와 관리비	₩200,000

<대구공장 - 예산자료>

구분	토끼인형	거북이인형	호랑이인형
매출액	₩2,000,000	₩354,600	₩171,400
총변동원가	1,600,000	194,600	51,400

대구공장의 월간 총고정원가 예산은 ₩510,000이다.

다음의 각 물음은 상호 독립적이며, 재공품은 없고 생산량과 판매량이 동일하다고 가정한다.

요구사항

[물음 1] 부산공장은 곰인형에 들어가는 재료를 한 등급 낮추려고 고민 중이다. 재료를 변경하면 단위당 변동원가는 ₩15이 절감되지만, 제품의 품질이 다소 떨어질 가능성이 있으므로 판매량이 500단위 감소할 것으로 예상된다. 이러한 상황에서 재료를 변경하는 것과 그대로 유지하는 것 중 어느 것이 유리한지를 분석하고, 재료를 변경할 경우 부산공장의 안전한계율을 구하시오(단, 안전한계율(%)은 소수점 셋째 자리에서 반올림하시오).

[물음 2] 부산공장은 새로운 기계 도입을 검토하고 있다. 새로운 기계를 도입하게 되면 단위당 변동원가는 ₩20이 절감되지만, 총고정원가는 추가로 월 ₩10,000 증가된다. 또한 이 변화로 인해 월 매출액이 추가로 12% 증가할 것으로 기대된다. 새로운 기계 도입 시 부산공장의 월간 영업이익 증가(감소)액을 구하시오.

[물음 3] 위의 대구공장에서 주어진 매출배합하에서 가중평균공헌이익률을 이용하여 대구공장의 월간 손익분기점 매출액을 구하시오(단, 매출액 구성비와 공헌이익률 계산 시 소수점 셋째 자리에서 반올림하고, 손익분기점 매출액은 소수점 이하 절사하시오).

[물음 4] 대구공장에서 월간 500,000단위가 판매될 경우, 이 공장의 각 제품별 공헌이익을 구하시오(단, 대구공장의 매출배합은 변동이 없다).

📝 Key Point
1. 매출액이 증가하면 변동원가도 증가하므로 매출액 증가로 인한 증분이익은 공헌이익 증가분이다.
2. 가중평균공헌이익률은 제품별 매출액(금액)배합비율을 이용하여 계산한다.

---| 해답 |--

자료정리

(1) 가격과 원가구조(부산공장)
• 재료 변경

	변경 전	변경 후
단위당 판매가격	₩275	₩275
단위당 변동원가	110 (0.4)	95
단위당 공헌이익	₩165 (0.6)	₩180
총고정원가	₩540,000	₩540,000
판매량	4,000단위	3,500단위

• 기계 도입

	도입 전	도입 후
단위당 판매가격	₩275	₩275
단위당 변동원가	110 (0.4)	90
단위당 공헌이익	₩165 (0.6)	₩185
총고정원가	₩540,000	₩550,000
판매량	4,000단위	4,480단위 (= 4,000단위 × 1.12)

(2) 매출액 구성비와 공헌이익률(대구공장)

구분	토끼인형	거북이인형	호랑이인형
매출액배합	0.79	0.14	0.07 (= ₩171,400 ÷ ₩2,526,000)
총공헌이익	₩400,000	₩160,000	₩120,000 (= ₩171,400 − ₩51,400)
공헌이익률	0.20	0.45	0.70 (= ₩120,000 ÷ ₩171,400)

[물음 1]

(1) 재료 변경 의사결정

- 변경 전 이익

    ₩165 × 4,000단위 − ₩540,000 = ₩120,000

- 변경 후 이익

    ₩180 × 3,500단위 − ₩540,000 = ₩90,000

    ₩30,000의 이익이 감소하므로 현재상태를 유지하는 것이 유리하다.

(2) 안전한계율

   영업이익/공헌이익

   = (₩180 × 3,500단위 − ₩540,000)/(₩180 × 3,500단위) = 14.29%

[물음 2]

- 도입 전 이익

    ₩165 × 4,000단위 − ₩540,000 = ₩120,000

- 도입 후 이익

    ₩185 × 4,480단위 − ₩550,000 = ₩278,800

새로운 기계 도입 시 ₩158,800의 영업이익이 증가한다.

[물음 3]

(1) 가중평균공헌이익률

   0.79 × 0.20 + 0.14 × 0.45 + 0.07 × 0.70

   = 0.27

(2) 월간 손익분기점 매출액(S)

   0.27S − ₩510,000 = 0

   그러므로, 월간 손익분기점 매출액(S)은 ₩1,888,888이다.

[물음 4]

매출배합의 변동이 없으므로 각 제품별 공헌이익은 다음과 같다.

- 토끼: ₩400,000 × (500,000단위/400,000단위) = ₩500,000
- 거북이: ₩160,000 × (500,000단위/400,000단위) = ₩200,000
- 호랑이: ₩120,000 × (500,000단위/400,000단위) = ₩150,000

㈜한국은 신설된 양양공항과 김포공항 간에 순항할 여객기 종류와 항공 운항편수를 결정하려고 한다. 비행기의 격납고가 서울에만 있으므로 모든 운항편은 서울을 출발하여 40분 후에 양양공항에 도착한 후 청소와 점검을 하고 다시 서울로 출발한다. 즉, 1대의 비행기로 매일 왕복운항을 한다. 여객기 종류 및 운항편수와 무관하게 조종사 급여, 승무원(조종사 제외) 1인당 급여, 지상직원 총급여, 공항시설 사용료, 승객 1인당 소모품비, 승객 1인당 항공요금은 다음과 같이 일정하다.

항목	원가 및 요금
조종사 급여	1일당 ₩1,000,000
승무원 급여(조종사 제외)	1일 1인당 ₩100,000
지상직원 총급여	1일당 ₩600,000
공항시설 사용료	1일당 ₩400,000
소모품비	승객 1인당 ₩2,000
항공요금	승객 1인당 편도요금 ₩30,000

1일 왕복 최대승객수가 총 460명(각 방향당 230명씩)이라고 할 때, 아래 물음에 답하시오.

요구사항

[물음 1] 중형여객기로 운항할 경우, 연료비는 왕복 1회당 ₩2,000,000이며 여객기 리스료는 1일 ₩2,000,000이다. 중형여객기 승객좌석수는 100석이고, 승무원(조종사 제외)이 좌석 20석당 1명씩 총 5명이 필요하다. 중형여객기로 1일 몇 회 왕복운항을 하여야 1일 이익을 최대화할 수 있는가? 이때의 영업이익을 구하시오.

[물음 2] 중형여객기 대신에 대형여객기를 사용한다면 연료비는 왕복 1회당 ₩2,500,000이며 여객기 리스료는 1일 ₩2,500,000이다. 대형여객기의 좌석수는 150석이며 승무원(조종사 제외) 8명이 필요하다. 중형여객기 대신에 대형여객기를 사용하는 경우 얻을 수 있는 1일 최대이익을 구하시오.

[물음 3] 위에서 계산한 중형여객기 사용 시와 대형여객기 사용 시 최대이익의 차액을 수익·원가 항목별로 분리한 후 수익·원가의 관점에서 차액 발생원인을 설명하시오.

📑 Key Point
1. 승객을 조업도로 한 수익과 변동원가를 정리한 후 나머지 원가는 여객기 종류 및 운항횟수에 대한 고정원가로 정리한다.
2. 여객기의 종류에 따라 승무원 인원, 연료비 및 리스료가 달라진다.
3. 1일 왕복 최대승객수는 460명이다.

CVP분석

제9장

해커스 세무사 允원가관리회계 2차 핵심문제집

→| **해답** |────────────────────────────────

자료정리

(1) 승객을 조업도로 한 공헌이익

항공요금 - 소모품비
= ₩30,000 - ₩2,000 = ₩28,000

(2) 1일 고정원가

조종사 급여	₩1,000,000
지상직원 총급여	600,000
공항시설 사용료	400,000
	₩2,000,000

(3) 추가원가

구분	중형여객기	대형여객기
승무원 인원	5명	8명
연료비	₩2,000,000/왕복 1회	₩2,500,000/왕복 1회
리스료	₩2,000,000/1일	₩2,500,000/1일

[물음 1]

중형여객기로 운항할 경우 최대승객수요를 충족하기 위한 왕복횟수는 3회이다.

- 1회 왕복(200명)

₩28,000 × 200명 - ₩2,000,000 - (5명 × ₩100,000 + 1회 × ₩2,000,000 + ₩2,000,000)
= ₩(900,000)

- 2회 왕복(400명)

₩28,000 × 400명 - ₩2,000,000 - (5명 × ₩100,000 + 2회 × ₩2,000,000 + ₩2,000,000)
= ₩2,700,000

- 3회 왕복(460명)

₩28,000 × 460명 - ₩2,000,000 - (5명 × ₩100,000 + 3회 × ₩2,000,000 + ₩2,000,000)
= ₩2,380,000

그러므로, 1일 최대영업이익은 2회 왕복할 경우인 ₩2,700,000이다.

[물음 2]

대형여객기로 운항할 경우 최대승객수요를 충족하기 위한 왕복횟수는 2회이다.

- 1회 왕복(300명)

₩28,000 × 300명 - ₩2,000,000 - (8명 × ₩100,000 + 1회 × ₩2,500,000 + ₩2,500,000)
= ₩600,000

- 2회 왕복(460명)

₩28,000 × 460명 - ₩2,000,000 - (8명 × ₩100,000 + 2회 × ₩2,500,000 + ₩2,500,000)
= ₩2,580,000

그러므로, 1일 최대영업이익은 2회 왕복할 경우인 ₩2,580,000이다.

[물음 3]

		중형여객기(400명)	대형여객기(460명)	차액
공헌이익	(₩28,000 × 400명 =)	₩11,200,000	₩12,880,000	₩1,680,000
승무원 급여	(5명 × ₩100,000 =)	500,000	800,000	(300,000)
연료비	(2회 × ₩2,000,000 =)	4,000,000	5,000,000	(1,000,000)
리스료		2,000,000	2,500,000	(500,000)
				₩(120,000)

대형여객기로 운항할 경우 승객수 증가로 공헌이익은 증가하지만 승무원 급여, 연료비 및 리스료 증가로 인하여 증분손익은 감소한다.

제10장

관련원가분석

다음 물음은 독립적인 상황이다. 각 물음에 답하시오.

㈜세무는 제품 A와 제품 B를 생산하여 판매한다. ㈜세무는 제품의 종류에 관계없이 연간 최대 40,000단위의 제품을 생산할 수 있는 능력을 가지고 있다. 20×1년도 생산량과 판매량은 30,000단위(제품 A: 15,000단위, 제품 B: 15,000단위)이다. ㈜세무의 단위당 판매가격은 제품 A ₩1,000, 제품 B ₩1,200이며, 단위당 변동판매비와 관리비는 제품 A와 제품 B 각각 ₩100이다. ㈜세무의 고정판매비와 관리비는 ₩2,000,000이다. 유휴설비의 대체적 용도는 없다.

단위당 제조원가	제품 A	제품 B
직접재료원가	₩400	₩500
직접노무원가	100	100
변동제조간접원가	50	50
고정제조간접원가	40	40
합계	₩590	₩690

요구사항

[물음 1] ㈜국세가 제품 A를 단위당 ₩800에 2,000단위를 특별주문하였다. ㈜세무가 이 특별주문을 수락할 경우, 이 특별주문에 대한 단위당 변동판매비와 관리비가 50% 절감된다. ㈜세무가 특별주문을 수락하였을 경우, 총공헌이익이 얼마나 증가 또는 감소하는지를 계산하시오(단, 총공헌이익이 증가하는 경우에는 금액 앞에 '(+)'를, 감소하는 경우에는 금액 앞에 '(-)'를 표시하시오).

[물음 2] ㈜국세는 제품 B 10,000단위를 특별주문하였다. ㈜세무가 이 특별주문을 수락할 경우, ㈜국세가 ㈜세무의 고정판매비와 관리비 ₩1,000,000을 부담하기로 하였다. ㈜세무가 특별주문을 수락하여 ₩1,500,000의 이익을 얻기 위한 특별주문에 대한 단위당 판매가격을 계산하시오.

[물음 3] ㈜세무는 ㈜국세로부터 제품 B 12,000단위를 단위당 ₩900에 구입하겠다는 특별주문을 받았다. ㈜세무가 동 특별주문을 수락하면 이 특별주문에 대한 ㈜세무의 단위당 변동판매비와 관리비 40%가 절감되며, 기존시장에서의 제품 A 판매량 2,000단위를 포기해야 한다. ㈜세무가 특별주문 수량을 모두 수락할 경우, 이익이 얼마나 증가 또는 감소하는지를 계산하시오(단, 이익이 증가하는 경우에는 금액 앞에 '(+)'를, 감소하는 경우에는 금액 앞에 '(-)'를 표시하시오).

[물음 4] ㈜세무는 ㈜국세로부터 제품 B 15,000단위를 단위당 ₩1,000에 구입하겠다는 특별주문을 받았다. ㈜세무는 5,000단위를 추가 생산할 수 있는 기계를 취득원가 ₩1,000,000에 구입하여 사용하고 사용 후 즉시 ₩700,000에 처분할 계획이다. 또한 특별주문 제품 B의 로고 인쇄비용으로 단위당 ₩10의 추가비용이 발생될 것으로 예상된다. ㈜세무가 특별주문을 수락할 경우, ㈜세무의 이익에 미치는 영향을 계산하시오(단, 이익이 증가하는 경우에는 금액 앞에 '(+)'를, 감소하는 경우에는 금액 앞에 '(-)'를 표시하시오).

[물음 5] ㈜세무는 ㈜국세로부터 제품 A 1,000단위와 제품 B 2,000단위의 묶음주문을 받았다. ㈜국세는 제품 A와 제품 B 모두 단위당 ₩1,000의 가격을 제시하고 있다. ㈜국세는 ㈜세무에게 묶음주문에 대해서 추가 디자인 작업을 요청하였으며 이를 반영하기 위해서는 제품 A 단위당 ₩50, 제품 B 단위당 ₩25의 추가비용이 발생될 것으로 예상된다. ㈜세무의 입장에서 이 묶음주문의 가중평균공헌이익률을 계산하시오.

📝 **Key Point**

1. 주어진 자료를 이용하여 제품별 단위당 판매가격과 단위당 변동원가를 정리한다.
2. 가중평균공헌이익률은 제품별 공헌이익률을 매출액배합으로 가중평균하여 계산한다.

─┤ 해답 │─────────────────────────────────────

자료정리

	제품 A	제품 B
단위당 판매가격	₩1,000	₩1,200
단위당 변동원가	550 + 100	650 + 100
단위당 공헌이익	₩350	₩450

[물음 1]

증분수익	매출	2,000단위 × ₩800 =	₩1,600,000
증분비용	변동제조원가	2,000단위 × ₩550 =	(1,100,000)
	변동판매관리비	2,000단위 × ₩50 =	(100,000)
증분이익			(+) ₩400,000

그러므로, 총공헌이익이 ₩400,000 증가한다.

[물음 2]

단위당 판매가격을 P라 한 후 정리하면 다음과 같다.

증분수익	매출		10,000P
증분비용	고정판매관리비		₩1,000,000
	변동제조원가	10,000단위 × ₩650 =	(6,500,000)
	변동판매관리비	10,000단위 × ₩100 =	(1,000,000)
증분이익			₩1,500,000

그러므로, 특별주문에 대한 단위당 판매가격(P)은 ₩800이다.

[물음 3]

증분수익	매출	12,000단위 × ₩900 =	₩10,800,000
증분비용	변동제조원가	12,000단위 × ₩650 =	(7,800,000)
	변동판매관리비	12,000단위 × ₩60 =	(720,000)
	제품 A 포기	2,000단위 × ₩350 =	(700,000)
증분이익			(+) ₩1,580,000

그러므로, 이익이 ₩1,580,000 증가한다.

[물음 4]

증분수익	매출	15,000단위 × ₩1,000 =	₩15,000,000
증분비용	변동제조원가	15,000단위 × ₩650 =	(9,750,000)
	변동판매관리비	15,000단위 × ₩100 =	(1,500,000)
	인쇄비용	15,000단위 × ₩10 =	(150,000)
	기계구입	₩1,000,000 - ₩700,000 =	(300,000)
증분이익			(+) ₩3,300,000

[물음 5]

(1) 매출액 구성비

		제품 A		제품 B
매출	₩1,000 × 1,000단위 =	₩1,000,000	₩1,000 × 2,000단위 =	₩2,000,000
비율		$\dfrac{1}{3}$		$\dfrac{2}{3}$

(2) 가중평균공헌이익률

	제품 A	제품 B
단위당 판매가격	₩1,000	₩1,000
단위당 변동원가	550 + 100 + 50	650 + 100 + 25
단위당 공헌이익	₩300	₩225
공헌이익률	0.3	0.225

그러므로, 가중평균공헌이익률은 다음과 같다.

$$0.3 \times \frac{1}{3} + 0.225 \times \frac{2}{3} = 0.25$$

㈜한국은 컴퓨터 부품을 생산하고 있다. 이 회사는 20×1년 예상판매량은 55,000개이며, 손익계산서는 다음과 같다.

I. 매출액		₩1,100,000
II. 변동원가		
변동제조원가	₩330,000	
변동판매관리비	110,000	440,000
III. 공헌이익		₩660,000
IV. 고정원가		
고정제조간접원가	₩430,000	
고정판매관리비	90,000	520,000
V. 법인세차감전순이익		₩140,000
VI. 법인세(40%)		56,000
VII. 당기순이익		₩84,000

요구사항

[물음 1] ㈜한국의 20×2년 원가구조가 20×1년과 동일하다고 가정하고 20×2년에 ₩120,000의 당기순이익을 얻기 위한 매출액을 구하시오.

[물음 2] 이 회사의 변동원가는 모두 현금유출비용이고 고정원가에는 감가상각비 등 비현금유출비용 ₩178,080이 포함되어 있다. 법인세를 고려한 현금흐름분기점 판매량을 구하시오.

[물음 3] ㈜한국은 외국의 한 전자회사로부터 20,000개의 부품을 ₩15에 공급해달라는 특별주문을 받았다. 회사의 생산능력은 연간 70,000개이며, 특별주문 공급 시 변동판매관리비는 추가로 발생하지 않는다. 이 특별주문의 수락 여부를 결정하시오.

[물음 4] 원가 - 조업도 - 이익분석의 기본가정을 기술하시오.

📳 Key Point

1. 손익계산서자료와 판매량을 이용하여 단위당 판매가격, 단위당 변동원가 및 고정원가를 정리할 수 있다.
2. 특별주문에 대해서는 변동판매관리비가 발생하지 않는다.

해답

자료정리

단위당 판매가격	₩20 (= ₩1,100,000 ÷ 55,000개)
단위당 변동원가	8 (= ₩330,000 ÷ 55,000개 + ₩110,000 ÷ 55,000개)
단위당 공헌이익	₩12 (공헌이익률은 0.6)
고정제조간접원가	₩430,000
고정판매관리비	90,000

[물음 1]

목표이익 매출액을 S라 한 후 정리하면 다음과 같다.

$(0.6 \times S - ₩520,000) \times (1 - 40\%) = ₩120,000$

그러므로, ₩120,000의 당기순이익을 얻기 위한 매출액(S)은 ₩1,200,000이다.

[물음 2]

현금흐름분기점 판매량을 Q라 한 후 정리하면 다음과 같다.

$(₩12 \times Q - ₩520,000) \times (1 - 40\%) + ₩178,080 = ₩0$

그러므로, 현금흐름분기점 판매량(Q)은 18,600개이다.

[물음 3]

(1) 여유조업도

　　최대조업도 - 정상판매량

　　= 70,000개 - 55,000개 = 15,000개

　　따라서 특별주문을 수락하기 위하여 기존판매 5,000개를 포기해야 한다.

(2) 의사결정

증분수익	특별주문 매출	20,000개 × ₩15 =	₩300,000
증분비용	변동제조원가	20,000개 × ₩6 =	(120,000)
	기존판매포기	5,000개 × ₩12 =	(60,000)
증분이익			₩120,000

　　그러므로, 특별주문을 수락한다.

[물음 4]

- 모든 원가는 변동원가와 고정원가로 구분할 수 있다.
- 단위당 판매가격은 일정하다.
- 단위당 변동원가는 일정하다. 즉, 생산성은 일정하다.
- 고정원가는 관련 범위 내 일정하다.
- 원가에 영향을 미치는 유일한 요인은 조업도이다.
- 재고수준의 변동이 없다. 즉, 생산량과 판매량이 동일하다.
- 의사결정대상은 발생주의 이익이다.
- 하나의 제품을 생산·판매한다.
- 모든 변수는 확실하다.

㈜한국은 제품 A를 연간 30,000단위 생산할 수 있다. ㈜한국은 현재 제품 A를 단위당 ₩7,000에 판매하고 있으며, 현재 판매가격에서의 수요는 연간 25,000단위이다. 단위당 직접재료원가는 ₩1,200이고 단위당 직접노무원가는 ₩1,500이며, 변동제조간접원가는 ₩800이고 고정제조간접원가는 ₩15,000,000이다. 또한, 변동판매관리비는 ₩1,500이고 고정판매관리비는 ₩26,000,000이다.

요구사항

[물음 1] 현재 회사는 ₩7,000의 판매가격으로 연간 25,000단위를 판매하고 있는데 가격을 ₩6,000으로 낮출 경우 판매량이 10% 더 늘어난다고 한다. 가격인하 여부를 결정하시오.

[물음 2] ㈜한국은 판매중개인으로부터 제품 A 2,000단위를 정부에 납품하는 제안을 받았다. 정부는 현재의 전부원가계산에 의한 제조원가에 10%의 이익을 가산한 가격을 지불한다고 한다. 이 주문과 관련하여 변동판매관리비는 발생하지 않으며 중개인에게 ₩1,000,000의 중개수수료를 지급하여야 한다. 제안의 수락 여부를 결정하시오.

[물음 3] ㈜한국은 협력업체에 대하여 OEM방식으로 제품 A의 외부구입 여부를 검토하고 있다. 단, 제품 A를 제조하여 ㈜한국의 고객에게 직접 배달하는 조건이며, 외부구입가격은 계속 협상 중이다. 원가관리의 분석결과에 따르면 외부구입 시 변동판매비 중 20%는 절감될 것이며 유휴생산설비로 인하여 고정제조간접원가 중 50%는 계속 발생될 것이다. 외부구입을 수락하기 위한 최대구입가격을 구하시오.

[물음 4] ㈜한국은 협력업체에 대하여 OEM방식으로 제품 A의 외부구입 여부를 검토하고 있다. 이 경우 유휴생산설비를 이용하여 제품 B를 생산할 수 있다. 제품 A를 외부구입하는 경우에 변동판매관리비는 30%가 절감될 것이다. 제품 B의 외부판매가격은 ₩4,000이며, 단위당 변동판매관리비는 제품 A와 같고 추가적인 고정판매관리비는 들어가지 않는다. 제품 B 생산 시 배부된 고정제조간접원가 배부율은 ₩1,000이며, 변동제조원가는 ₩1,200이다. 회사는 적어도 ₩15,000,000의 영업이익을 얻고자 한다.

(1) 제품 B의 생산량을 구하시오.

(2) 제품 B의 생산·판매량이 위 (1)과 같을 경우 ㈜한국이 목표이익을 얻기 위해서 수락할 수 있는 제품 A의 최대구입가격을 구하시오.

📝 **Key Point**

제품 B에 배부된 고정제조간접원가 배부율과 고정제조간접원가금액을 이용하여 제품 B의 생산량을 계산할 수 있다.

┤해답├

자료정리

(1) 여유조업도

최대조업도	30,000단위
현재생산량	25,000단위
여유조업도	5,000단위

(2) 가격과 원가구조

단위당 판매가격	₩7,000
단위당 변동원가	5,000 (= ₩1,200 + ₩1,500 + ₩800 + ₩1,500)
단위당 공헌이익	₩2,000
총고정원가	₩41,000,000 (= ₩15,000,000 + ₩26,000,000)

[물음 1]

(1) 인하 전 이익

(₩7,000 − ₩5,000) × 25,000단위 − ₩41,000,000 = ₩9,000,000

(2) 인하 후 이익

(₩6,000 − ₩5,000) × 25,000단위 × (1 + 10%) − ₩41,000,000 = ₩(13,500,000)

그러므로, 가격인하 시 ₩9,000,000 − (13,500,000) = ₩22,500,000만큼 영업이익이 감소하므로 가격을 인하하지 않는다.

[물음 2]

(1) 전부원가

$$₩1,200 + ₩1,500 + ₩800 + \frac{₩15,000,000}{25,000단위}$$

= ₩4,100

(2) 판매가격

₩4,100 × (1 + 10%) = ₩4,510

(3) 의사결정

특별주문 2,000단위는 여유조업도 이내의 수량이므로 기회원가는 없다.

증분수익	매출 증가	2,000단위 × ₩4,510 =	₩9,020,000
증분비용	변동제조원가	2,000단위 × ₩3,500 =	(7,000,000)
	중개수수료		(1,000,000)
증분이익			₩1,020,000

그러므로, 주문을 수락한다.

[물음 3]

(1) 회피가능원가

- 변동제조원가: 단위당 ₩3,500
- 변동판매비: 단위당 ₩300(= ₩1,500 × 20%)
- 고정제조간접원가: ₩7,500,000(= ₩15,000,000 × 50%)

(2) 의사결정

최대구입가격을 P라 한 후 정리하면 다음과 같다.

증분수익			–
증분비용	변동제조원가 감소	25,000단위 × ₩3,500 =	87,500,000
	변동판매비 감소	25,000단위 × ₩300 =	7,500,000
	고정제조간접원가 감소		7,500,000
	구입가격		(25,000 × P)
증분이익			₩102,500,000 − 25,000 × P ≥ 0

그러므로, 외부구입을 수락하기 위한 최대구입가격(P)은 ₩4,100이다.

[물음 4]

- 제품 A의 회피가능원가

  변동제조원가: 단위당 ₩3,500

  변동판매관리비: 단위당 ₩450(= ₩1,500 × 30%)

- 제품 B의 가격과 원가구조

단위당 판매가격	₩4,000
단위당 변동원가	2,250 (= ₩1,200 + ₩1,500 × 70%)
단위당 공헌이익	₩1,750
총고정원가	₩15,000,000 (기존설비활용. 즉, 추가발생하는 것은 아님)

(1) 제품 B 생산량

제품 B의 고정제조간접원가 배부율이 ₩1,000이므로, 제품 B의 생산량은 다음과 같다.

₩15,000,000 ÷ ₩1,000 = 15,000단위

(2) 목표이익달성 최대구입가격

제품 A와 제품 B의 영업이익의 합이 ₩15,000,000이 되는 최대구입가격을 구한다.

① 제품 B의 공헌이익

15,000단위 × (₩4,000 − ₩2,250) = ₩26,250,000

② 최대구입가격(P)

$\underbrace{25,000단위 × (₩7,000 - P - ₩1,500 × 70\%)}_{제품 A 공헌이익} + \underbrace{26,250,000}_{제품 B 공헌이익} - ₩41,000,000 = ₩15,000,000$

그러므로, 제품 A의 최대구입가격(P)은 ₩4,760이다.

별해

회사는 제품 A 25,000단위와 제품 B 15,000단위 판매로 인하여 적어도 ₩15,000,000의 영업이익을 얻어야 한다. 따라서, 증분접근법으로 처리한다면 현재 영업이익과 OEM으로 인한 증분손익을 합한 금액이 ₩15,000,000이 되어야 한다.

(1) OEM 전 이익(제품 A 25,000단위 판매)

25,000단위 × (₩7,000 − ₩5,000) − ₩41,000,000 = ₩9,000,000

그러므로, OEM 의사결정으로 인한 증분이익은 ₩6,000,000(= ₩15,000,000 − ₩9,000,000)이 되어야 한다.

(2) OEM 의사결정

증분수익			−
증분비용	변동제조원가 감소	25,000단위 × ₩3,500 =	₩87,500,000
	변동판매비 감소	25,000단위 × ₩450 =	11,250,000
	제품 B 공헌이익	15,000단위 × ₩1,750 =	26,250,000
	구입가격		(25,000P)
증분이익			₩6,000,000

그러므로, P는 ₩4,760이다.

㈜한국은 갑, 을 두 가지 제품을 생산하고 있다. 두 가지 제품과 관련된 자료는 다음과 같다.

	갑제품	을제품
제품 단위당 판매가격	₩200	₩180
제품 단위당 변동원가	140	100
제품 단위당 원재료	2kg	2kg
제품 단위당 기계시간	1시간	2시간
월간 사용가능 재료		500kg
월간 가용가능 기계시간		400시간
총고정원가		₩10,000

갑제품과 을제품에 대한 시장수요는 무한하며 회사는 양 제품의 최적 생산배합을 통하여 이익을 극대화하고자 한다.

요구사항

[물음 1] 갑 및 을제품 생산에 사용되는 기계시간만이 제한되어 있다고 가정할 경우 회사의 이익을 극대화하기 위한 생산배합과 영업이익을 구하시오.

[물음 2] 두 제품의 생산에 소요되는 원재료와 기계시간이 모두 제한될 경우 최적 생산배합과 최대영업이익을 구하시오.

[물음 3] 위 물음과 별도로 갑제품에 대한 시장수요는 200단위이며 을제품에 대한 시장수요는 무한하다. 두 제품의 생산에 소요되는 원재료와 기계시간이 모두 제한될 경우 최적 생산배합과 최대영업이익을 구하시오.

📝 Key Point

제한된 자원이 하나인 경우 제한된 자원당 공헌이익을 기준으로 결정하고 복수인 경우에는 도해법을 사용한다.

→| **해답** |

자료정리

	갑제품	을제품
단위당 판매가격	₩200	₩180
단위당 변동원가	140	100
단위당 공헌이익	₩60	₩80
원재료	2kg	2kg ≤ 500kg
기계시간	1시간	2시간 ≤ 400시간

[물음 1]

(1) 기계시간당 공헌이익

	갑제품	을제품
단위당 판매가격	₩200	₩180
단위당 변동원가	140	100
단위당 공헌이익	₩60	₩80
기계시간	÷1시간	÷2시간 ≤ 400시간
기계시간당 공헌이익	₩60	₩40

(2) 최적 생산계획

시장수요가 무한하므로 갑제품만 400단위(= 400단위 × 1시간 = 400시간) 생산한다.

400단위 × ₩60 - ₩10,000

= ₩14,000

그러므로, 회사의 이익을 극대화하기 위한 생산배합은 갑제품 400단위이며, 이때 영업이익은 ₩14,000이다.

[물음 2]

(1) 실행가능영역

	갑제품	을제품	
단위당 판매가격	₩200	₩180	
단위당 변동원가	140	100	
단위당 공헌이익	₩60	₩80	
원재료	2kg	2kg	≤ 500kg
기계시간	1시간	2시간	≤ 400시간

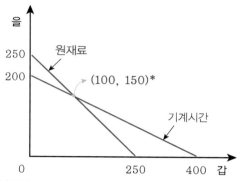

* 두 제약조건이 일치하는 생산수량

재료제약		500 = 2갑 + 2을	
기계시간제약	(-)	400 = 1갑 + 2을	
		100 = 1갑	

그러므로, 갑은 100, 을은 150이다.

(2) 최적 생산배합

좌표	공헌이익	
(0, 0)	₩60 × 0 + ₩80 × 0 =	₩0
(250, 0)	₩60 × 250 + ₩80 × 0 =	₩15,000
(100, 150)	₩60 × 100 + ₩80 × 150 =	₩18,000 (*)
(0, 200)	₩60 × 0 + ₩80 × 200 =	₩16,000

그러므로, 최적 생산배합은 (100, 150)이다.

(3) 최대영업이익

₩60 × 100 + ₩80 × 150 – ₩10,000
= ₩8,000

[물음 3]

(1) 실행가능영역

	갑제품	을제품
단위당 판매가격	₩200	₩180
단위당 변동원가	140	100
단위당 공헌이익	₩60	₩80
원재료	2kg	2kg ≤ 500kg
기계시간	1시간	2시간 ≤ 400시간
생산수량(갑)	갑	≤ 200단위

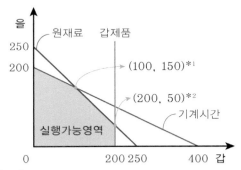

*[1] 두 제약조건이 일치하는 생산수량

재료제약	500 = 2갑 + 2을
기계시간제약 (-)	400 = 1갑 + 2을
	100 = 1갑

그러므로, 갑은 100, 을은 150이다.

*[2] 제품 갑과 원재료 제약조건이 일치하는 생산수량

재료제약	500 = 2갑 + 2을
제품 갑	200 = 1갑

그러므로, 갑은 200, 을은 50이다.

(2) 최적 생산배합

좌표	공헌이익	
(0,0)	₩60 × 0 + ₩80 × 0 =	₩0
(200, 0)	₩60 × 200 + ₩80 × 0 =	₩12,000
(200, 50)	₩60 × 200 + ₩80 × 50 =	₩16,000
(100, 150)	₩60 × 100 + ₩80 × 150 =	₩18,000 (*)
(0, 200)	₩60 × 0 + ₩80 × 200 =	₩16,000

그러므로, 최적 생산배합은 (100, 150)이다.

(3) 최대영업이익

₩60 × 100 + ₩80 × 150 - ₩10,000

= ₩8,000

㈜한국의 대한사업부는 제품 X와 제품 Y를 생산·판매하고 있다. 20×1년 7월의 제품 생산 및 판매와 관련된 예상자료는 다음과 같다.

(1) 각 제품의 단위당 판매가격 및 재료원가는 다음과 같다.

구분	제품 X	제품 Y
판매가격	₩720	₩560
재료원가	420	320

(2) 원재료는 제1공정 초기에 투입되며, 제1공정과 제2공정의 순차적인 노무작업이 필요하다. 제1공정과 제2공정에서 발생하는 당월 노무원가는 각각 ₩31,500과 ₩33,000으로 예상되며, 각 제품 단위당 소요되는 공정별 노무시간은 다음과 같다.

구분	제품 X	제품 Y	월 최대 총노무시간
제1공정	1시간	2시간	700시간
제2공정	1	1	440

(3) 재료원가는 전액 변동원가이며, 노무원가는 전액 고정원가이다. 제조경비와 판매관리비 등 기타원가는 없다.
(4) 월초 재고자산은 없다.
(5) 제품 X와 제품 Y의 당월 최대 판매가능수량은 각각 300단위이다.

요구사항

[물음 1] ㈜한국은 전부원가계산에 따라 산출한 사업부의 월별 영업이익에 기초하여 사업부의 성과를 평가하고 있다. 노무원가는 공정별로 각 제품에 배부하는데 공정별 월 최대 총노무시간을 기준조업도로 배부율을 정한다.

(1) 당월 대한사업부의 최적 생산계획을 수립하기 위한 목적함수와 제약조건식으로 구성된 선형모형을 제시하시오.

(2) 조업도로 인한 배부차이는 월별로 집계하며 전액 당월 비용으로 처리한다. 당월 영업이익을 극대화하는 최적 생산계획은 무엇이며, 이에 따라 예상되는 영업이익은 얼마인가?

[물음 2] ㈜한국은 초변동원가계산에 따라 산출한 사업부의 월별 영업이익에 기초하여 사업부의 성과를 평가하고 있다.

(1) 당월 대한사업부의 최적 생산계획을 수립하기 위한 목적함수와 제약조건식으로 구성된 선형모형을 제시하시오.

(2) 병목공정과 여유공정이 존재할 때 여유공정의 노무인력은 병목공정으로 재배치할 수 있으나, 이들이 타공정에서 작업하기 위해서는 추가적인 교육훈련비 ₩5,400이 발생할 것으로 예상된다. 당월 영업이익을 극대화하는 최적 생산계획은 무엇이며, 이에 따라 예상되는 영업이익은 얼마인가?

📝 **Key Point**

1. 노무원가는 최대 총노무시간을 기준으로 배부율을 계산한다.
2. 전부원가계산의 경우 노동시간당 영업이익을 기준으로 우선순위를 결정하고 초변동원가계산의 경우 재료처리량 공헌이익을 기준으로 우선순위를 결정한다.
3. 여유공정의 노무인력을 재배치하는 경우 후순위 생산량은 증가하고 교육훈련비가 추가된다.

자료정리

(1) 노무원가 배부율
- 1공정
  ₩31,500 ÷ 700h = ₩45
- 2공정
  ₩33,000 ÷ 440h = ₩75

(2) 노무시간당 재료처리량 공헌이익
- 1공정

	제품 X	제품 Y
단위당 판매가격	₩720	₩560
단위당 재료원가	420	320
단위당 재료처리량 공헌이익	₩300	₩240
노무시간	÷ 1h	÷ 2h
	₩300	₩120

- 2공정

	제품 X	제품 Y
단위당 판매가격	₩720	₩560
단위당 재료원가	420	320
단위당 재료처리량 공헌이익	₩300	₩240
노무시간	÷ 1h	÷ 1h
	₩300	₩240

(3) 최적 생산계획
- 여유공정 재배치가 불가능한 경우

	생산량	1공정	2공정
제품 X	300단위	300h	300h
잔여시간		400h	140h
		↓	↓
제품 Y	140단위[*1]	200단위	140단위

*1 Min[200단위, 140단위] = 140단위

- 여유공정 재배치가 가능한 경우

	생산량	1공정		2공정
제품 X	300단위	300h		300h
잔여시간		400h[*2]	40h →	140h + 40h
		↓360h		↓
제품 Y	180단위	180단위		180단위

*2 1공정 잔여시간 400h 중 제품 Y 180단위에 필요한 360h를 소비한 후 40h을 2공정에 재배치하여 제품 Y를 40단위 추가생산할 수 있다. 즉, 제품 X 300단위, 제품 Y 180단위를 생산할 수 있다.

[물음 1]

(1) 선형모형

		제품 X	제품 Y
단위당 판매가격		₩720	₩560
단위당 재료원가		420	320
단위당 재료처리량 공헌이익		₩300	₩240
단위당 노무원가	1공정	1h × ₩45 = 45	2h × ₩45 = 90
	2공정	1h × ₩75 = 75	1h × ₩75 = 75
단위당 영업이익		₩180	₩75

Max ₩180 × X + ₩75 × Y

$$1X + 2Y \leq 700h$$
$$1X + 1Y \leq 440h$$
$$X, \quad Y \geq 0$$

(2) 최적 생산계획, 영업이익

① 제품별 최적 생산량

	생산량	1공정	2공정
제품 X	300단위	300h	300h
잔여시간		400h	140h
		↓	↓
제품 Y	140단위*	200단위	140단위

* Min[200단위, 140단위] = 140단위

제품별 최적 생산량은 제품 X 300단위, 제품 Y 140단위이다.

별해

도해법

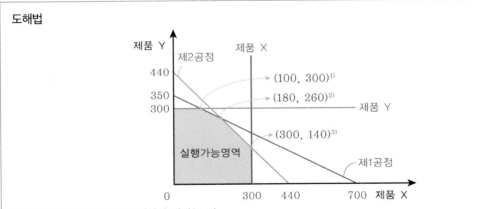

1) 제1공정 제약과 제품 Y 제약이 만나는 점
2) 제1공정 제약과 제2공정 제약이 만나는 점
3) 제2공정 제약과 제품 X 제약이 만나는 점

(300, 0)　：300 × ₩180 + 0 × ₩75 = ₩54,000
(300, 140)：300 × ₩180 + 140 × ₩75 = ₩64,500(*)
(180, 260)：180 × ₩180 + 260 × ₩75 = ₩51,900
(100, 300)：100 × ₩180 + 300 × ₩75 = ₩40,500
(0, 300)　：0 × ₩180 + 300 × ₩75 = ₩22,500

그러므로, 제품별 최적 생산량은 제품 X 300단위, 제품 Y 140단위이다.

② 공정별 조업도차이
- 제1공정

예산	SQ × SP
700h × ₩45	(300 × 1h + 140 × 2h) × ₩45
= ₩31,500	= ₩26,100

$$₩5,400 \text{ 불리}$$

- 제2공정

예산	SQ × SP
440h × ₩75	(300 × 1h + 140 × 1h) × ₩75
= ₩33,000	= ₩33,000

$$-$$

③ 영업이익

300단위 × ₩180 + 140단위 × ₩75 - ₩5,400(불리한 조업도차이)

= ₩59,100

[물음 2]

(1) 선형모형

	제품 X	제품 Y
단위당 판매가격	₩720	₩560
단위당 재료원가	420	320
단위당 재료처리량 공헌이익	₩300	₩240

Max ₩300 × X + ₩240 × Y - ₩64,500

1X + 2Y ≤ 700h

1X + 1Y ≤ 440h

X, Y ≥ 0

(2) 최적 생산계획, 영업이익

	생산량	1공정		2공정
제품 X	300단위	300h		300h
잔여시간		400h[*]	40h →	140h + 40h
		↓360h		↓
제품 Y	180단위	180단위		180단위

[*] 1공정 잔여시간 400h 중 제품 Y 180단위에 필요한 360h를 소비한 후 40h를 2공정에 재배치하여 제품 Y를 40단위 추가생산할 수 있다. 즉, 제품 X 300단위, 제품 Y 180단위를 생산할 수 있다.

① 제품별 최적 생산량
- 재배치를 하지 않는 경우: 제품 X 300단위, 제품 Y 140단위
- 재배치를 하는 경우: 제품 X 300단위, 제품 Y 180단위

② 영업이익
- 재배치를 하지 않는 경우: 300단위 × ₩300 + 140단위 × ₩240 - ₩64,500 = ₩59,100
- 재배치를 하는 경우: 300단위 × ₩300 + 180단위 × ₩240 - (₩64,500 + ₩5,400) = ₩63,300

그러므로, 당월 영업이익을 극대화하려면 재배치해야 하며, 이때 예상 영업이익은 ₩63,300이다.

문제 57 활동기준원가계산과 특별주문수락 의사결정

세무사 03 수정

㈜한국의 연간 최대생산능력은 28,000단위이다. 회사의 20×1년 연간 생산량은 24,000단위이며 단위당 판매가격은 ₩500이다. 생산·활동에 대한 정보는 다음과 같다.

(1) 원가자료

회사는 활동기준원가계산을 도입하여 총원가를 제품 단위에 비례하여 발생하는 원가인 단위기준활 동원가, 배치 단위에 비례하여 발생하는 원가인 배치기준활동원가 및 고정원가로 분석하였다.

I.	단위기준활동원가		₩8,160,000
	직접재료원가	₩4,800,000	
	직접노무원가	3,360,000	
II.	배치기준활동원가		480,000
III.	고정원가		600,000
	고정제조간접원가	₩400,000	
	판매비와 관리비	200,000	
IV.	총원가		₩9,240,000

(2) 특별주문내역

회사는 지금까지 내수시장에서 판매하여 왔으나 20×2년 중 ㈜대한으로부터 단위당 ₩450에 4,000단위의 제품을 구입하겠다는 특별주문을 받았다. 20×2년에도 원가구조와 예상판매량은 전 년도와 같은 수준을 유지할 것이다. 그러나 특별주문에 관하여 매출액의 6%에 해당하는 보험료가 추가적으로 소요될 것으로 예상된다. 이 주문은 일괄주문으로 모두 수락하거나 거부해야 한다.

(3) 생산자료

생산과정에서 배치작업은 기존제품인 경우 배치당 240단위로 처리하였으나, 특별주문제품은 기술 적인 요인으로 인하여 배치당 200단위로 구성하여 생산해야 한다.

요구사항

[물음 1] 특별주문의 수락 여부를 결정하시오.

[물음 2] 회사는 특별주문 수락으로 인하여 장기적인 가격구조측면에서 기존거래처에 대하여 단위당 ₩15의 가격할인의 보상안을 실시하는 경우 특별주문의 수락 여부를 결정하시오.

[물음 3] 회사는 원재료 수급에 대한 문제로 인하여 최대생산능력이 28,000단위에서 24,400단위로 축소가 된다고 가정하고 특별주문 수락 여부를 결정하시오(단, 기존거래처의 가격할인은 고려하지 않는다).

📝 Key Point
1. 특별주문에 대한 부족한 조업도를 확보하기 위해 기존판매 일부를 포기해야 한다.
2. 특별주문에 대해서 보험료가 추가된다.
3. 기존제품과 특별주문의 배치당 수량이 다르다.

→|해답|──────────────

자료정리

(1) 여유조업도

최대생산능력	28,000단위
예상판매수량	24,000단위
여유조업도	4,000단위

(2) 기존제품에 대한 원가자료

① 제조원가

배치당 240단위이므로 총배치수는 100배치(= 24,000단위 ÷ 240단위)이다.

- 단위당 직접재료원가　　　　　₩4,800,000 ÷ 24,000단위 =　　₩200
- 단위당 직접노무원가　　　　　₩3,360,000 ÷ 24,000단위 =　　₩140
- 배치당 활동원가　　　　　　　　₩480,000 ÷ 100배치 =　　₩4,800
- 고정제조간접원가　　　　　　　　　　　　　　　　　₩400,000

② 판매비와 관리비

- 고정판매비와 관리비　　　　　　　　　　　　　　　　₩200,000

(3) 특별주문에 대한 원가자료

특별주문품은 배치당 200단위이므로 총배치수는 20배치(= 4,000단위 ÷ 200단위)이다.

- 단위당 직접재료원가　　　　　　　　　　　　　　　　　₩200
- 단위당 직접노무원가　　　　　　　　　　　　　　　　　₩140
- 보험료　　　　　　　　　　　　　₩450 × 6% =　　　₩27
- 배치당 활동원가　　　　　　　　　　　　　　　　　₩4,800

[물음 1]

특별주문수량 4,000단위는 여유조업도 이내의 수량이므로 기회비용은 발생하지 않는다.

증분수익	매출	4,000단위 × ₩450 =	₩1,800,000
증분비용	직접재료원가	4,000단위 × ₩200 =	(800,000)
	직접노무원가	4,000단위 × ₩140 =	(560,000)
	보험료	4,000단위 × ₩27 =	(108,000)
	배치당 활동원가	20배치 × ₩4,800 =	(96,000)
증분이익			₩236,000

그러므로, 특별주문을 수락한다.

[물음 2]

기존판매수량에 대해서 단위당 ₩15의 가격할인을 추가로 고려해야 한다.

증분수익	매출	4,000단위 × ₩450 =	₩1,800,000
증분비용	직접재료원가	4,000단위 × ₩200 =	(800,000)
	직접노무원가	4,000단위 × ₩140 =	(560,000)
	보험료	4,000단위 × ₩27 =	(108,000)
	배치당 활동원가	20배치 × ₩4,800 =	(96,000)
	가격할인	24,000단위 × ₩15 =	(360,000)
증분손익			₩(124,000)

그러므로, 특별주문을 거절한다.

[물음 3]

(1) 조업도확인

최대생산능력	24,400단위
예상판매수량	24,000단위
여유조업도	400단위

여유조업도가 400단위이므로 특별주문 4,000단위를 수락하면 기존판매수량 3,600단위(또는, 3,600단위 ÷ 240단위 = 15배치)를 포기해야 한다.

(2) 기존 3,600단위에 대한 공헌이익(기회비용)

매출	3,600단위 × ₩500 =	₩1,800,000
직접재료원가	3,600단위 × ₩200 =	(720,000)
직접노무원가	3,600단위 × ₩140 =	(504,000)
배치당 활동원가	15배치 × ₩4,800 =	(72,000)
		₩504,000

(3) 의사결정

증분수익	매출	4,000단위 × ₩450 =	₩1,800,000
증분비용	직접재료원가	4,000단위 × ₩200 =	(800,000)
	직접노무원가	4,000단위 × ₩140 =	(560,000)
	보험료	4,000단위 × ₩27 =	(108,000)
	배치당 활동원가	20배치 × ₩4,800 =	(96,000)
	기회비용		(504,000)
증분손익			₩(268,000)

그러므로, 특별주문을 거절한다.

문제 58 활동기준원가계산과 제한된 자원하의 의사결정

완구제품을 생산하는 ㈜한국의 대형과 소형 완구제품에 대한 자료는 다음과 같다.

	대형	소형
판매가격	₩96	₩63
단위당 변동제조원가		
직접재료원가	₩36	₩30
직접노무원가	18	6
변동제조간접원가	6	3
단위당 고정제조원가	9	9
단위당 총원가	₩69	₩48
연간 예상수요량	45,000단위	75,000단위

대형 완구제품은 1뱃치당 300단위씩, 소형 완구제품은 1뱃치당 600단위씩 생산된다. 각 뱃치생산에는 30기계시간이 소요되며, 연간 이용가능한 기계시간은 9,000기계시간으로 더 이상 증가시킬 수 없다.

요구사항

[물음 1] 대형과 소형 완구제품 각각에 대하여 제품 단위당 공헌이익을 구하시오.

[물음 2] 회사 전체의 이익을 최대화하기 위한 각 제품의 생산량을 구하시오.

[물음 3] 지금까지 거래가 없던 백화점으로부터 대형 완구제품 15,000단위를 단위당 ₩111에 구입하겠다는 제안을 받았다.
  (1) 이 특별주문과 관련된 기회비용은 얼마인가?
  (2) ㈜한국은 이 제안을 수락하여야 하는가?

📝 **Key Point**
1. 기계시간당 공헌이익을 기준으로 생산우선순위를 결정한다.
2. 제품별 뱃치수를 계산한 후 제품별 필요 기계시간과 이용가능한 기계시간을 비교하여 최적 생산계획을 수립한다.
3. 특별주문에 필요한 기계시간과 여유 기계시간을 비교하여 부족한 기계시간을 확보하기 위하여 후순위 제품 생산을 포기한다.

─┤ 해답 ├─

자료정리

> (1) 제품별 단위당 기계시간
>
> | | 대형 | 소형 |
> |---|---|---|
> | 뱃치당 기계시간 | 30시간 | 30시간 |
> | 뱃치당 수량 | ÷ 300단위 | ÷ 600단위 |
> | 단위당 기계시간 | 0.1시간 | 0.05시간 |
>
> (2) 기계시간당 공헌이익
>
> | | 대형 | 소형 |
> |---|---|---|
> | 단위당 판매가격 | ₩96 | ₩63 |
> | 단위당 변동제조원가 | 60 | 39 |
> | 단위당 공헌이익 | ₩36 | ₩24 |
> | 단위당 기계시간 | ÷ 0.1시간 | ÷ 0.05시간 |
> | 기계시간당 공헌이익 | ₩360 | ₩480 |
> | 우선순위 | 2순위 | 1순위 |
>
> (3) 최적 생산계획
> - 소형: (75,000단위 ÷ 600단위) × 30시간 = 3,750시간
> - 대형: (45,000단위 ÷ 300단위) × 30시간 = 4,500시간
>
> 최대기계시간은 9,000시간이므로 대형과 소형을 각각 45,000단위, 75,000단위를 모두 생산하며
> 750시간(= 9,000시간 - 8,250시간)의 여유시간이 존재한다.

[물음 1]
- 대형: ₩36
- 소형: ₩24

[물음 2]
- 대형: 45,000단위
- 소형: 75,000단위

[물음 3]

- 특별주문에 필요한 기계시간

  (15,000단위 ÷ 300단위) × 30시간 = 1,500시간

- 부족 기계시간

  1,500시간 – 750시간 = 750시간

15,000단위 생산을 위해서 1,500시간이 필요하므로 부족한 750시간을 확보하기 위해서
대형 750시간 ÷ 30시간 = 25뱃치(또는, 25뱃치 × 300단위 = 7,500단위)를 포기해야 한다.

(1) 기회비용

750시간 × ₩360(대형 시간당 공헌이익)

= ₩270,000

(2) 의사결정

증분수익	매출	15,000단위 × ₩111 =	₩1,665,000
증분비용	변동원가	15,000단위 × ₩60 =	(900,000)
	기회비용		(270,000)
증분이익			₩495,000

그러므로, 특별주문을 수락한다.

㈜한국은 수도권에 위치한 기업으로 고품질의 팩스기계를 생산·판매하고 있다. 이 회사는 두 가지의 모델 A와 B를 생산하고 있으며, 20×1년 7월 중 예상되는 생산 및 판매와 관련된 자료는 다음과 같다.

항목	모델	
	A	B
단위당 원가		
직접재료원가	₩4,800	₩5,250
직접노무원가(시간당 ₩300)	6,000	7,500
변동제조간접원가	7,200	9,000
고정제조간접원가	3,000	3,750
계	₩21,000	₩25,500
단위당 판매가격	₩28,000	₩33,000
20×1년 7월 예상판매량	400단위	200단위
㈜한국의 매월 최대조업도는 14,000직접노무시간이다.		

상호 독립적인 아래 물음에 답하시오.

요구사항

[물음 1] 20×1년 7월 중 예상하지 못했던 새로운 고객이 ㈜한국에 모델 B를 단위당 ₩28,000의 가격에 40단위를 구입할 수 있는지를 문의해 왔다. 만약 ㈜한국이 이 고객의 제안을 수락한다면 이로 인하여 ㈜한국의 이익은 얼마나 증가 또는 감소하겠는가?

[물음 2] 20×1년 7월 중 예상하지 못했던 새로운 고객이 ㈜한국에 모델 B를 단위당 ₩28,000의 가격에 60단위를 구입할 수 있는지를 문의해 왔다. 만약 ㈜한국이 이 고객의 제안을 수락한다면 이로 인하여 ㈜한국의 이익은 얼마나 증가 또는 감소하겠는가?

[물음 3] ㈜한국은 정규시간 이외의 초과시간을 이용하여 작업을 수행함으로써 월 최대조업도를 증가시킬 수 있다고 가정하시오. 정규시간 이외의 초과시간을 이용하여 작업을 수행하는 경우 직접노무원가는 시간당 ₩500으로 증가하며 변동제조간접원가는 정상 생산 시보다 50% 더 많이 발생한다. 이 경우 [물음 2]에 답하시오.

📝 **Key Point**

1. 시간당 임률을 이용하여 제품별 노무시간을 계산한 후 제품별 노무시간당 공헌이익으로 생산우선순위를 결정한다.
2. 초과작업의 경우 초과시간을 이용한 제품 추가생산과 기존판매량 감소로 인한 기회원가를 비교하여 유리한 대안을 선택한다.

─| 해답 |─

자료정리

(1) 제품별 노무시간
- A: ₩6,000 ÷ ₩300 = 20시간
- B: ₩7,500 ÷ ₩300 = 25시간

(2) 제품별 노무시간당 공헌이익

노무시간이 제한되어 있으므로 공헌이익을 단위당 노무시간으로 나누어 노무시간당 공헌이익을 계산한다.

	A	B
단위당 판매가격	₩28,000	₩33,000
단위당 변동원가	18,000	21,750
단위당 공헌이익	₩10,000	₩11,250
단위당 노무시간	÷ 20시간	÷ 25시간
노무시간당 공헌이익	₩500	₩450
우선순위	1순위	2순위

(3) 최적 생산계획

A를 우선 생산하고 남은 노무시간을 활용하여 B를 생산한다.

1순위:	A	400단위 × 20시간 =	8,000시간
2순위:	B	200단위 × 25시간 =	5,000시간
			13,000시간

따라서, 여유시간은 14,000시간 - 13,000시간 = 1,000시간이다.

(4) 초과시간을 이용한 가격과 원가구조

	A	B
단위당 판매가격	₩28,000	₩33,000
단위당 변동원가	25,600 [*1]	31,250 [*2]
단위당 공헌이익	₩2,400	₩1,750

[*1] 직접재료원가 + ₩500 × 노무시간 + 변동제조간접원가 × 150%
= ₩4,800 + ₩500 × 20시간 + ₩7,200 × 150% = ₩25,600

[*2] 직접재료원가 + ₩500 × 노무시간 + 변동제조간접원가 × 150%
= ₩5,250 + ₩500 × 25시간 + ₩9,000 × 150% = ₩31,250

[물음 1]

(1) 필요시간

40단위 × 25시간 = 1,000시간이므로 여유조업도 내에서 생산할 수 있다.

(2) 의사결정

증분수익	매출	40단위 × ₩28,000 =	₩1,120,000
증분비용	변동제조원가	40단위 × ₩21,750 =	(870,000)
증분이익			₩250,000

그러므로, 제안을 수락한다면 이익이 ₩250,000 증가한다.

[물음 2]

(1) 필요시간

60단위 × 25시간 = 1,500시간이므로 500시간이 부족하다.

부족한 시간을 확보하기 위하여 우선순위가 낮은 B 20단위(= 500시간 ÷ 25시간)를 포기해야 한다.

(2) 의사결정

증분수익	매출	60단위 × ₩28,000 =	₩1,680,000
증분비용	변동제조원가	60단위 × ₩21,750 =	(1,305,000)
	B 판매포기	20단위 × ₩11,250 =	(225,000)
증분이익			₩150,000

그러므로, 제안을 수락한다면 이익이 ₩150,000 증가한다.

[물음 3]

(1) 필요시간

60단위 × 25시간 = 1,500시간이므로 500시간이 부족하다.

초과시간을 활용할 수 있으므로 다음과 같은 세 가지 대안을 선택할 수 있다.

① B 20단위 포기

② 초과시간으로 B 20단위 생산

③ A 25단위(= 500시간 ÷ 20시간) 정규시간 생산을 포기하고 초과시간으로 A 25단위 생산

(2) 의사결정

① B 20단위 포기

증분이익 ₩150,000(물음 2)

② 초과시간으로 B 20단위 생산

증분수익	매출	60단위 × ₩28,000 =	₩1,680,000
증분비용	변동제조원가(정규시간)	40단위 × ₩21,750 =	(870,000)
	변동제조원가(초과시간)	20단위 × ₩31,250 =	(625,000)
증분이익			₩185,000

③ A 25단위(= 500시간 ÷ 20시간) 정규시간 생산을 포기하고 초과시간으로 A 25단위 생산

증분수익	매출	60단위 × ₩28,000 =	₩1,680,000
증분비용	변동제조원가(정규시간)	60단위 × ₩21,750 =	(1,305,000)
	A 변동제조원가 증가분	25단위 × (₩25,600 - ₩18,000) =	(190,000)[*]
증분이익			₩185,000

[*] 다음과 같이 계산할 수도 있다.

정규시간만 이용	400단위 × ₩18,000 =	₩7,200,000
정규시간과 초과시간 이용	375단위 × ₩18,000 + 25단위 × ₩25,600 =	7,390,000
		₩190,000

그러므로, 제안을 수락한다면 이익이 ₩185,000 증가한다.

cpa.Hackers.com

제11장

대체가격결정

청과사업부와 주스사업부를 두고 있는 회사의 비용 관련 자료는 다음과 같다.

구분	청과사업부	주스사업부
변동원가	₩100/kg	₩200/l
고정원가	₩125,000,000	₩100,000,000

주스 l당 판매가격은 ₩2,100이고 청과세척 후 kg당 시장판매가격은 ₩600이다. 청과사업부는 매년 500,000kg을 매입하여 세척 후 그대로 팔 수도 있고 주스사업부에 공급하여 kg당 0.5l의 주스생산에도 대체할 수 있다. 회사는 양 사업부 간의 대체가격에 대해서 고민하고 있다.

요구사항

[물음 1] 청과사업부가 500,000kg 전량을 주스사업부에 대체한다면 회사 전체의 이익은 얼마가 되겠는가?

[물음 2] 회사가 대체가격을 청과사업부의 전부원가의 200%로 하는 경우와 시장가격으로 하는 경우로 구분하여 각 사업부의 관리자에게 영업이익의 5%를 인센티브로 지급하는 정책을 실시하려고 한다. 각 상황별로 각 사업부의 관리자에게 지급할 인센티브를 계산하시오.

[물음 3] [물음 2]에서 각 사업부가 선호하는 대체가격결정방법을 판단하시오.

[물음 4] 회사가 실시하는 정책과 각 사업부에서 실시하는 정책에 있어서 서로 추구하는 바가 다를 때 나타나는 현상은 무엇이며 이것을 해결할 수 있는 방안은 무엇인가?

📑 Key Point
kg당 0.5l를 생산하므로 500,000kg 대체 시 주스사업부는 250,000l를 생산할 수 있다.

─| 해답 |─

자료정리

(1) 가격과 원가구조

	청과사업부		1kg → 0.5l	주스사업부
	외부판매	사내대체	→	
단위당 판매가격	₩600	TP		₩2,100
단위당 변동원가	100	₩100		2 × TP + ₩200
단위당 공헌이익	₩500			
고정원가	₩125,000,000			₩100,000,000

(2) 청과사업부 전부원가

$$₩100 + \frac{₩125,000,000}{500,000kg} = ₩350$$

그러므로, 전부원가의 200%는 ₩700이다.

[물음 1]

대체가격을 P라 한 후 정리하면 다음과 같다.

	청과사업부	주스사업부
매출	500,000kg × P	250,000l × ₩2,100
변동원가	500,000kg × ₩100	500,000kg × P
		250,000l × ₩200
공헌이익	500,000kg × (P - ₩100)	250,000l × ₩1,900 - 500,000kg × P
고정원가	125,000,000	100,000,000
영업이익	500,000kg × P - ₩175,000,000	₩375,000,000 - 500,000kg × P

그러므로, 회사 전체 이익은 다음과 같다.

(500,000kg × P - ₩175,000,000) + (₩375,000,000 - 500,000kg × P) = ₩200,000,000

[물음 2]

(1) 전부원가의 200%(₩700)

	청과사업부		주스사업부
매출	500,000kg × ₩700		250,000l × ₩2,100
변동원가	500,000kg × ₩100		500,000kg × ₩700
			250,000l × ₩200
공헌이익	₩300,000,000		₩125,000,000
고정원가	125,000,000		100,000,000
영업이익	₩175,000,000		₩25,000,000
인센티브율	5%		5%
인센티브	₩8,750,000		₩1,250,000

(2) 시장가격(₩600)

	청과사업부		주스사업부
매출	500,000kg × ₩600		250,000l × ₩2,100
변동원가	500,000kg × ₩100		500,000kg × ₩600
	–		250,000l × ₩200
공헌이익	₩250,000,000		₩175,000,000
고정원가	125,000,000		100,000,000
영업이익	₩125,000,000		₩75,000,000
인센티브율	5%		5%
인센티브	₩6,250,000		₩3,750,000

[물음 3]

[물음 2]의 결과를 보면 청과사업부는 전부원가의 200%(₩8,750,000)를 선호하고 주스사업부는 시장 가격(₩3,750,000)을 선호한다.

[물음 4]

회사 전체의 목표와 각 사업부의 목표가 일치하지 않는 현상을 준최적화현상이라고 한다. 이를 해결하기 위해서는 회사 전체 입장에서 대체가 유리하다면 공급사업부의 최소대체가격과 구매사업부의 최대대체 가격을 산출하여 해당 범위 내에서 결정해야 한다.

문제 61 대체가격결정과 사업부평가

세무사 09 수정

B사는 외부에서 엔진을 구입하여 자동차를 조립생산하는 기업으로 자동차엔진을 생산·판매하는 S사를 합병하는 안을 고려하고 있다. B사가 S사를 합병하는 경우 통합법인은 S사와 B사를 엔진사업부와 조립사업부로 각각 분권화시켜, 독립적인 투자중심점으로 활용할 계획이다. S사는 제조한 엔진을 개당 ₩40에 판매하고 있으며, 엔진의 단위당 제조원가 및 판매관리비의 합인 총원가는 다음과 같이 구분된다.

변동원가	₩24
고정원가(생산량 500,000개 기준)	6
총원가	₩30

S사는 매년 600,000개의 생산능력을 갖추고 있으나 현재는 500,000개만 생산하여 판매하고 있다. B사는 매년 100,000개의 엔진을 개당 ₩40에서 대량구매에 따른 할인율 10%를 적용한 가격으로 다른 회사로부터 구입하고 있다. 만일 두 회사가 합병하여 S사가 엔진을 내부이전하는 경우에는 개당 ₩4의 변동판매관리비를 절감할 수 있을 것이다.

다음의 각 물음은 독립적인 상황이다.

요구사항

[물음 1] 합병이 성사되어 B사와 S사가 통합법인의 독립적인 투자중심점인 조립사업부와 엔진사업부로 각각 분권화되었다고 가정할 때, 엔진의 내부이전이 이루어지기 위한 내부이전가격(transfer price)의 범위를 결정하시오.

[물음 2] 합병이 성사되어 통합법인의 독립적인 투자중심점인 엔진사업부로 통합된 S사가 연간 600,000개의 엔진을 외부에 판매할 수 있다고 가정할 때, 내부이전가격(transfer price)의 범위를 결정하시오.

[물음 3] 위 물음과 별도로 합병이 성사되어 B사와 S사가 통합법인의 독립적인 투자중심점인 조립사업부와 엔진사업부로 각각 분권화되었다고 가정할 때, 내부이전가격(transfer price)의 범위를 결정하시오. 단, S사는 연간 500,000개를 외부에 ₩40에 판매하거나 연간 600,000개를 외부에 ₩38에 판매할 수 있는 기회를 가지고 있으며 두 가격 중 하나를 선택하면 다른 가격은 포기해야 한다.

[물음 4] 위 물음과 별도로 합병이 성사되어 B사와 S사가 통합법인의 독립적인 투자중심점인 조립사업부와 엔진사업부로 각각 분권화되었다고 가정할 때, 내부이전으로 인하여 불리한 평가를 받지 않기 위한 내부이전가격(transfer price)의 범위를 결정하시오. 단, 통합법인은 각 사업부를 투자수익률(ROI)로 평가하며 S사의 경우 평균투자금액은 ₩50,000,000이며 내부이전을 위해 ₩10,000,000을 추가로 투자해야 한다.

┤ 해답 ├

자료정리

	S사		→	구매사업부
	외부판매	사내대체		
단위당 판매가격	₩40	TP		
단위당 변동원가	24	₩20		TP
단위당 공헌이익	₩16			↑
고정원가	₩3,000,000 (= 500,000개 × ₩6)			외부구입가격 ₩36*
최대조업도	600,000 개			
외부판매	500,000			
여유조업도	100,000 개			

* ₩40 - ₩40 × 10% = ₩36

[물음 1]

(1) 최소대체가격

　　단위당 증분원가 + 단위당 기회원가

　　= (₩24 - ₩4) + ₩0 = ₩20

(2) 최대대체가격

　　완제품 판매가격과 추가원가에 대한 자료가 없으므로 외부구입가격인 ₩36이다.

(3) 내부이전가격(TP)의 범위

　　₩20 ≤ TP ≤ ₩36

[물음 2]

(1) 최소대체가격

　　단위당 증분원가 + 단위당 기회원가

　　$= (₩24 - ₩4) + \dfrac{100,000단위 × (₩40 - ₩24)}{100,000단위}$

　　= ₩20 + ₩16 = ₩36

(2) 최대대체가격

완제품 판매가격과 추가원가에 대한 자료가 없으므로 외부구입가격인 ₩36이다.

(3) 내부이전가격(TP)의 범위

최소대체가격과 최대대체가격이 일치하므로 대체로 인한 효과는 없다.

[물음 3]

(1) 최소대체가격

- 기회원가

대체 전	600,000단위 × (₩38 - ₩24) =	₩8,400,000
대체 후	500,000단위 × (₩40 - ₩24) =	8,000,000
		₩400,000

즉, 대체로 인하여 ₩400,000의 기회원가가 발생한다.

- 최소대체가격

단위당 증분원가 + 단위당 기회원가

$= (₩24 - ₩4) + \dfrac{₩400,000}{100,000단위}$

$= ₩20 + ₩4 = ₩24$

별해

대체 전	600,000단위 × (₩38 - ₩24) =	₩8,400,000
대체 후	500,000단위 × (₩40 - ₩24) + 100,000단위 × (TP - ₩20) =	8,400,000

그러므로, 대체로 인하여 기존 영업이익이 감소하지 않는 최소대체가격(TP)은 ₩24이다.

(2) 최대대체가격

완제품 판매가격과 추가원가에 대한 자료가 없으므로 외부구입가격인 ₩36이다.

(3) 내부이전가격(TP)의 범위

₩24 ≤ TP ≤ ₩36

[물음 4]

(1) 최소대체가격

기존 투자수익률을 달성할 수 있는 가격을 계산한다.

① 대체 전 투자수익률(500,000단위 판매)

[500,000단위 × (₩40 - ₩24) - ₩3,000,000] ÷ ₩50,000,000 = 10%

② 대체 후 투자수익률(500,000단위 판매 + 100,000단위 판매)

[500,000단위 × (₩40 - ₩24) + 100,000단위 × (TP - ₩20) - ₩3,000,000]

÷ (₩50,000,000 + ₩10,000,000) = 10%

그러므로, 최소대체가격(TP)은 ₩30이다.

(2) 최대대체가격

완제품 판매가격과 추가원가에 대한 자료가 없으므로 외부구입가격인 ₩36이다.

(3) 내부이전가격(TP)의 범위

₩30 ≤ TP ≤ ₩36

㈜한국은 모터부문과 냉장고부문이 있는데 냉장고부문은 모터부문으로부터 모터를 공급받아 냉장고를 생산한다. 만약 모터부문으로부터 모터를 대체할 수 없다면 외부에서 모터를 개당 ₩100에 구입하여 냉장고 생산 시 모터 1개당 냉장고 1개를 생산할 수 있게 된다.

모터부문(최대조업도 5,000개/년)

직접재료원가	₩50/개
직접노무원가	20/개
변동제조간접원가	10/개
고정원가	₩20,000/년

현재 모터부문은 4,000개를 생산하고, 이는 모두 냉장고부문으로 대체되며 외부시장은 없다. 얼마 전 ㈜대한으로부터 모터를 ₩90/개에 2,500개를 특별주문받았다. 이 특별주문은 2,500개 전체에 대해 주문을 수락하거나 기각할 수 있다. ㈜대한에 공급하는 모터는 직접재료원가 ₩30/개, 직접노무원가 ₩20/개, 변동제조간접원가 ₩10/개이며 특별주문과 내부대체수량은 총 5,000개를 초과하지 못한다.

요구사항

[물음 1] ㈜한국의 특별주문 수락 여부를 결정하시오.

[물음 2] 다음의 물음에 답하시오.

    (1) 특별주문을 수락하지 않는 경우 모터부문의 총원가는 얼마인가? 또한, 모터 단위당 원가는 얼마인가?

    (2) 특별주문을 수락하는 경우 모터부문의 총원가는 얼마인가? 또한, 모터 단위당 원가는 얼마인가?

[물음 3] 위 물음과 별도로 모터부문은 생산된 모터를 외부에 판매할 수 있는 다음 두 가지 방안이 있다.

- 제1방안: 단위당 ₩120으로 1,000단위 판매
- 제2방안: 단위당 ₩105으로 2,000단위 판매
  단, 모터부문의 제조원가 및 냉장고부문의 외부구입가격은 제시된 자료와 동일하며, 내부대체 수량 4,000개는 분할할 수 없다.

---

(1) 대체가격의 범위를 구하시오.

(2) ㈜한국의 부문평가는 투자수익률(ROI)에 의하며 모터부문의 평균투자자산은 ₩100,000 이다. 모터부문은 대체로 인하여 평가에 불이익을 받지 않도록 대체가격을 결정하려고 한다. 모터부문의 대체가격을 구하시오.

[물음 4] 위 물음과 별도로 모터부문은 생산된 전량을 외부에 판매할 수 있다. 모터의 단위당 제조원 가는 ₩80이며 냉장고부문에 대체 시 ₩10의 변동제조간접원가를 절감할 수 있다. 냉장고부 문이 외부로부터 모터를 ₩100에 구입할 수 있는 상황에서 대체로 인하여 회사 전체 이익에 영향을 미치지 않는 모터부문의 외부판매가격을 구하시오.

📝 **Key Point**

1. 회사 전체 입장에서 모터부문이 특별주문을 수락하는 경우 냉장고부문은 1,500개를 외부로부터 구입해야 한 다. 따라서 냉장고부문의 외부구입가격과 모터부문의 변동원가의 차이가 기회원가이다.
2. 특별주문을 수락하면 내부대체수량은 2,500개이다.
3. 두 방안 중 대체를 위해서는 2,000단위 판매를 포기해야 하므로 2,000단위와 1,000단위 이익차이가 대체 시 발생하는 기회원가이다.
4. 최소대체가격과 최대대체가격이 일치하는 경우 대체로 인하여 회사 전체 영업이익에 미치는 영향은 없다.

→ | 해답 |

자료정리

(1) 공급사업부와 구매사업부 대체현황

	모터부문		4,000단위	냉장고부문
	외부	대체	→	
p	–	TP		₩?
vc	₩80	₩80		TP + ₩?

↑
₩100(외부구입가격)

(2) 특별주문 2,500개

특별주문을 수락하면 2,500개(= 5,000개 – 2,500개)만큼 대체할 수 있으므로 냉장고부문은 모터 1,500개에 대해서는 외부로부터 구입해야 한다.

p	₩90
vc	60
cm	₩30

[물음 1]

특별주문을 수락하면 2,500개(= 5,000개 – 2,500개)만큼 대체할 수 있으므로 냉장고부문은 모터 1,500개에 대해서는 외부로부터 구입해야 한다.

증분수익	매출 증가	2,500개 × ₩90 =	₩225,000
증분비용	변동원가 증가	2,500개 × ₩60 =	(150,000)
	모터 외부구입 기회원가	1,500개 × (₩100[*1] – ₩80[*2]) =	(30,000)
증분이익			₩45,000

[*1] 외부구입
[*2] 자가생산

그러므로, 특별주문을 수락한다.

[물음 2]

(1) 특별주문을 수락하지 않는 경우
   ① 총원가
      = 변동원가 + 고정원가
      = ₩80 × 4,000개 + ₩20,000 = ₩340,000
   ② 단위당 원가
      = ₩340,000 ÷ 4,000개 = ₩85
(2) 특별주문을 수락하는 경우
   ① 총원가
      = 내부대체변동원가 + 특별주문변동원가 + 고정원가
      = ₩80 × 2,500개 + ₩60 × 2,500개 + ₩20,000 = ₩370,000
   ② 단위당 원가
      = ₩370,000 ÷ 5,000개 = ₩74

[물음 3]

(1) 대체가격 범위

① 최소대체가격
- 기회원가

  2,000단위 판매: 2,000단위 × (₩105 - ₩80) = ₩50,000

  1,000단위 판매: 1,000단위 × (₩120 - ₩80) =   40,000

  ₩10,000

- 최소대체가격

  단위당 증분원가 + 단위당 기회원가

  $= ₩80 + \dfrac{₩10,000}{4,000단위} = ₩82.5$

② 최대대체가격

  ₩100

③ 대체가격 범위

  ₩82.5 ≤ TP ≤ ₩100

(2) 대체가격

① 대체 전 투자수익률(2,000단위 판매)

  [2,000단위 × (₩105 - ₩80) - ₩20,000] ÷ ₩100,000 ≒ 30%

② 대체 후 투자수익률(1,000단위 판매 + 4,000단위 대체)

  대체가격을 TP라 한 후 정리하면 다음과 같다.

  [1,000단위 × (₩120 - ₩80) + 4,000 × (TP - ₩80) - ₩20,000] ÷ ₩100,000 = 30%

  그러므로, 모터부문의 대체가격(TP)은 ₩82.5이다.

[물음 4]

외부판매가격을 P라 한 후 정리하면 다음과 같다.

	모터부문		4,000단위	냉장고부문
	외부	대체	→	
p	P	TP		₩?
vc	₩80	₩70		TP + ₩?
cm	P - ₩80			↑
				₩100(외부구입가격)

(1) 최소대체가격

단위당 증분원가 + 단위당 기회원가

= ₩70 + (P - ₩80)

(2) 최대대체가격

₩100

(3) 모터부문의 외부판매가격

최소대체가격과 최대대체가격이 일치하는 경우 대체로 인하여 회사 전체 이익에 미치는 영향이 없다.

₩70 + (P - ₩80) = ₩100이므로 모터부문의 외부판매가격(P)은 ₩110이다.

㈜한국은 사업부 A에서 제품 P를 생산하여 판매한다. 회사는 정상원가계산(평준화원가계산: normal costing)을 사용하고 있다. ㈜한국의 20×1년 1분기와 2분기 제품 생산 및 판매 관련 자료는 다음과 같다.

구분	1분기	2분기
예산판매량	5,000단위	7,000단위
실제판매량	5,000	7,000
예산생산량	7,000	7,000
실제생산량	7,000	4,000

20×1년 1분기 기초제품은 2,000단위이고, 기초제품의 단위당 제조원가는 1분기의 단위당 제조원가와 같다.

㈜한국의 20×1년 분기별 예산 및 실제자료는 다음과 같다.

구분	금액
단위당 판매가격	₩1,100
단위당 변동제조원가	200
단위당 변동판매관리비	100
총고정제조간접원가	2,800,000
총고정판매관리비	1,200,000

고정제조간접원가 예정배부율은 각 분기별 예산생산량을 기준조업도로 하여 계산한다. 기말 차이조정 시 고정제조간접원가 배부차이는 전액을 매출원가 항목에서 조정한다.

주어진 자료 이외의 수익과 비용은 고려하지 않는다.

요구사항

[물음 1] 다음 물음에 답하시오.

(1) 전부원가계산(absorption costing)에 따라 20×1년 1분기와 2분기의 영업이익을 각각 구하시오.

(2) 1분기에 비해 2분기에 매출은 증가하였음에도 영업이익은 감소하였다. 그 이유를 설명하시오(3줄 이내로 답할 것).

[물음 2] 다음 물음에 답하시오.

(1) 변동원가계산(variable costing)에 따라 20×1년 1분기와 2분기의 영업이익을 각각 구하시오.

(2) 전부원가계산과 변동원가계산에 따른 영업이익의 차이를 20×1년 1분기와 2분기 각각에 대해 조정하시오.

[물음 3] 다음 물음에 답하시오.

    (1) 전부원가계산(기말조정 후 기준)과 변동원가계산에 따라 20×1년 1분기와 2분기의 손익 분기점(BEP) 판매량을 각각 구하시오.

    (2) 위 (1)과 관련하여 고정판매관리비 일부가 회계처리상 오류의 정정을 통해 고정제조간접 원가로 재분류되었다. 이와 같은 오류의 정정이 전부원가계산과 변동원가계산하에서의 손익분기점 판매량에 영향을 미치는지 여부와 그 이유를 설명하시오(3줄 이내로 답할 것).

<추가자료>

상기 자료와 함께 사내대체와 관련된 다음 자료를 추가로 고려하여 물음에 답하시오.

㈜한국은 20×1년 3분기에 사업부 B를 신설하여 제품 Q를 생산하기 시작하였다. 회사는 사업부 A와 사업부 B 모두를 이익중심점으로 설정하고 있다. 사업부 B는 제품 P 1단위를 주요 부품으로 사용하여 제품 Q 1단위를 생산한다. 사업부 A의 제품 P 최대생산능력은 7,000단위로 단위당 ₩1,100에 전량 사내대체하며, 사업부 B는 외부시장에서 제품 P를 구입하지 않는다. 사업부 B는 생산한 제품 Q 전부를 외부시장에 판매한다. 제품 P를 부품으로 사용한 제품 Q의 단위당 판매가격은 ₩1,800이고, 사업부 B에서 제품 P를 사용하여 제품 Q를 생산하는 데 단위당 변동원가 ₩600이 발생한다.

한편, 사업부 B는 제품 P보다 성능이 향상된 제품 R을 생산하여 공급하도록 사업부 A에 요청하였다. 사업부 B에서 요청한 2,400단위의 제품 R을 생산하기 위해 사업부 A는 3,000단위의 제품 P 생산을 포기해야 한다. 제품 R을 생산하는 데 사업부 A에서 발생하는 단위당 변동제조원가는 ₩400이고, 제품 R을 사용하여 제품 Q를 생산하는 데 사업부 B에서는 단위당 변동원가 ₩700이 발생한다. 제품 R을 부품으로 사용한 제품 Q의 단위당 판매가격은 ₩2,500이고, 제품 Q를 1단위 생산하는 데 제품 R은 1단위가 사용된다.

- 사업부 A의 3분기 원가자료는 1분기, 2분기와 동일하다고 가정한다.
- 사내대체 시에도 단위당 변동판매관리비는 외부판매할 경우와 동일하게 발생한다고 가정한다.
- 제품 R을 생산하여도 사업부 A의 총고정제조간접원가는 동일하게 유지된다고 가정한다.

[물음 4] 다음 물음에 답하시오.

    (1) 사업부 A가 제품 R 2,400단위 전량을 생산하여 사내대체해야 하는지 여부를 회사 전체적 입장에서 구체적인 계산근거와 함께 설명하시오.

    (2) 위의 (1)과 관련하여 사업부 A가 제품 R의 사내대체를 수락하기 위한 제품 R의 단위당 최소사내대체가격을 구하시오.

📑 **Key Point**

1. 예산생산량으로 예정배부율을 계산하고 실제생산량으로 예정배부한다.
2. 변동제조원가의 예산과 실제는 동일하므로 변동제조간접원가 배부차이는 없다.
3. 사업부 A는 전량 사내대체하므로 외부판매기회가 없다.
4. 제품 R을 2,400단위 대체하는 경우 3,000단위 제품 P를 포기하기 때문에 제품 P 대체수량은 4,000단위이다.

자료정리

(1) 분기별 제품현황

1분기

기초	2,000	판매	5,000
생산	7,000	기말	4,000
	9,000		9,000

2분기

기초	4,000	판매	7,000
생산	4,000*	기말	1,000
	8,000		8,000

* 생산량 재고현황은 실제생산량을 기준으로 파악하고, 예산생산량은 단지 예정배부율을 계산하기 위한 자료이다.

(2) 제조간접원가 예정배부율

① 변동제조간접원가

분기별 예산과 실제자료가 동일하므로 변동제조간접원가의 배부차이는 발생하지 않는다.

② 고정제조간접원가

• 1분기

$$\frac{₩2,800,000}{7,000단위} = ₩400$$

• 2분기

$$\frac{₩2,800,000}{7,000단위} = ₩400$$

(3) 공급사업부와 구매사업부 대체관계

• 제품 P 대체

제품 P			7,000단위	구매사업부	
	외부	대체	→		
p	–	TP		₩1,800	
vc	₩200 + ₩100	₩300		TP + ₩600	

• 제품 R 대체(제품 P 3,000단위 포기)

제품 R			2,400단위	구매사업부	
	외부	대체	→		
p	–	TP		₩2,500	
vc	₩400 + ₩100	₩500		TP + ₩700	

[물음 1]

- 분기별 단위당 전부원가
  - ① 1분기
    - ₩200 + ₩400 = ₩600
  - ② 2분기
    - ₩200 + ₩400 = ₩600
- 분기별 배부차이
  - ① 1분기

예정배부	₩400 × 7,000 =	₩2,800,000
실제발생		2,800,000
배부차이		-

  - ② 2분기

예정배부	₩400 × 4,000 =	₩1,600,000
실제발생		2,800,000
배부차이		₩1,200,000 (과소)

(1) 분기별 영업이익

1분기

매출액	5,000 × ₩1,100 =	₩5,500,000
매출원가	5,000 × ₩600 =	(3,000,000)
배부차이		-
매출총이익		₩2,500,000
판매관리비	5,000 × ₩100 + ₩1,200,000 =	(1,700,000)
영업이익		₩800,000

2분기

매출액	7,000 × ₩1,100 =	₩7,700,000
매출원가	7,000 × ₩600 =	(4,200,000)
배부차이		(1,200,000)
매출총이익		₩2,300,000
판매관리비	7,000 × ₩100 + ₩1,200,000 =	(1,900,000)
영업이익		₩400,000

(2) 영업이익 감소원인

1분기에는 실제생산량과 기준조업도가 동일하여 배부차이가 발생하지 않지만, 2분기에는 실제생산량 감소로 인한 불리한 고정제조간접원가 배부차이를 당기 매출원가에 전액 조정하여 영업이익의 감소를 초래하였다.

[물음 2]

분기별 예산과 실제자료가 동일하므로 변동제조간접원가의 배부차이는 발생하지 않는다.

(1) 분기별 영업이익

	1분기
매출액	5,000 × ₩1,100 = ₩5,500,000
변동원가	5,000 × (₩200 + ₩100) = (1,500,000)
공헌이익	₩4,000,000
고정원가	₩2,800,000 + ₩1,200,000 = (4,000,000)
영업이익	-

	2분기
매출액	7,000 × ₩1,100 = ₩7,700,000
변동원가	7,000 × (₩200 + ₩100) = (2,100,000)
공헌이익	₩5,600,000
고정원가	₩2,800,000 + ₩1,200,000 = (4,000,000)
영업이익	₩1,600,000

(2) 영업이익차이조정

배부차이를 모두 매출원가에서 조정하므로 재고에 포함되어 있는 단위당 고정제조간접원가는 예정배부금액이다.

① 1분기

변동원가이익		-
(+) 기말재고 × 고정제조간접원가	4,000 × ₩400 =	₩1,600,000
(–) 기초재고 × 고정제조간접원가	2,000 × ₩400 =	(800,000)
(=) 전부원가이익		₩800,000

② 2분기

변동원가이익		₩1,600,000
(+) 기말재고 × 고정제조간접원가	1,000 × ₩400 =	400,000
(–) 기초재고 × 고정제조간접원가	4,000 × ₩400 =	(1,600,000)
(=) 전부원가이익		₩400,000

[물음 3]

(1) 손익분기점 판매량

정상원가계산을 적용하고, 제품원가에 포함되어 있는 제조간접원가는 예정배부금액이므로 배부차이 금액을 추가로 고려해야 한다. 배부차이금액을 모두 매출원가에서 조정하므로 과소배부금액은 당기 발생비용에 가산하고 과대배부금액은 당기발생비용에서 차감한다.

① 전부원가계산

1분기의 배부차이는 발생하지 않고 2분기의 고정제조간접원가 과소배부금액은 ₩1,200,000 이다.

- 1분기: $\dfrac{₩1,200,000}{(₩1,100 - ₩200 - ₩100 - ₩400)} = 3,000$단위

- 2분기: $\dfrac{₩1,200,000 + ₩1,200,000}{(₩1,100 - ₩200 - ₩100 - ₩400)} = 6,000$단위

별해

손익분기점 판매량을 Q라 하고 정리하면 다음과 같다.

(1) 1분기
(₩1,100 - ₩200 - ₩100 - ₩400) × Q - ₩1,200,000 ± ₩0(고정제조간접원가 배부차이)
= ₩0
Q = 3,000단위

(2) 2분기
(₩1,100 - ₩200 - ₩100 - ₩400) × Q - ₩1,200,000 - ₩1,200,000(고정제조간접원가 과소배부)
= ₩0
Q = 6,000단위

② 변동원가계산

변동제조간접원가에 대해서는 배부차이가 발생하지 않는다.

- 1분기: $\dfrac{₩2,800,000 + ₩1,200,000}{(₩1,100 - ₩200 - ₩100)} = 5,000$단위

- 2분기: $\dfrac{₩2,800,000 + ₩1,200,000}{(₩1,100 - ₩200 - ₩100)} = 5,000$단위

별해

손익분기점 판매량을 Q라 하고 정리하면 다음과 같다.

(1) 1분기
(₩1,100 - ₩200 - ₩100) × Q - (₩2,800,000 + ₩1,200,000) ± ₩0(변동제조간접원가 배부차이)
= ₩0
Q = 5,000단위

(2) 2분기
(₩1,100 - ₩200 - ₩100) × Q - (₩2,800,000 + ₩1,200,000) ± ₩0(변동제조간접원가 배부차이)
= ₩0
Q = 5,000단위

(2) 회계처리상 오류의 효과

전부원가계산과 변동원가계산 모두 손익분기점에 미치는 영향은 없다. 전부원가계산의 경우 일부 고정판매비를 당기 고정제조원가로 처리하면 과소배부금액이 증가하여 결과적으로 모두 당기비용처리되고 변동원가계산의 경우 당해 발생 고정원가는 모두 고정제조간접원가로 당기비용처리되기 때문이다.

① 오류발생 시 분기별 고정제조간접원가 배부차이

  • 1분기

예정배부	₩400 × 7,000 =	₩2,800,000
실제발생	₩2,800,000 + ₩1,200,000 =	4,000,000
배부차이		₩1,200,000(과소)

  • 2분기

예정배부	₩400 × 4,000 =	₩1,600,000
실제발생	₩2,800,000 + ₩1,200,000 =	4,000,000
배부차이		₩2,400,000(과소)

② 전부원가계산

  • 1분기

    (₩1,100 - ₩200 - ₩100 - ₩400) × Q - ₩1,200,000(고정제조간접원가 배부차이) = ₩0

    Q = 3,000단위

  • 2분기

    (₩1,100 - ₩200 - ₩100 - ₩400) × Q - ₩2,400,000(고정제조간접원가 과소배부) = ₩0

    Q = 6,000단위

③ 변동원가계산

  • 1분기

    (₩1,100 - ₩200 - ₩100) × Q - ₩4,000,000(고정제조간접원가) ± ₩0(변동제조간접원가 배부차이) = ₩0

    Q = 5,000단위

  • 2분기

    (₩1,100 - ₩200 - ₩100) × Q - ₩4,000,000(고정제조간접원가) ± ₩0(변동제조간접원가 배부차이) = ₩0

    Q = 5,000단위

[물음 4]

(1) 회사 전체적 입장에서의 제품 R 대체 여부 결정

- 대체 전

  사업부 A는 제품 P 7,000단위를 대체한 후 사업부 B는 이를 모두 가공하여 외부시장에 판매한다.

매출	$7,000 \times ₩1,800 = ₩12,600,000$
원가	$7,000 \times (₩300 + ₩600) = \underline{(6,300,000)}$
이익	$\underline{₩6,300,000}$

- 대체 후

  사업부 A는 제품 R 2,400단위와 제품 P 4,000단위를 대체한 후 사업부 B는 이를 모두 가공하여 외부시장에 판매한다.

매출	$2,400 \times ₩2,500 + 4,000 \times ₩1,800 = ₩13,200,000$
원가	$2,400 \times ₩1,200 + 4,000 \times ₩900 = \underline{(6,480,000)}$
이익	$\underline{₩6,720,000}$

그러므로, ₩420,000만큼 이익이 증가하므로 사내대체해야 한다.

(2) 최소사내대체가격(TP)

단위당 증분원가 + 단위당 기회원가

$$= ₩500 + \frac{3,000단위 \times (₩1,100 - ₩300)}{2,400단위} = ₩1,500$$

별해

(1) 최소사내대체가격(TP)

증분수익 매출 증가		$2,400\,TP$
증분비용 변동원가 증가	$2,400단위 \times ₩500 =$	$(1,200,000)$
제품 P 판매포기	$3,000단위 \times (₩1,100 - ₩300) =$	$\underline{(2,400,000)}$
증분이익		$\underline{2,400TP - ₩3,600,000} \geq 0$

그러므로, 최소사내대체가격(TP)은 ₩1,500이다.

(2) 최대사내대체가격(TP)

증분수익 매출 증가	$2,400단위 \times ₩2,500 =$	$₩6,000,000$
증분비용 변동원가 증가	$2,400단위 \times (TP + ₩700) =$	$(2,400TP + ₩1,680,000)$
기존제품 판매포기	$3,000단위 \times (₩1,800 - ₩1,700) =$	$\underline{(300,000)}$
증분이익		$\underline{₩4,020,000 - 2,400TP} \geq 0$

그러므로, 최대사내대체가격(TP)은 ₩1,675이다.

(3) 회사 전체적 입장

(최대사내대체가격 - 최소사내대체가격) × 대체수량

$= (₩1,675 - ₩1,500) \times 2,400단위 = ₩420,000$

해커스 세무사 允원가관리회계 2차 핵심문제집

회계사 · 세무사 · 경영지도사 단번에 합격! **해커스 경영아카데미**
cpa.Hackers.com

제12장

자본예산

㈜한국은 갑제품을 생산·판매할 목적으로 기계를 구입하여 영업활동을 시작하였다. 기계의 취득원가는 ₩20,000,000, 내용연수는 10년이며 잔존가치는 없고 정액법으로 감가상각할 예정이다. 갑제품을 생산하여 판매하면 매년 법인세차감후 현금유입액이 ₩2,500,000씩 발생할 것으로 예상된다. 회사의 최저기대수익률은 10%이다. 이자율 10%, 10년의 현가요소는 0.386, 연금현가요소는 6.145이다.

요구사항

[물음 1] 아래 물음에 답하시오.

    (1) 회수기간법에 의한 회수기간은 얼마인가?

    (2) 순현가법에 의한 투자안의 순현가는 얼마인가?

    (3) 최초투자액을 기준으로 한 회계적이익률은 얼마인가?

    (4) 내부수익률에 의한 연금현가계수는 얼마인가?

[물음 2] [물음 1]의 각 항의 투자안 평가방법의 장·단점을 간단하게 설명하시오.

📋 **Key Point**

1. 투자에 대한 시점(투자초기, 투자기간, 투자종료)별로 현금흐름을 추정한다.
2. 회계적이익률은 회계적이익을 기준으로 하며, 회계적이익은 현금유입액에서 감가상각비를 차감하여 계산한다.

자료정리

(1) 연간 감가상각비

$$\frac{₩20,000,000}{10년} = ₩2,000,000$$

(2) 연평균 회계적이익

연평균 현금유입액 − 연평균 감가상각비
= ₩2,500,000 − ₩2,000,000
= ₩500,000

[물음 1]

(1) 회수기간

$$\frac{투자액}{연간 \ 현금유입액} = \frac{₩20,000,000}{₩2,500,000} = 8년$$

(2) 순현가

₩2,500,000 × 6.145 − ₩20,000,000
= ₩(4,637,500)

(3) 최초투자액을 기준으로 한 회계적이익률

$$\frac{연평균 \ 회계적이익}{최초투자액} = \frac{₩500,000}{₩20,000,000} = 2.5\%$$

(4) 내부수익률에 의한 연금현가계수(x)

₩20,000,000 = ₩2,500,000 × x
그러므로, 연금현가계수(x)는 8이다.

[물음 2]

(1) 회수기간법

① 장점
- 간편하고 이해하기 쉽다.
- 회수기간은 위험지표로서의 정보를 제공한다.
- 현금유동성을 강조한다.

② 단점
- 회수기간 이후의 현금흐름은 고려하지 않는다.
- 투자안의 수익성을 고려하지 않는다.
- 화폐의 시간가치를 고려하지 않는다.

(2) 순현가법

① 장점
- 화폐의 시간가치를 고려한다.
- 내용연수 동안 모든 현금흐름을 고려하며 투자안의 위험을 할인율에 반영할 수 있다.
- 결과가 금액이므로 기업가치에 미치는 영향을 직접 평가할 수 있다.

② 단점
- 자본비용 계산이 어렵다.
- 투자규모가 큰 투자안이 유리하게 평가될 가능성이 있다.
- 금액으로 평가되어 투자규모가 다른 투자안의 경제성 비교가 어렵다.

(3) 회계적이익률법

① 장점
- 재무제표자료를 이용할 수 있다.
- 수익성을 고려하는 방법이다.
- 투자중심점 평가방법인 투자수익률과 계산구조가 동일하여 논리적 일관성을 유지할 수 있다.

② 단점
- 회계적이익 계산에 발생주의 등 회계상 문제점을 가지고 있다.
- 기준이익률 설정에 자의성이 개입할 수 있다.
- 화폐의 시간가치를 고려하지 않는다.

(4) 내부수익률법

① 장점
- 화폐의 시간가치를 고려한다.
- 내용연수 동안 모든 현금흐름을 고려한다.
- 투자규모가 다른 투자안의 경제성을 비교할 수 있다.

② 단점
- 계산과정이 복잡하다.
- 현금흐름의 양상에 따라 복수의 내부수익률이 나타날 수 있다.
- 내부수익률이 크다는 것과 현금흐름이 크다는 것은 별개의 문제이다.

㈜한국은 기업가치를 극대화하는 투자의사결정을 유인하기 위해 사내 사업부의 성과를 EVA(경제적 부가가치)로 평가하고 이에 비례하여 보너스를 지급하는 성과평가 및 보상시스템을 구축하여 실행하고 있다. 20×1년 초 ㈜한국의 K사업부는 설비자산(취득원가 ₩5,400,000, 내용연수 3년, 잔존가치 ₩0)을 구입하여 가동하는 투자안을 검토하고 있다. 이 투자안의 실행을 통해 달성할 것으로 예상되는 연도별 EVA는 다음과 같다.

구분	20×1년	20×2년	20×3년
EVA	₩464,000	₩446,000	₩388,000

<기타 자료>
(1) EVA는 연도별 영업이익에서 투자대상 설비자산의 기초장부금액에 요구수익률을 곱한 금액을 차감하여 계산한다.
(2) 20×1년 초 설비자산 구입 이외의 모든 현금흐름은 전액 연도 말에 발생한다고 가정하고 모든 세금효과는 무시한다.
(3) 연도 말 발생하는 순현금흐름과 영업이익의 차이는 투자대상 설비자산에 대한 감가상각비 외에는 없다. 감가상각방법은 정액법에 의한다.
(4) 요구수익률은 9%이며 현가계수는 다음과 같다.

기간	1	2	3
현가계수	0.9174	0.8417	0.7722

요구사항

[물음 1] 설비자산에 투자할 때 향후 3년간 달성할 수 있는 EVA의 현재가치를 구하시오. 단, 십원 단위 미만은 절사한다. (예: ₩1,999은 ₩1,990으로 표시한다)

[물음 2] 주어진 자료에 의할 때 연도별 순현금흐름을 구하시오. 단, 20×1년 초 설비자산 취득에 따른 현금유출액은 해당 연도에 포함한다.

[물음 3] 설비자산 투자에 따른 현금흐름의 순현재가치(NPV)를 구하시오. 단, 십원 단위 미만은 절사한다.

[물음 4] 주어진 자료와 [물음 1]~[물음 3]의 결과를 이용하여 성과평가측정치로서 EVA의 장점 2가지를 제시하시오(3줄 이내로 답하시오).

📑 Key Point
1. EVA 계산 시 투하자본은 설비자산의 기초장부금액으로 취득원가에서 매년 감가상각누계액을 차감하여 계산한다.
2. EVA를 이용하여 세후영업이익을 계산한 후 감가상각비를 가산하여 세후현금흐름을 계산할 수 있다.

—| 해답 |—

자료정리

(1) 연간 감가상각비
 ₩5,400,000 ÷ 3년
 = ₩1,800,000

(2) 설비자산의 기초장부금액
 • 1차연도: ₩5,400,000
 • 2차연도: ₩5,400,000 - ₩1,800,000 × 1 = ₩3,600,000
 • 3차연도: ₩5,400,000 - ₩1,800,000 × 2 = ₩1,800,000

[물음 1]

₩464,000 × 0.9174 + ₩446,000 × 0.8417 + ₩388,000 × 0.7722 = ₩1,100,680

[물음 2]

순현금흐름은 회계적영업이익에 감가상각비를 가산한다.

(1) 매년 영업이익

매년 영업이익은 경제적 부가가치에 설비자산의 기초장부금액에 요구수익률을 곱한 금액을 가산한다.

 • 1차연도: ₩464,000 + ₩5,400,000 × 0.09 = ₩950,000
 • 2차연도: ₩446,000 + ₩3,600,000 × 0.09 = ₩770,000
 • 3차연도: ₩388,000 + ₩1,800,000 × 0.09 = ₩550,000

(2) 매년 현금흐름

 • 투자시점   ₩(5,400,000)
 • 1차연도 말: ₩950,000 + ₩1,800,000 = ₩2,750,000
 • 2차연도 말: ₩770,000 + ₩1,800,000 = ₩2,570,000
 • 3차연도 말: ₩550,000 + ₩1,800,000 = ₩2,350,000

[물음 3]

₩2,750,000 × 0.9174 + ₩2,570,000 × 0.8417 + ₩2,350,000 × 0.7722 - ₩5,400,000
= ₩1,100,680

[물음 4]

① 경제적 부가가치는 당기순이익이라는 전통적 회계개념의 이익이 아닌 기업의 본래 영업과 관련된 이익으로 경영성과를 판단한다.
② 경제적 부가가치는 투하자본에 대한 일종의 기회비용인 자본비용을 명시적으로 고려한다.
③ 성과평가를 경제적 부가가치로 하는 경우, 경영자의 경제적 부가가치를 증가시키는 노력이 곧 주주의 부의 증가를 의미하므로 준최적화현상이 발생하지 않는다.

제13장

종합예산

㈜한국은 제품 X와 Y를 생산하고 있다. 제품 X의 예산판매가격은 ₩400, 예산변동원가는 ₩160이고 제품 Y의 예산판매가격은 ₩200, 예산변동원가는 ₩100이며, 예산고정원가는 ₩600,000이다.
다음은 20×2년도의 매출에 대한 예산판매량이다.

제품	1분기	2분기	3분기	4분기
X	900개	900개	1,000개	1,200개
Y	1,200	1,500	1,300	1,500

제품 X와 Y는 모두 다음 분기에 판매할 수량의 30%를 기말재고로 보유한다.

20×1년 제품 X의 기말재고는 270개, 제품 Y의 기말재고는 360개였다. X와 Y를 만들기 위해서 X에는 5kg, Y에는 2kg의 원재료 A가 필요하며, 원재료 A는 다음 분기에 사용할 원재료 수량의 20%를 분기 말 재고로 보유한다. 20×1년 말 원재료 A의 기말재고는 1,400kg이며 원재료 A의 가격은 ₩20/kg이다.

㈜한국의 20×2년도 상반기의 실제매출실적은 다음과 같으며 매출수량차이는 발생하지 않았고 다음 비용 이외의 영업비용은 발생하지 않는다고 가정한다.

구분	20×2년도 상반기
제품 X의 실제판매량	2,000개
제품 X의 실제판매가격	₩410/개
제품 X의 실제단위당 변동원가	₩180(원재료 A원가 포함)
제품 Y의 실제단위당 변동원가	₩120(원재료 A원가 포함)
상반기의 실제발생고정원가	₩250,000
상반기의 실제영업이익(변동원가계산)	₩380,000

요구사항

[물음 1] 제품 X의 2분기 제조예산(수량)을 작성하시오.

[물음 2] 원재료 A의 2분기 구입예산(금액)을 작성하시오.

[물음 3] ㈜한국의 20×2년 상반기 매출배합차이를 구하시오.

[물음 4] 제품 Y의 단위당 실제판매가격을 구하시오.

[물음 5] 회사의 임원은 매출수량차이가 없기 때문에 아무런 차이분석도 필요 없다고 주장하고 있다. 임원의 주장에 대해서 간단히 논평하시오.

> 📑 **Key Point**
>
> 1. 제품재고는 다음 분기에 판매할 수량의 30%이다.
> 2. 원재료 A 재고는 다음 분기에 사용할 원재료 수량의 20%이다.
> 3. 매출수량차이가 발생하지 않으므로 실제총판매량과 예산총판매량은 일치한다.

자료정리

(1) 제품별 제조예산

• 제품 X

20×2년 1분기

분기 초	270	판매	900
생산	900	분기 말	270 (= 900 × 30%)
	1,170		1,170

20×2년 2분기

분기 초	270	판매	900
생산	930	분기 말	300 (= 1,000 × 30%)
	1,200		1,200

20×2년 3분기

분기 초	300	판매	1,000
생산	1,060	분기 말	360 (= 1,200 × 30%)
	1,360		1,360

• 제품 Y

20×2년 1분기

분기 초	360	판매	1,200
생산	1,290	분기 말	450 (= 1,500 × 30%)
	1,650		1,650

20×2년 2분기

분기 초	450	판매	1,500
생산	1,440	분기 말	390 (= 1,300 × 30%)
	1,890		1,890

20×2년 3분기

분기 초	390	판매	1,300
생산	1,360	분기 말	450 (= 1,500 × 30%)
	1,750		1,750

(2) 제품별 예산공헌이익

제품	예산판매가격	예산변동원가	예산공헌이익
X	₩400	₩160	₩240
Y	200	100	100

[물음 1]

930단위(∵ 자료정리 (1) 참조)

[물음 2]

(1) 분기별 총사용량

- 2분기

제품	제조예산	A	총필요량
X	930단위	5kg/단위	4,650kg
Y	1,440단위	2kg/단위	2,880kg
합계			7,530kg

- 3분기

제품	제조예산	A	총필요량
X	1,060단위	5kg/단위	5,300kg
Y	1,360단위	2kg/단위	2,720kg
합계			8,020kg

(2) 2분기 구입예산

20×2년 2분기

분기 초	1,506kg[*1]	사용	7,530kg
구입	7,628kg	분기 말	1,604kg[*2]
	9,134kg		9,134kg

[*1] 7,530kg × 20% = 1,506kg
[*2] 8,020kg × 20% = 1,604kg

그러므로, 원재료 A의 2분기 구입예산은 7,628kg × ₩20 = ₩152,560이다.

[물음 3]

(1) 실제총판매량

매출수량차이가 발생하지 않으므로 실제총판매량과 예산총판매량은 일치한다.
상반기 예산총판매량은 다음과 같다.

제품	상반기판매량	예산배합비율
X	1,800단위	40%
Y	2,700단위	60%
합계	4,500단위	100%

(2) 제품 Y 실제판매량

총판매량 - 제품 X 실제판매량
= 4,500단위 - 2,000단위
= 2,500단위

(3) 매출배합차이

	AQ × (BP - SV)		Total AQ × BM × (BP - SV)	
X	2,000 × ₩240 =	₩480,000	4,500 × 0.4 × ₩240 =	₩432,000
Y	2,500 × ₩100 =	₩250,000	4,500 × 0.6 × ₩100 =	₩270,000
	4,500	₩730,000	4,500	₩702,000
			₩28,000 F	

[물음 4]

제품 Y의 단위당 실제판매가격을 P라 한 후 정리하면 다음과 같다.

제품 X의 공헌이익 + 제품 Y의 공헌이익 - ₩250,000 = ₩380,000

$2,000 \times (₩410 - ₩180) + 2,500 \times (P - ₩120) - ₩250,000 = ₩380,000$

그러므로, 제품 Y의 단위당 실제판매가격(P)은 ₩188이다.

[물음 5]

매출총차이는 예산매출액과 실제매출액과의 차이를 말한다. 이는 매출가격차이와 매출조업도차이로 구분할 수 있으며 매출조업도차이는 다시 매출배합차이와 매출수량차이로 구분할 수 있다. 매출수량은 예산판매량과 실제판매량의 차이만을 의미하는 것이므로 매출수량차이가 없다고 해서 예산매출액과 실제매출액이 일치하는 것은 아니다. 따라서 기타 가격이나 배합에 대한 차이를 추가로 분석해야 한다.

| 문제 67 | 전부원가계산과 변동원가계산 이익비교 및 현금예산 | 세무사 15 |

20×1년 초에 설립된 ㈜한국은 A제품만을 생산·판매하고 있다. 20×1년 중에 15,000단위를 생산하여 12,000단위를 판매하였는데, 이와 관련된 자료는 다음과 같다.

단위당 판매가격	₩1,500
제조원가:	
단위당 직접재료원가	₩300
단위당 직접노무원가	350
단위당 변동제조간접원가	100
총고정제조간접원가	4,500,000
판매관리비:	
단위당 변동판매관리비	₩130
총고정판매관리비	2,000,000

한편, ㈜한국은 20×2년 중에 20,000단위를 생산하여 22,000단위를 판매하였는데, 직접재료원가를 제외한 다른 원가(비용)요소가격과 판매가격의 변동은 없었으나 직접재료원가는 원자재가격의 폭등으로 단위당 ₩20 상승하였다. 또한 ㈜한국은 재고자산의 단위원가 결정방법으로 선입선출법을 채택하고 있으며, 기말제품을 제외한 기말직접재료 및 기말재공품을 보유하지 않는 재고정책을 취하고 있다.

요구사항

[물음 1] 변동원가계산에 의한 20×2년도 영업이익을 측정하기 위한 손익계산서를 작성하시오.

[물음 2] 전부원가계산에 의한 20×2년도 영업이익과 기말재고자산(금액)을 각각 계산하시오.

[물음 3] 20×2년도의 단위당 판매가격 및 원가(비용), 총고정제조간접원가의 총고정판매관리비가 20×3년도에도 동일하게 유지될 것으로 예상되는 상황에서 ㈜한국은 20×3년도에 A제품 23,000단위를 생산하여 18,000단위를 판매할 계획이다. ㈜한국의 A제품은 모두 신용으로 판매되고 있는데, 신용매출의 75%는 판매한 연도에 현금으로 회수되고 25%는 다음 연도에 회수된다. 한편, ㈜한국은 직접재료 구입액의 40%를 구입한 연도에 현금으로 지급하고 나머지 60%는 다음 연도에 지급하고 있으며, 직접재료원가를 제외한 모든 원가(비용)는 발생한 연도에 현금으로 지급하고 있다. 단, 총고정제조간접원가 중 ₩1,500,000은 감가상각비에 해당된다. 이러한 현금 회수 및 지급 정책이 영업 첫 해인 20×1년도부터 일관되게 유지되고 있다면, 20×3년도 영업활동에 의한 순현금흐름을 계산하시오.

[물음 4] 전부원가계산, 변동원가계산과 비교하여 초변동원가계산의 유용성과 한계점을 간략하게 각각 기술하시오.

1. 연도별 재고현황과 단위당 고정제조간접원가를 계산한다.
2. 선입선출법이므로 20×2년 매출원가에는 20×1년분이 포함되어 있다.
3. 매출채권 회수와 매입채무 지급일정을 정리한다.
4. 직접재료의 재고를 보유하지 않으므로 직접재료 매입과 사용은 동일하다.

—| 해답 |———————————————————————————————

자료정리

(1) 재고현황

20×1년

기초	–	판매	12,000
생산	15,000	기말	3,000
	15,000		15,000

20×2년

기초	3,000	판매	22,000
생산	20,000	기말	1,000
	23,000		23,000

20×3년

기초	1,000	판매	18,000
생산	23,000	기말	6,000
	24,000		24,000

(2) 연간 단위당 고정제조간접원가
   • 20×1년: ₩4,500,000 ÷ 15,000단위 = ₩300
   • 20×2년: ₩4,500,000 ÷ 20,000단위 = ₩225

(3) 매출채권 회수 및 매입채무 지급일정
   • 매출채권 회수: 당해 연도 75%, 다음 연도 25%
   • 매입채무 지급: 당해 연도 40%, 다음 연도 60%

(4) 감가상각비
   총고정제조간접원가 중 ₩1,500,000은 비현금유출비용이다.

[물음 1]

변동원가계산 손익계산서

매출액	22,000 × ₩1,500 =		₩33,000,000
변동원가			
전기이월분	3,000 × (₩750 + ₩130) =	₩2,640,000	
당기생산분	19,000 × (₩770 + ₩130) =	17,100,000	(19,740,000)
공헌이익			₩13,260,000
고정원가			
고정제조간접원가		₩4,500,000	
고정판매관리비		2,000,000	(6,500,000)
영업이익			₩6,760,000

[물음 2]

(1) 전부원가계산 영업이익

	변동원가이익		₩6,760,000
(+)	기말재고 × 고정제조간접원가	1,000 × ₩225 =	225,000
(-)	기초재고 × 고정제조간접원가	3,000 × ₩300 =	(900,000)
(=)	전부원가이익		₩6,085,000

(2) 전부원가계산 기말재고자산(금액)

1,000단위 × (₩770 + ₩225) = ₩995,000

[물음 3]

(1) 매출채권 회수

20×3년 매출 × 75% + 20×2년 매출 × 25%
= 18,000 × ₩1,500 × 75% + 22,000 × ₩1,500 × 25% = ₩28,500,000

(2) 매입채무 지급

20×3년 매입 × 40% + 20×2년 매입 × 60%
= 23,000 × ₩320 × 40% + 20,000 × ₩320 × 60% = ₩6,784,000

(3) 기타 지급

변동제조원가와 변동판매관리비는 각각 생산수량과 판매수량을 기준으로 계산한다.

• 직접노무원가	23,000 × ₩350 =	₩8,050,000
• 변동제조간접원가	23,000 × ₩100 =	2,300,000
• 고정제조간접원가	₩4,500,000 - ₩1,500,000 =	3,000,000
• 변동판매관리비	18,000 × ₩130 =	2,340,000
• 고정판매관리비		2,000,000
		₩17,690,000

그러므로, 순현금흐름은 ₩28,500,000 - ₩6,784,000 - ₩17,690,000 = ₩4,026,000이다.

[물음 4]

(1) 유용성

- 변동가공원가의 기간비용으로 재고 증가를 방지한다.
- 직접재료원가만 제품원가로 처리하여 변동원가와 고정원가의 구분이 필요하지 않다.

(2) 한계점

- 수요의 불확실과 규모의 경제 등 재고의 긍정적인 효과를 과소평가한다.
- 재고자산금액이 작아 지나치게 낮은 가격으로 판매할 가능성이 있다.
- 회계원칙과 법인세계산에서 인정하지 않는다.

제14장

책임회계제도

당해 연도에 영업을 개시한 ㈜한국은 재료 갑, 재료 을, 재료 병을 배합하여 단일제품을 생산하고 있으며, 표준원가계산을 채택하고 있다.

(1) 표준원가

구분	가격표준	물량표준
재료 갑	₩20/재료 1kg	5kg
재료 을	₩30/재료 1kg	3kg
재료 병	₩40/재료 1kg	2kg

(2) 표준재료배합 10kg을 투입하면 제품 8kg이 생산되며 기말재공품 및 기말제품 재고는 없다.
(3) 실제재료수량과 실제구입가격

구분	구입량	재고량	실제구입가격
재료 갑	600kg	100kg	₩22/kg
재료 을	300kg	20kg	₩30/kg
재료 병	240kg	40kg	₩36/kg
합계	1,140kg	160kg	

(4) 20×1년 중 800kg을 생산하였다.

요구사항

[물음 1] 재료원가 총차이를 구하고 가격차이와 수량(능률)차이로 구분하시오(단, 기말재료는 실제단가로 기록된다).

[물음 2] 수량(능률)차이를 배합차이와 수율차이로 구분하시오.

📝 **Key Point**

1. 표준재료배합 10kg을 투입하면 제품 8kg이 생산되므로 표준수율은 80%이다.
2. 실제산출량과 표준수율을 이용하여 실제산출량에 허용된 표준투입량을 역산한다.
3. 구입량과 재고량을 이용하여 사용량을 계산한다.
4. 기말재료는 실제단가로 기록되므로 가격차이는 사용량을 기준으로 분석한다.

자료정리

(1) 재료투입(사용)량

구분	구입량	재고량	사용량
재료 갑	600kg	100kg	500kg
재료 을	300kg	20kg	280kg
재료 병	240kg	40kg	200kg
합계	1,140kg	160kg	980kg

(2) 실제산출량에 허용된 표준투입량(Q)

Q × 80% = 800kg이므로 Q는 1,000kg이다.

(3) 표준원가표

구분	SQ	SP	표준배합비율
재료 갑	5kg	₩20/재료 1kg	50%
재료 을	3kg	₩30/재료 1kg	30%
재료 병	2kg	₩40/재료 1kg	20%

[물음 1]

	AQ × AP		AQ × SP		SQ × SP	
갑	500kg × ₩22 =	₩11,000	500kg × ₩20 =	₩10,000	1,000kg × 0.5 × ₩20 =	₩10,000
을	280kg × ₩30 =	8,400	280kg × ₩30 =	8,400	1,000kg × 0.3 × ₩30 =	9,000
병	200kg × ₩36 =	7,200	200kg × ₩40 =	8,000	1,000kg × 0.2 × ₩40 =	8,000
	980kg	₩26,600	980kg	₩26,400	1,000kg	₩27,000

|_____ ₩200 불리 _____| |_____ ₩600 유리 _____|

그러므로, 총차이는 ₩400 유리, 가격차이는 ₩200 불리, 수량(능률)차이는 ₩600 유리이다.

[물음 2]

	AQ × SP		Total AQ × BM × SP		SQ × SP	
갑	500kg × ₩20 =	₩10,000	980kg × 0.5 × ₩20 =	₩9,800	1,000kg × 0.5 × ₩20 =	₩10,000
을	280kg × ₩30 =	8,400	980kg × 0.3 × ₩30 =	8,820	1,000kg × 0.3 × ₩30 =	9,000
병	200kg × ₩40 =	8,000	980kg× 0.2 × ₩40 =	7,840	1,000kg × 0.2 × ₩40 =	8,000
	980kg	₩26,400	980kg	₩26,460	1,000kg	₩27,000

|_____ ₩60 유리 _____| |_____ ₩540 유리 _____|

그러므로, 배합차이는 ₩60 유리, 수율차이는 ₩540 유리이다.

다음을 읽고 물음에 답하시오.

㈜한국은 새로운 스케이트보드 X-star를 개발하여 제품 라인을 늘리고자 한다. ㈜한국은 X-star의 독특한 디자인이 호평을 받을 것이므로 최대생산능력하에서 생산되는 전량을 판매할 수 있을 것이라고 예측한다. 이러한 예측하에 X-star의 내년도 예상손익계산서를 만들었다.

매출	? 원
매출원가	1,600,000원
매출총이익	? 원
판매비와 관리비	1,130,000원
영업이익	? 원

<자료>

(1) X-star를 제조하기 위하여 투자되는 금액은 1,500,000원이다. ㈜한국은 모든 신규 사업에 18%의 기대 투자수익률을 요구하고 있다.

(2) X-star의 개당 표준 제조원가 카드는 아래와 같이 부분적으로 작성되었다.

구분	표준투입량	표준단가	표준원가
직접재료원가	3m	9원/m	27원
직접노무원가	2시간	?원/시간	?원
제조간접원가			?원
개당 제조원가			?원

(3) X-star 제조에 투입되는 인력은 20명이다. 이들의 인건비는 직접원가로 계상하며, 표준 작업시간은 연 50주, 주당 40시간이다.

(4) 제조간접원가는 직접노동시간을 기준으로 배부한다.

(5) X-star에 관계되는 기타 자료는 아래와 같다.

개당 변동제조간접원가	5원
개당 변동판매비	10원
연간 고정제조간접원가	600,000원
연간 고정판매비와 관리비	?원

요구사항

[물음 1] 최대생산능력하에서 내년에 X-star를 몇 개 제조할 수 있는가?

[물음 2] 기대 투자수익률을 달성하기 위한 매출액은 얼마인가?

[물음 3] ㈜한국은 제품을 생산하는 데 발생하는 전부원가에 요구이익 또는 마크업(markup)을 가산하여 결정하는 원가가산 가격결정방법을 사용한다. 가산되는 마크업은 모든 판매비와 관리비를 회수하고, 나아가서 기대 투자수익을 획득할 수 있어야 한다. ㈜한국의 마크업률은 몇 %인가? (단, 마크업률은 제조원가를 모수로 한다)

[물음 4] 표준 제조원가 카드의 (a), (b), (c), (d)에 알맞은 답을 구하시오.

구분	표준투입량	표준단가	표준원가
직접재료원가	3m	₩9/m	₩27
직접노무원가	2시간	(a)/시간	(b)
제조간접원가			(c)
개당 제조원가			(d)

[물음 5] 변동원가계산에 의한 내년도 예상손익계산서를 작성하시오.

📝 Key Point

1. 제시된 손익계산서 매출원가는 최대생산량에 대한 금액으로, 수량을 나누어 단위당 전부제조원가를 계산한다. 이 제조원가는 표준원가표를 작성하는 데 사용한다.
2. 최대직접노동시간을 계산한 후 단위당 노동시간으로 나누어 최대생산수량을 계산할 수 있다.
3. 연간 고정제조간접원가를 기준조업도로 나누어 고정제조간접원가 표준배부율을 계산할 수 있다.

자료정리

> (1) 최대직접노동시간
>   20명 × 50주 × 40시간 = 40,000시간
> (2) 최대생산수량
>   40,000시간 ÷ 2시간 = 20,000단위
> (3) 단위당 제조원가
>   ₩1,600,000 ÷ 20,000단위 = ₩80
> (4) 고정제조간접원가 표준배부율
>   고정제조간접원가 ÷ 기준조업도
>   = ₩600,000 ÷ 40,000시간 = ₩15
> (5) 변동제조간접원가 표준배부율
>   ₩5 ÷ 2시간 = ₩2.5

[물음 1]

(1) 최대직접노동시간

　　40,000시간

(2) 최대생산수량

　　20,000단위

[물음 2]

목표 매출액을 S라 한 후 정리하면 다음과 같다.

$$\frac{S - ₩1,600,000 - ₩1,130,000}{₩1,500,000} = 18\%$$

그러므로, 기대 투자수익률을 달성하기 위한 매출액(S)은 ₩3,000,000이다.

[물음 3]

단위당 판매가격	₩150
단위당 전부원가	80
단위당 판매비와 관리비	56.5
단위당 영업이익	₩13.5

가격 = 전부원가 + 이익가산액(= 판매비와 관리비 + 영업이익)

₩150 = ₩80 + ₩70

그러므로, 마크업률은 다음과 같다.

$$\frac{₩70}{₩80} = 0.875 = 87.5\%$$

[물음 4]

구분	표준투입량	표준단가	표준원가
직접재료원가	3m	₩9/m	₩27
직접노무원가	2시간	(a) = ₩9/시간	(b) = ₩18
제조간접원가			(c) = ₩35
개당 제조원가			(d) = ₩80

(d) ₩1,600,000 ÷ 20,000단위 = ₩80

(c) ₩5 + ₩600,000 ÷ 20,000단위 = ₩35

(b) ₩27 + 직접노무원가 + ₩35 = ₩80이므로, 직접노무원가는 ₩18이다.

(a) ₩18 ÷ 2시간 = ₩9/시간

[물음 5]

매출액		₩3,000,000
변동원가	20,000단위 × (₩27 + ₩18 + ₩5 + ₩10) =	(1,200,000)
공헌이익		₩1,800,000
고정원가	₩600,000 + ₩930,000* =	(1,530,000)
영업이익		₩270,000

* 고정판매비와 관리비
  ₩1,130,000 - 20,000단위 × ₩10 = ₩930,000

㈜한국은 한 가지 종류의 복사기를 구매하여 개인이나 기업체 등에 판매하는 유통업체이다. 상품을 판매하기 위해서는 상품매입액 이외에 판매비와 관리비가 지출되며 작년에 지출된 판매비와 관리비는 다음과 같다.

- 물류관리비: ₩2,500,000
- 일반택배비: ₩270,000
- 특급배송비: ₩360,000
- 주문처리비: ₩840,000
- 기타: ₩1,250,000

원가담당자는 작년 수익성분석을 위해서 다음의 자료를 수집하였다.

<자료 1> 상품가격 결정
- 일반택배: 상품 구입원가의 20% 가산
- 특급배송: 상품 구입원가의 30% 가산

<자료 2> 판매비와 관리비자료
- 물류관리비는 ₩2,500,000으로 작년에 총 100,000상자의 상품을 배송처리(일반택배 90,000상자, 특급배송 10,000상자)하였다. 물류센터가 보유하고 있는 인력과 공간으로 배송처리할 수 있는 상품은 연간 100,000상자이며 일반택배와 특급배송에 투입되는 시간과 비용은 동일하다.
- 일반택배비 ₩270,000은 일반택배를 위해서 필요한 상자에 대한 비용이다.
- 회사는 특급배송 서비스를 제공하기 위해서 트럭 4대를 임차하였고 4명의 트럭운전사를 고용하였다. 특급배송비 ₩360,000에는 트럭운전사 4명의 인건비와 트럭 임차료로 구성되어 있으며 트럭운전사 1명당 배송시간은 연간 1,500시간이었으며 이는 각 트럭의 이용가능한 최대시간이다.
- 주문처리비는 ₩840,000으로 총 15명의 직원이 전화나 팩스로 접수된 주문을 배송시스템에 입력하거나 인터넷 주문정보를 확인한다. 판매주문처리를 담당하는 직원 1명당 실제작업시간은 연간 1,600시간이었다. 또한, 주문처리 담당자가 전화나 팩스로 접수된 주문을 배송시스템에 입력하는 데 12분(0.2시간), 인터넷으로 입력된 주문정보를 확인하는 데는 6분(0.1시간)이 소요되었다.

<자료 3> 작년에 접수된 주문 중 분석대상자료

구분		A	B
가격		?	?
매출원가(구입원가)		₩1,000	₩1,000
주문당 상자 수		1	1
일반택배로 배송된 상자 수		1	0
특급배송시간		0	4
주문처리	전화나 팩스주문	×	○
	인터넷주문	○	×

요구사항

[물음 1] 주어진 자료를 토대로 다음을 계산하시오.

(1) 상품 1상자당 물류관리비

(2) 전화나 팩스주문과 인터넷주문을 각각 1건씩 처리(입력 및 확인)하는 데 소요되는 비용

(3) 상품 1상자당 일반택배비

(4) 특급배송 시간당 비용

[물음 2] [물음 1]을 이용하여 각 주문의 이익을 계산하고 수익성을 평가하시오(단, 기타의 판매비와 관리비의 배부율은 매출액의 2%이다).

[물음 3] [물음 2]의 경우 주문 B를 특급배송이 아닌 일반택배를 이용하였을 경우 이익을 계산하고 특급배송에 대한 의견을 제시하시오.

[물음 4] 특급배송비의 시간당 표준배부율을 ₩50으로 설정하였으며 올해의 실제 특급배송시간이 총 1,350시간이 발생하였을 경우 특급배송에 대한 미사용활동원가를 구하시오.

📝 **Key Point**
1. 상품원가를 이용하여 가격을 추정할 수 있다.
2. 물류관리비는 공통으로 발생하나 일반택배비와 특급배송비는 각각 일반택배와 특급배송에 관련된 비용이다.
3. 주문처리비는 시간당 배부율을 구한 후 전화나 팩스주문 또는 인터넷주문에 소요된 시간에 따라 배부한다.
4. 기타의 판매관리비는 매출액 기준으로 배부한다.

자료정리

> (1) 물류관리비
> 일반택배와 특급배송에 투입되는 시간과 비용은 동일하므로 총상자로 나누어 배부율을 계산한다.
> ₩2,500,000 ÷ (90,000 + 10,000) = ₩25/상자
>
> (2) 일반택배비
> 일반택배를 위한 상자에 대한 비용이므로 일반택배 상자로 나누어 배부율을 계산한다.
> ₩270,000 ÷ 90,000(일반택배) = ₩3/상자(일반택배)
>
> (3) 특급배송비
> 특급배송을 위한 것으로 총 4명의 배송시간의 합으로 나누어 계산한다.
> ₩360,000 ÷ 6,000(= 4명 × 1,500시간) = ₩60/특급배송시간
>
> (4) 주문처리비
> 총 15명의 작업시간의 합으로 나누어 계산하며 전화나 팩스주문과 인터넷주문의 소요시간은 각각 다르다.
> ① 시간당 배부율
>   ₩840,000 ÷ 24,000(= 15명 × 1,600시간) = ₩35/작업시간
> ② 주문별 작업시간
>   • 전화나 팩스: 0.2시간
>   • 인터넷: 0.1시간

[물음 1]

(1) 상품 1상자당 물류관리비

   ₩2,500,000 ÷ 100,000상자 = ₩25/상자

(2) 건당 처리비용

   ① 시간당 처리비용

     ₩840,000 ÷ (15명 × 1,600시간) = ₩35/시간

   ② 건당 처리비용

     • 전화나 팩스: ₩35 × 0.2시간 = ₩7/건
     • 인터넷: ₩35 × 0.1시간 = ₩3.5/건

(3) 상품 1상자당 일반택배비

   ₩270,000 ÷ 90,000상자 = ₩3/상자

(4) 특급배송 시간당 비용

   ₩360,000 ÷ (4명 × 1,500시간) = ₩60/시간

[물음 2]

(1) 가격

- A(일반택배): ₩1,000 × (1 + 20%) = ₩1,200
- B(특급배송): ₩1,000 × (1 + 30%) = ₩1,300

(2) 주문별 이익

			A(일반)		B(특급)
가격			₩1,200		₩1,300
매출원가(구입원가)			1,000		1,000
판매관리비	물류관리비	₩25 × 1 =	25	₩25 × 1 =	25
	일반택배비	₩3 × 1 =	3		-
	특급배송비		-	₩60 × 4 =	240
	주문처리비	₩35 × 0.1시간 =	3.5	₩35 × 0.2시간 =	7
	기타판매관리비	₩1,200 × 0.02 =	24	₩1,300 × 0.02 =	26
이익			₩144.5		₩2

(3) 수익성 평가

일반택배(A)가 특급배송(B)에 비하여 수익성이 높다.

[물음 3]

(1) 가격변화

₩1,300에서 ₩1,200으로 낮아진다.

(2) 배송비변화

특급배송비 ₩240에서 일반택배비 ₩3으로 낮아진다.

(3) 기타판매관리비변화

₩26(= ₩1,300 × 0.02)에서 ₩24(= ₩1,200 × 0.02)로 낮아진다.

			B(특급)		B(일반)
가격			₩1,300		₩1,200
매출원가(구입원가)			1,000		1,000
판매관리비	물류관리비	₩25 × 1 =	25	₩25 × 1 =	25
	일반택배비		-	₩3 × 1 =	3
	특급배송비	₩60 × 4 =	240		-
	주문처리비	₩35 × 0.2시간 =	7	₩35 × 0.2시간 =	7
	기타판매관리비	₩1,300 × 0.02 =	26	₩1,200 × 0.02 =	24
이익			₩2		₩141

(4) 특급배송에 대한 의견

특급배송이 일반택배보다 매출액은 크지만 특급배송비의 지출이 상대적으로 더 증가하므로 수익성관점에서는 일반택배를 이용하는 편이 더 수익성이 높다.

[물음 4]

(4명 × 1,500시간 - 1,350시간) × ₩50 = ₩232,500

㈜한국은 자동차 타이어를 생산·판매하고 있다. ㈜한국은 20×1년도에 소형 12,000개, 대형 8,000개의 판매를 예상하였으나, 실제로는 소형 15,400개, 대형 6,600개를 판매하였다. 사장은 최근 자동차 경기불황에도 불구하고 총판매량이 증가한 것에 대해 담당자인 당신에게 상세한 분석정보를 제출할 것을 지시하였다. 다음의 물음에 답하시오.

요구사항

[물음 1] ㈜한국의 예산 및 실제판매가와 원가에 대한 자료는 다음과 같다. 매출가격차이와 매출조업도차이를 구하시오.

> • 소형은 변동원가를 ₩900으로 예상하고 ₩1,400에 판매하려고 계획하였으나 경쟁사와의 가격인하 경쟁으로 인하여 ₩1,200에 판매되었으며 변동원가로 ₩1,000이 발생하였다.
> • 대형은 ₩3,500의 판매가격을 예상하였으나 원자재 인상으로 ₩3,600에 판매하였다. 변동원가는 ₩1,500을 예상하였고 실제로도 ₩1,500이 발생되었다.

[물음 2] 위의 자료를 이용하여 매출조업도차이를 매출배합차이와 매출수량차이로 세분하시오.

[물음 3] ㈜한국은 연초에 전체시장규모가 200,000단위일 것으로 예측하였으나 실제 전체시장규모는 275,000단위로 판명되었다. 시장점유율차이와 시장규모차이를 구하시오.

[물음 4] ㈜한국의 다른 계열사인 완성차 사업부의 20×1년도의 제조원가에 대한 예산과 실제가 다음과 같을 때 각 물음에 답하시오.

		실제(11,000단위)	예산(15,000단위)
직접재료원가	(75,000kg × ₩4,000)		₩300,000,000
	(56,000kg × ₩3,900)	₩218,400,000	
직접노무원가	(45,000시간 × ₩10,000)		450,000,000
	(31,000시간 × ₩10,500)	325,500,000	
변동제조간접원가	(45,000시간 × ₩5,000)		225,000,000
	(31,000시간 × ₩5,000)	155,000,000	
고정제조간접원가		290,000,000	300,000,000
		₩988,900,000	₩1,275,000,000

(1) 재료원가 가격차이, 수량차이

(2) 노무원가 임률차이, 능률차이

(3) 변동제조간접원가 소비차이, 능률차이

(4) 고정제조간접원가 예산차이, 조업도차이(단, 고정제조간접원가의 단위당 표준원가는 ₩20,000이며 4분법에 의한 차이분석을 하시오)

Key Point

1. 매출가격차이는 실제판매량을 기준으로 [실제판매가격 – 예산판매가격] 또는
   [실제판매가격 × 예산변동원가 – 예산판매가격 × 예산변동원가]의 차이이다.
2. 원가차이는 실제원가와 실제산출량에 대한 예산[변동예산]과 비교한다.

┤해답├

자료정리

(1) 타이어 관련 자료

제품	BQ	BP – SV	AP – SV	AQ
소형	12,000개	₩1,400 – ₩900 = ₩500	₩1,200 – ₩900 = ₩300	15,400개
대형	8,000개	₩3,500 – ₩1,500 = ₩2,000	₩3,600 – ₩1,500 = ₩2,100	6,600개
	20,000개			22,000개

(2) 완성차 관련 자료

	표준수량	표준단가	표준원가
직접재료원가	5kg *1	₩4,000	₩20,000
직접노무원가	3시간 *2	10,000	30,000
변동제조간접원가	3시간	5,000	15,000
고정제조간접원가	?	?	20,000 *3
			₩85,000

*1 75,000kg ÷ 15,000단위 = 5kg
*2 45,000시간 ÷ 15,000단위 = 3시간
*3 고정제조간접원가의 단위당 표준원가: ₩20,000

[물음 1]

	AQ × (AP – SV)	AQ × (BP – SV)	BQ × (BP – SV)
소형	15,400 × ₩300 = ₩4,620,000	15,400 × ₩500 = ₩7,700,000	12,000 × ₩500 = ₩6,000,000
대형	6,600 × ₩2,100 = ₩13,860,000	6,600 × ₩2,000 = ₩13,200,000	8,000 × ₩2,000 = ₩16,000,000
	₩18,480,000	₩20,900,000	₩22,000,000

|매출가격차이 ₩2,420,000 불리| |매출조업도차이 ₩1,100,000 불리|

매출총차이 ₩3,520,000 불리

[물음 2]

	AQ × (BP − SV)	Total AQ × BM × (BP − SV)	BQ × (BP − SV)
소형	15,400 × ₩500 = ₩7,700,000	22,000 × 0.6 × ₩500 = ₩6,600,000	12,000 × ₩500 = ₩6,000,000
대형	6,600 × ₩2,000 = ₩13,200,000	22,000 × 0.4 × ₩2,000 = ₩17,600,000	8,000 × ₩2,000 = ₩16,000,000
	22,000 ₩20,900,000	22,000 ₩24,200,000	20,000 ₩22,000,000

매출배합차이 ₩3,300,000 불리 │ 매출수량차이 ₩2,200,000 유리

매출조업도차이 ₩1,100,000 불리

[물음 3]

(1) 예산평균공헌이익(BACM)

₩500 × 0.6 + ₩2,000 × 0.4 = ₩1,100

(2) 시장점유율차이와 시장규모차이

실제규모 × 실제점유율 × 예산평균공헌이익	실제규모 × 예산점유율 × 예산평균공헌이익	예산규모 × 예산점유율 × 예산평균공헌이익
275,000단위 × 8% × ₩1,100 = ₩24,200,000	275,000단위 × 10% × ₩1,100 = ₩30,250,000	200,000단위 × 10% × ₩1,100 = ₩22,000,000

시장점유율차이 ₩6,050,000 불리 │ 시장규모차이 ₩8,250,000 유리

[물음 4]

(1) 재료원가 가격차이, 수량차이

AQ × AP	AQ × SP	SQ × SP
56,000kg × ₩3,900 = ₩218,400,000	56,000kg × ₩4,000 = ₩224,000,000	11,000단위 × 5kg × ₩4,000 = ₩220,000,000

가격차이 ₩5,600,000 유리 │ 수량차이 ₩4,000,000 불리

(2) 노무원가 임률차이, 능률차이

AQ × AP	AQ × SP	SQ × SP
31,000시간 × ₩10,500 = ₩325,500,000	31,000시간 × ₩10,000 = ₩310,000,000	11,000단위 × 3시간 × ₩10,000 = ₩330,000,000

임률차이 ₩15,500,000 불리 │ 능률차이 ₩20,000,000 유리

(3) 변동제조간접원가 소비차이, 능률차이

실제	AQ × SP	SQ × SP
31,000시간 × ₩5,000 = ₩155,000,000	31,000시간 × ₩5,000 = ₩155,000,000	11,000단위 × 3시간 × ₩5,000 = ₩165,000,000

소비차이 ₩0 │ 능률차이 ₩10,000,000 유리

(4) 고정제조간접원가 예산차이, 조업도차이

실제	예산	SQ × SP
		11,000단위 × ₩20,000
₩290,000,000	₩300,000,000	= ₩220,000,000

예산차이 ₩10,000,000 유리 │ 조업도차이 ₩80,000,000 불리

cpa.Hackers.com

해커스 세무사 允원가관리회계 2차 핵심문제집

회계사 · 세무사 · 경영지도사 단번에 합격! **해커스 경영아카데미**
cpa.Hackers.com

제15장

불확실성하의 의사결정

㈜한국은 휴대폰을 생산·판매하고 있다. 20×1년 국내 생산·판매량은 20,000대이며 연간 최대생산능력은 25,000대이다. 생산·판매와 관련된 사항에 대한 손익계산서는 다음과 같다.

(1) 손익계산서자료

구분	대당	합계
I. 매출액	₩100	₩2,000,000
II. 변동원가		
제조원가	₩60	1,200,000
판매관리비	₩10	200,000
III. 공헌이익		₩600,000
IV. 고정원가		300,000
V. 영업이익		₩300,000

(2) 특별주문 관련 자료

내년에도 동일한 국내 판매량, 가격과 원가는 계속 유지될 것으로 보인다. 그런데 20×1년 말에 이 제품에 대하여 외국 수입업자로부터 제품 단위당 ₩75에 4,000대를 구입하겠다는 특별주문을 받았다. 이 주문으로 인하여 국내 판매에는 아무런 영향을 받지 않으리라 예상된다. 그리고 특별주문 수락 시 변동판매관리비는 발생하지 않는다.

(3) 불확실성 관련 자료

특별주문인 휴대폰 생산은 국내용과 기술적인 차이로 인하여 기존설비를 활용할 경우 추가 인건비가 대당 ₩5 발생한다. 이러한 기술적인 문제를 해결할 수 있는 신설비를 임차할 경우 추가 인건비 없이 기계에 대한 임차료가 ₩80,000 발생한다. 생산부서는 이러한 상황에 대하여 기존설비를 활용할 경우 예상 확률을 70%, 신설비를 임차할 경우 예상 확률을 30%로 설정하였다. 회사의 최고경영자는 특별주문에 대한 최적의 의사결정을 하기 위하여 통신기술 전문기관에 조사를 의뢰하여 검토하려고 한다.

요구사항

[물음 1] 특별주문에 대한 수락 또는 거절 의사결정을 하시오.

[물음 2] 통신기술 전문기관에 조사를 의뢰하는 경우 완전정보의 기대가치를 구하시오.

📑 Key Point

1. 특별주문에 대해서는 변동판매관리비가 발생하지 않지만 기존설비를 활용하거나 신설비를 임차해야 한다.
2. 기존설비를 활용할 경우 인건비가 추가발생하고 신설비의 경우 임차료가 발생하므로 이러한 불확실성을 고려한 성과표를 작성한다. 이때 선택할 수 있는 대안은 특별주문에 대한 수락과 거절이다.

─┤해답├─

자료정리

(1) 생산능력확인

최대생산능력	25,000단위
예상판매수량	20,000단위
여유조업도	5,000단위

특별주문 4,000단위는 여유조업도 이내이므로 기회비용 없이 생산가능하다.

(2) 상황별 성과

- 기존설비활용: (₩75 - ₩60 - ₩5) × 4,000 = ₩40,000
- 신설비임차: (₩75 - ₩60) × 4,000 - ₩80,000 = ₩(20,000)

[물음 1]

(1) 성과표

구분	기존설비활용(0.7)	신설비임차(0.3)
수락	₩40,000	₩(20,000)
거절	-	-

(2) 의사결정

- 수락: ₩40,000 × 0.7 + ₩(20,000) × 0.3 = ₩22,000(*)
- 거절: ₩0 × 0.7 + ₩0 × 0.3 = ₩0

그러므로, 특별주문을 수락한다.

[물음 2]

(1) 완전정보하의 기대가치

₩40,000 × 0.7 + ₩0 × 0.3 = ₩28,000

(2) 완전정보의 기대가치

완전정보하의 기대가치 - 기존정보하의 기대가치(정보가 없는 경우 기대가치)

= ₩28,000 - ₩22,000

= ₩6,000

어떤 생산공정의 상태를 단순히 정상적인 상태와 비정상적인 상태로 구분할 수 있다고 가정하자. 공정이 정상적인 상태에 있으면 비정상적인 상태에 있을 때보다 평균생산원가는 낮아진다. 각 상태에서의 평균생산원가의 확률분포는 다음과 같다.

평균생산원가	평균생산원가의 확률분포	
	정상상태	비정상상태
₩2,000	10%	-
4,000	20	-
6,000	40	10%
8,000	20	20
10,000	10	40
12,000	-	20
14,000	-	10
	100%	100%

요구사항

[물음 1] 생산착수 직전에 예상한 바에 의하면, 공정이 정상적인 상태에 있을 사전확률은 80%였다. 그런데 생산활동을 펼친 결과 평균생산원가는 ₩10,000으로 보고되었다면 이때 공정이 정상적인 상태에 있을 사후확률은 얼마이겠는가?

[물음 2] 일정금액의 조사비를 투입하여 공정상태에 관한 조사를 실시하면 공정이 어떤 상태에 처해 있는지를 정확히 파악할 수 있다고 가정하자. 또한 조사를 실시한 결과 비정상적인 상태에 있는 것이 확인되면 ₩2,000,000의 비용을 절감시킬 수 있다고 가정하자. 공정이 정상적인 상태에 있을 사전확률은 역시 80%였는데, 생산활동의 결과 평균생산원가는 ₩10,000으로 보고되었다. 회사가 취할 수 있는 행동은 조사를 실시하거나 또는 조사를 포기하는 것인데, 경영자가 경제적 이유로 조사를 포기하기로 결정하였다면 추정조사비는 최소 얼마이었겠는가?

📝 Key Point
사전확률과 평균생산원가가 나타내는 확률을 결합하여 결합확률표를 작성할 수 있다.

→| 해답 |

자료정리

결합확률표

	정상상태(0.8)	비정상상태(0.2)	계
₩10,000(정보)	0.1	0.4	
사후확률	0.1 × 0.8 = 0.08	0.4 × 0.2 = 0.08	0.16
	50%	50%	100%

[물음 1]

평균생산원가가 ₩10,000으로 보고된 상황에서 공정이 정상상태에 있을 사후확률은 50%이다.

[물음 2]

(1) 성과표

추정조사비를 x라 한 후 정리하면 다음과 같다.

구분	정상상태(0.5)	비정상상태(0.5)
조사 ○	x	x − ₩2,000,000
조사 ×	−	−

(2) 기대비용

- 조사 ○: $x × 0.5 + (x − ₩2,000,000) × 0.5 = x − ₩1,000,000$
- 조사 ×: ₩0 × 0.5 + ₩0 × 0.5 = ₩0

조사를 포기하였으므로, $x − ₩1,000,000 ≥ ₩0$이다.

(3) 추정조사비

그러므로, 최소 추정조사비는 ₩1,000,000이다.

㈜한국의 20×1년도의 단위당 판매가격 및 원가자료는 다음과 같다.

kg당 판매가격	₩500
kg당 변동제조원가	250
kg당 변동판매관리비	50
총고정제조간접원가	50,000
총고정판매관리비	25,000
법인세율	40%

다음의 물음은 각각 독립적이다.

요구사항

[물음 1] 세후목표순이익 ₩72,000을 달성하기 위한 판매량과 그 판매량에서의 영업레버리지도를 구하시오.

[물음 2] 20×2년의 시장상황을 예측한 결과 판매가격이 상승할 것으로 예측되었는데 판매가격이 10% 상승할 확률은 70%이고 30%까지 상승할 확률은 30%이다. 변동제조원가 또한 상승할 것으로 예상되는데 20% 상승할 확률이 40%이고 50% 상승할 확률이 60%이다. 반면, 고정판매비는 ₩10,000이 감소할 것으로 예상된다. 세후목표이익 ₩72,000을 달성하기 위한 판매량을 구하시오.

[물음 3] 국내판매시장은 300kg으로 한정되어 있다. 그런데 회사가 해외시장을 개척하여 국내판매량 300kg을 초과하는 물량은 해외에 kg당 ₩350에 수출하고 있다. 한편, 생산량이 400kg을 초과하는 경우에는 규모의 경제로 인해 모든 생산량에 대해 단위당 변동제조원가 ₩200으로 감소하며, 생산시설의 확충으로 고정제조간접원가가 ₩30,000 증가한다. 이때 손익분기점 판매량을 구하시오.

📝 **Key Point**
1. 판매가격과 변동제조원가는 확률을 이용하여 기대판매가격과 기대변동제조원가를 계산한다.
2. 조업도 300kg을 초과하면 판매가격이 달라지며 400kg을 초과하면 단위당 변동제조원가와 고정제조간접원가가 달라진다.

─| 해답 |────────────────────────────────────

자료정리

단위당 판매가격	₩500
단위당 변동원가	300 (= ₩250 + ₩50)
단위당 공헌이익	₩200
총고정원가	₩75,000 (= ₩50,000 + ₩25,000)
법인세율	40%

[물음 1]

(1) 세후목표이익 판매량(Q)

(₩200 × Q - ₩75,000) × (1 - 0.4) = ₩72,000

그러므로, 세후목표이익 판매량(Q)은 975kg이다.

(2) 영업레버리지도

$\dfrac{공헌이익}{영업이익}$

$= \dfrac{₩200 × 975kg}{₩200 × 975kg - ₩75,000} = 1.625$

[물음 2]

(1) 기대판매가격

₩500 × (1 + 10%) × 70% + ₩500 × (1 + 30%) × 30%

= ₩580

(2) 기대변동제조원가

₩250 × (1 + 20%) × 40% + ₩250 × (1 + 50%) × 60%

= ₩345

(3) 자료정리

단위당 기대판매가격	₩580
단위당 기대변동원가	395 (= ₩345 + ₩50)
단위당 기대공헌이익	₩185
총고정원가	₩65,000 (= ₩50,000 + ₩25,000 - ₩10,000)
법인세율	40%

(4) 세후목표이익 기대판매량(Q)

(₩185 × Q - ₩65,000) × (1 - 0.4) = ₩72,000

그러므로, 세후목표이익 기대판매량(Q)은 1,000kg이다.

[물음 3]

(1) 자료정리
- 300kg 초과: kg당 ₩350에 수출
- 400kg 초과: 단위당 변동제조원가 ₩200으로 감소, 고정제조간접원가 ₩30,000 증가

	$0 < Q \leq 300$	$300 < Q \leq 400$	$400 < Q$
단위당 판매가격	₩500	₩350	₩350
단위당 변동원가	300	300	250[*]
단위당 공헌이익	₩200	₩50	₩100
총고정원가	₩75,000	₩75,000	₩105,000

[*] 400kg을 초과하는 경우 모든 생산량에 대한 단위당 변동제조원가가 ₩200으로 감소한다.

(2) 구간별 분석
- $0 < Q \leq 300$

  (₩500 - ₩300) × Q - ₩75,000 = 0

  Q = 375kg(적합 ×)

- $300 < Q \leq 400$

  (₩500 - ₩300) × 300kg + (₩350 - ₩300) × (Q - 300kg) - ₩75,000 = 0

  Q = 600kg(적합 ×)

- $400 < Q$

  모든 변동제조원가는 ₩200으로 감소한다.

  (₩500 - ₩250[*]) × 300kg + (₩350 - ₩250[*]) × 100kg + (₩350 - ₩250[*]) × (Q - 400kg) - ₩105,000 = 0

  [*] ₩200 + ₩50 = ₩250

  Q = 600kg(적합 ○)

  그러므로, 손익분기점 판매량은 600kg이다.

㈜한국이 생산하고 있는 제품 A와 제품 B에 관련된 자료는 다음과 같다.

	제품 A	제품 B
단위당 판매가격	₩15,000	₩30,000
단위당 변동제조원가	₩4,000	₩10,000
단위당 변동판매관리비	₩1,000	₩5,000
고정제조간접원가	₩40,000,000	
고정판매관리비	₩10,000,000	

다음의 물음은 각각 독립적이다.

요구사항

[물음 1] 제품 A와 제품 B의 매출수량비율이 1 : 2일 때 이익이 매출액의 20%가 될 수 있도록 하기 위해서는 제품 A와 제품 B를 각각 몇 단위 판매해야 하는가?

[물음 2] 제품 A와 제품 B를 생산하기 위해서는 갑공정과 을공정을 거쳐야 한다. 제품 A와 제품 B를 생산하기 위한 각 공정별 소요시간은 다음과 같다.

구분	제품 A	제품 B
갑공정	2시간	4시간
을공정	2시간	1시간

갑공정의 총사용가능시간은 30,000시간이며, 을공정의 총사용가능시간은 15,000시간이다. 이익을 극대화시키는 제품 A와 제품 B의 매출배합은 무엇이며 그때의 이익은 얼마인가?

[물음 3] 제품 B의 가격이 변동될 가능성이 큰 경우 [물음 2]에서 제품 B의 가격이 얼마나 변화해야 최적 매출배합이 달라지게 되는지 설명하시오.

[물음 4] 최근 환경문제로 인하여 회사는 더 이상 제품 B를 생산할 수 없게 되었다. 따라서 제품 A의 새로운 판매처를 찾고 있던 중 ㈜대한과 새로운 판매계약을 체결할 수 있는 가능성을 발견하였다. 현재 제품 A의 판매량은 9,000단위이나 ㈜대한과의 계약이 성공할 경우 21,000단위를 추가로 판매할 수 있으며 계약에 성공할 확률은 30%이다. 이러한 상황에서 기술담당이사는 주력제품이 된 제품 A의 생산을 위해서 설비대체를 주장하고 있다. 설비를 대체할 경우 단위당 변동제조간접원가는 ₩1,000이 감소하는 반면, 고정제조간접원가는 ₩10,000,000 증가할 것이다. 설비대체를 주장하는 기술이사의 의견에 대하여 설명하시오.

[물음 5] 외부경영자문회사는 ㈜한국에게 [물음 4]의 상황에서 ㈜대한과의 계약체결 성공 여부에 대한 완전한 정보를 제공할 수 있다고 한다. ㈜한국이 완전한 정보에 대해 경영자문회사에 지급할 수 있는 최대금액은 얼마인가?

[물음 6] 기획이사는 원가 - 조업도 - 이익분석은 회사 경영관리의 모든 업무분야에 관련되어 있으므로 장기경영전략 계획수립에도 활용되어야 한다고 주장하고 있다. 이에 대해서 서술하시오.

📑 Key Point

1. 매출배합이 주어지면 복수제품 CVP분석방법을 이용한다.
2. 불확실한 상황이 주어지면 선택 가능한 대안을 결정하여 성과표를 작성한다.

─┤ 해답 ├─

자료정리

(1) 제품별 공헌이익 및 제약상황

	제품 A	제품 B
단위당 판매가격	₩15,000	₩30,000
단위당 변동원가	5,000	15,000
단위당 공헌이익	₩10,000	₩15,000
공헌이익률	2/3	1/2
갑공정	2시간	4시간 ≤ 30,000시간
을공정	2시간	1시간 ≤ 15,000시간

(2) 배합비율

	제품 A	제품 B
수량배합	1	2
	×	×
판매가격	₩15,000	₩30,000
	=	=
금액배합	₩15,000	₩60,000
	(20%)	(80%)

[물음 1]

(1) 가중평균공헌이익률

$$\frac{2}{3} \times 0.2 + \frac{1}{2} \times 0.8$$

= 0.53

(2) 목표이익 달성 매출액(S)

0.53 × S - ₩50,000,000 = 0.2 × S

S = ₩150,000,000

(3) 제품별 판매수량

	금액비율	매출액	(÷)	판매가격	(=)	판매수량
제품 A	0.2	₩30,000,000		₩15,000		2,000
제품 B	0.8	₩120,000,000		₩30,000		4,000

별해

묶음법(꾸러미법)

(1) 묶음당 공헌이익

₩10,000 × 1 + ₩15,000 × 2 = ₩40,000

(2) 묶음당 목표이익

묶음당 매출 × 20%
= (₩15,000 × 1 + ₩30,000 × 2) × 20% = ₩15,000

(3) 목표이익 달성 묶음수(Q)

₩40,000 × Q - ₩50,000,000 = ₩15,000 × Q
Q = 2,000단위

(4) 제품별 판매수량

	비율	판매수량
제품 A	1	2,000
제품 B	2	4,000

[물음 2]

	제품 A	제품 B
단위당 판매가격	₩15,000	₩30,000
단위당 변동원가	5,000	15,000
단위당 공헌이익	₩10,000	₩15,000
갑공정	2시간	4시간 ≤ 30,000시간
을공정	2시간	1시간 ≤ 15,000시간

(1) 목적함수

Max: ₩10,000 × A + ₩15,000 × B

(2) 제약조건

- 갑공정: $2 \cdot A + 4 \cdot B \leq 30,000$
- 을공정: $2 \cdot A + 1 \cdot B \leq 15,000$
- A, B ≥ 0

(3) 실행가능영역

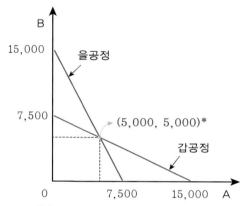

* 두 제약조건이 일치하는 생산수량

갑공정	$30,000 = 2 \cdot A + 4 \cdot B$
을공정	$(-)\ 15,000 = 2 \cdot A + 1 \cdot B$
	$15,000 = \qquad\qquad 3 \cdot B$

그러므로, A는 5,000, B는 5,000이다.

(4) 최적 매출배합

좌표	공헌이익		
(0, 0)	₩10,000 × 0 +	₩15,000 × 0 =	₩0
(7,500, 0)	₩10,000 × 7,500 +	₩15,000 × 0 =	₩75,000,000
(5,000, 5,000)	₩10,000 × 5,000 +	₩15,000 × 5,000 =	₩125,000,000(*)
(0, 7,500)	₩10,000 × 0 +	₩15,000 × 7,500 =	₩112,500,000

그러므로, 최적 매출배합은 (5,000, 5,000)이다.

(5) 영업이익

₩125,000,000 - ₩50,000,000

= ₩75,000,000

[물음 3]

(1) 등이익선 기울기

제품 B의 가격을 P라 하고 정리하면 다음과 같다.

$CM = ₩10,000 × A + (P - ₩15,000) × B$

$$→ B = -\frac{₩10,000}{(P - ₩15,000)} × A + \frac{CM}{(P - ₩15,000)}$$

(2) 제약조건의 기울기 절댓값

① 갑공정: $\frac{7,500}{15,000} = \frac{1}{2}$

② 을공정: $\frac{15,000}{7,500} = 2$

(3) 제품 B의 가격

최적 생산배합이 달라지려면 등이익선의 기울기가 갑공정의 기울기보다 작거나 을공정의 기울기보다 커야한다.

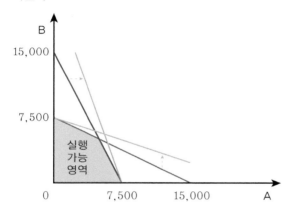

① $\frac{₩10,000}{(P - ₩15,000)} < \frac{1}{2}$인 경우: P > ₩35,000

② $\frac{₩10,000}{(P - ₩15,000)} > 2$인 경우: P < ₩20,000

즉, 최적 매출배합이 변화하려면 제품 B의 가격이 ₩5,000을 초과하여 상승하거나 ₩10,000을 초과하여 하락해야 한다.

[물음 4]

(1) 대안별 이익함수

- 설비유지: ₩10,000 × Q − ₩50,000,000
- 설비대체: ₩11,000 × Q − ₩60,000,000

(2) 성과표

구분	9,000단위(0.7)	30,000단위(0.3)
설비유지	₩40,000,000	₩250,000,000
설비대체	₩39,000,000	₩270,000,000

(3) 기대가치

- 설비유지: ₩40,000,000 × 0.7 + ₩250,000,000 × 0.3 = ₩103,000,000
- 설비대체: ₩39,000,000 × 0.7 + ₩270,000,000 × 0.3 = ₩108,300,000(*)

그러므로, 설비를 대체한다.

[물음 5]

(1) 완전정보하의 기대가치

₩40,000,000 × 0.7 + ₩270,000,000 × 0.3 = ₩109,000,000

(2) 완전정보의 기대가치

완전정보하의 기대가치 − 기존정보하의 기대가치(정보가 없는 경우 기대가치)

= ₩109,000,000 − ₩108,300,000 = ₩700,000

그러므로, 완전한 정보에 대해 경영자문회사에 지급할 수 있는 최대금액은 ₩700,000이다.

[물음 6]

일반적인 CVP분석은 총원가를 변동원가와 고정원가로 구분하여 선형성이 유지되는 관련 범위 내에서 분석하는 단기의사결정이므로 장기경영전략에는 적합하지 않다. 만약, 장기적인 관점에서 활용하려면 투자금액을 별도로 구분해야 하며 투자기간을 사전에 설정해야 한다. 또한, 영업활동과 관련된 수익과 비용도 회계적이익이 아닌 현금기준으로 변경해야 한다.

cpa.Hackers.com

제16장

전략적 원가관리

㈜한국은 주문생산방식에 의해서 제품 X와 제품 Y를 생산하고 있다. 제품 생산은 전월에 주문을 받아 당월에 이루어진다. 20×1년 3월에는 제품 X 1,800단위와 제품 Y 1,200단위를 주문받았으며, 모두 4월에 생산·판매되었다. ㈜한국은 활동기준원가계산을 사용하고 있으며, 20×1년 4월의 생산·판매자료는 다음과 같다.

<자료 1> 제품별 판매가격과 기초원가

구분	제품 X	제품 Y
판매가격(단위당)	₩220	₩250
기초원가(총액)	81,420	58,180

<자료 2> 활동과 활동원가

활동중심점	원가동인	활동원가	원가동인수		
			제품 X	제품 Y	합계
기계작업준비	준비시간	₩84,000	?	?	?
절삭작업	기계시간	60,000	80	120	200
조립작업	노무시간	80,000	140	60	200
품질검사	검사시간	28,800	?	?	?
동력지원	kwh	42,000	800	400	1,200

㈜한국은 생산의 효율성을 제고하기 위하여 제품 X를 400단위씩 묶음으로 생산하며, 제품 Y는 200단위씩 묶음생산하고 있다. 기계작업준비를 위해 제품 X는 1회당 2시간, 제품 Y는 1회당 1시간이 소요된다. 품질검사는 각 제품을 100단위 생산할 때마다 1단위를 추출하여 30분씩 이루어진다. 절삭작업과 조립작업, 동력지원은 각 원가동인에 비례하여 발생하는 단위수준활동이다.

요구사항

[물음 1] 각 제품에 배부되는 각 활동별 원가를 제시하고 제품별 단위당 제품원가를 계산하시오.

[물음 2] 최근 발간된 전문보고서에 의하면 제품 Y의 시장규모는 확대되고 있지만 신규 경쟁자들의 시장진입에 따라 가격경쟁이 치열할 것으로 예상된다. 이에 따라 ㈜한국의 최고경영자는 자사가 생산 중인 제품 Y의 생산·판매량이 향후에도 1,200단위를 유지하겠지만 단위당 판매가격은 ₩210으로 인하해야 할 것으로 전망하였다. 최고경영자는 제품 Y의 매출총이익을 현재 수준(20×1년 4월 기준) 이상으로 유지하면서 원가절감을 할 수 있는 방법을 생산활동에서 찾고 있다. 제품 Y의 단위당 제품원가가 얼마나 절감되어야 하는지 최소금액을 계산하시오 (단, [물음 1]과 관계없이 20×1년 4월 제품 Y의 단위당 제품원가는 ₩100으로 가정한다).

[물음 3] ㈜한국의 최고경영자는 기존제품 X를 완전히 대체할 수 있는 고성능 제품 Q의 생산을 고려하고 있다. 제품 X는 동력지원과 더불어 절삭작업과 조립작업, 품질검사의 순서를 거쳐 생산되고 있다. 품질검사를 마친 제품 X 1단위마다 연마작업을 추가하면 제품 Q 1단위를 생산할 수 있다. 연마작업에는 제품 단위당 10분이 소요되며, 월간 동력지원활동 180kwh가 추가로 필요하고, 기타 제조활동(동력지원활동 제외)으로 연마작업시간당 ₩300이 추가로 발생한다. 또한 연마작업 후에도 품질검사가 이루어지는데 제품 Q를 50단위 생산할 때마다 1단위를 추출하여 20분씩 정밀검사하며, 1회당 ₩1,400이 발생한다. 제품 Q의 단위당 판매가격은 ₩310이다. 만약에 20×1년 4월에 제품 X를 모두 제품 Q로 대체 생산·판매하였다면 증분이익(손실)이 얼마인지 계산하시오.

📋 **Key Point**

1. 주어진 자료에서 판매가격은 단위당 가격이고 기초원가는 총액이다.
2. 제품 Q 추가가공의사결정에서 고려사항은 제품 Q 판매가격, 제품 X 판매가격 그리고 추가가공원가이다.

⊣ 해답 ⊢

자료정리

> (1) 제품별 생산횟수
>   - 제품 X: 1,800단위 ÷ 400단위 = 4.5회(4.5회이므로 실제 생산횟수는 5회이다)
>   - 제품 Y: 1,200단위 ÷ 200단위 = 6회
>
> (2) 기계작업준비시간
>   - 제품 X: 5회 × 2시간 = 10시간
>   - 제품 Y: 6회 × 1시간 = 6시간
>
> (3) 품질검사횟수
>   - 제품 X: 1,800단위 ÷ 100단위 = 18회
>   - 제품 Y: 1,200단위 ÷ 100단위 = 12회
>
> (4) 품질검사시간
>   - 제품 X: (18회 × 30분) ÷ 60분 = 9시간
>   - 제품 Y: (12회 × 30분) ÷ 60분 = 6시간
>
> (5) 활동별 배부율
>   - 기계작업준비: ₩84,000 ÷ (10시간 + 6시간) = ₩5,250/준비시간
>   - 절삭작업: ₩60,000 ÷ (80시간 + 120시간) = ₩300/기계시간
>   - 조립작업: ₩80,000 ÷ (140시간 + 60시간) = ₩400/노무시간
>   - 품질검사: ₩28,800 ÷ (9시간 + 6시간) = ₩1,920/검사시간
>   - 동력지원: ₩42,000 ÷ (800kwh + 400kwh) = ₩35/kwh
>
> (6) 제품별 활동원가
>
> | | | 제품 X | 제품 Y |
> |---|---|---|---|
> | 기계작업준비 | ₩5,250 × 10시간 = | ₩52,500 | ₩31,500 |
> | 절삭작업 | ₩300 × 80시간 = | 24,000 | 36,000 |
> | 조립작업 | ₩400 × 140시간 = | 56,000 | 24,000 |
> | 품질검사 | ₩1,920 × 9시간 = | 17,280 | 11,520 |
> | 동력지원 | ₩35 × 800kwh = | 28,000 | 14,000 |
> | | | ₩177,780 | ₩117,020 |

[물음 1]

	제품 X	제품 Y
기초원가	₩81,420	₩58,180
제조간접원가	177,780	117,020
합계	₩259,200	₩175,200
생산량	÷ 1,800단위	÷ 1,200단위
단위당 원가	₩144	₩146

[물음 2]

절감 후 단위당 제품원가를 x라 한 후 정리하면 다음과 같다.

- 절감 전 매출총이익: 1,200단위 × (₩250 - ₩100) = ₩180,000
- 절감 후 매출총이익: 1,200단위 × (₩210 - x) = ₩180,000

절감 후 단위당 제품원가(x)는 ₩60이므로 최소절감액은 ₩40이다.

[물음 3]

증분수익	매출 증가	1,800단위 × (₩310 - ₩220) =	₩162,000
증분비용	연마작업	[(1,800단위 × 10분) ÷ 60분] × ₩300 =	(90,000)
	동력지원	180kwh × ₩35 =	(6,300)
	정밀검사	(1,800단위 ÷ 50단위) × ₩1,400 =	(50,400)
증분이익			₩15,300

㈜한국은 카메라를 생산·판매하고 있다. ㈜한국의 경영자는 기존 카메라에 새로운 디지털 기능이 포함된 A제품의 개발을 고려하고 있다. 경영자는 20×1년도에 연구·개발을 시작하여 20×5년도에 시장에서 쇠퇴하는 A제품의 수명주기예산자료를 다음과 같이 작성하였다.

A제품의 수명주기예산자료

	20×1년	20×2년	20×3년	20×4년	20×5년
생산·판매량	-	5,000단위	15,000단위	25,000단위	10,000단위
단위당 판매가격	-	₩150	₩120	₩100	₩80
연구·개발/설계원가	₩200,000	-	-	-	-
단위당 제조원가	-	60	45	30	20
단위당 마케팅 및 고객서비스원가	-	65	60	50	30

모든 현금유입과 유출은 연중 계속하여 발생하지만 분석의 편의를 위해 매년 기말시점에 발생하는 것으로 가정한다. 또한 위의 모든 수익과 비용은 현금수익과 현금비용이며 화폐의 시간가치, 세금 및 인플레이션효과는 무시한다.

요구사항

[물음 1] ㈜한국의 A제품에 대한 20×5년까지 연도별 예산누적현금흐름을 계산하라.

[물음 2] ㈜한국에서는 A제품 이외에 또 다른 방안으로 B제품의 개발도 함께 고려하고 있다. B제품의 요약된 수명주기예산자료가 다음과 같다고 하자.

B제품의 수명주기예산자료

구분	20×1년	20×2년	20×3년	20×4년	20×5년
현금유입	-	₩500,000	₩1,500,000	₩3,250,000	₩1,000,000
현금유출	₩250,000	300,000	1,400,000	2,500,000	600,000

(1) ㈜한국의 대주주와 경영자의 고용계약 만기는 20×3년 말이며, 20×0년 말 현재로서는 계약연장계획이 없다. 경영자의 성과 보상은 매년 순현금흐름(현금수입 - 현금비용)의 일정 비율에 의해 결정된다. 이러한 상황에서 자신의 성과 보상을 극대화하려는 경영자는 두 가지 대안 중에서 어떤 제품을 개발해야 한다고 주장하겠는가?

(2) ㈜한국의 대주주는 투자자문사에게 어떤 투자안이 ㈜한국입장에서 보다 유리한지에 대해서 의뢰하였다. 투자자문사의 선택이 ㈜한국의 경영자의 선택과 일치하는지 여부를 나타내시오.

(3) 만일 두 사람의 의견이 일치한다면 그 원인은 무엇이며 서로 의견이 다르다면 그 원인은 무엇인가?

1. 주어진 자료를 이용하여 A제품의 매년 증분현금흐름과 누적현금흐름을 계산할 수 있다.
2. 경영자의 고용계약 만기는 20×3년 말이므로 경영자는 20×3년 말까지의 누적현금흐름이 높은 투자안을 선택할 것이다.
3. ㈜한국입장에서는 20×5년 말까지의 누적현금흐름이 높은 투자안을 선택해야 한다.

─┤해답├─

자료정리

(1) A제품 연도별 증분현금흐름과 누적현금흐름

A제품의 수명주기예산자료

구분	20×1년	20×2년	20×3년	20×4년	20×5년
현금유입	–	₩750,000[*1]	₩1,800,000	₩2,500,000	₩800,000
현금유출	₩(200,000)	(625,000)[*2]	(1,575,000)	(2,000,000)	(500,000)
연도별 증분현금흐름	₩(200,000)	₩125,000	₩225,000	₩500,000	₩300,000
연도별 누적현금흐름	₩(200,000)	₩(75,000)	₩150,000	₩650,000	₩950,000

[*1] ₩150 × 5,000단위 = ₩750,000
[*2] (₩60 + ₩65) × 5,000단위 = ₩625,000

(2) B제품 연도별 증분현금흐름과 누적현금흐름

B제품의 수명주기예산자료

구분	20×1년	20×2년	20×3년	20×4년	20×5년
현금유입	–	₩500,000	₩1,500,000	₩3,250,000	₩1,000,000
현금유출	₩(250,000)	(300,000)	(1,400,000)	(2,500,000)	(600,000)
연도별 증분현금흐름	₩(250,000)	₩200,000	₩100,000	₩750,000	₩400,000
연도별 누적현금흐름	₩(250,000)	₩(50,000)	₩50,000	₩800,000	₩1,200,000

[물음 1]

A제품의 수명주기예산자료

구분	20×1년	20×2년	20×3년	20×4년	20×5년
현금유입	–	₩750,000	₩1,800,000	₩2,500,000	₩800,000
현금유출	₩(200,000)	(625,000)	(1,575,000)	(2,000,000)	(500,000)
연도별 증분현금흐름	₩(200,000)	₩125,000	₩225,000	₩500,000	₩300,000
연도별 누적현금흐름	₩(200,000)	₩(75,000)	₩150,000	₩650,000	₩950,000

[물음 2]

(1) 경영자의 선택

경영자입장에서는 고용계약 만기가 20×3년 말이므로 20×3년 말 누적현금흐름이 상대적으로 높은 A제품을 선택할 것이다.
- A제품: ₩150,000
- B제품: ₩50,000

(2) 투자자문사의 선택

회사입장에서는 제품수명주기 전체인 20×5년 말 누적현금흐름이 상대적으로 높은 B제품을 선택할 것이다. 따라서, 경영자와 투자자문사의 선택은 일치하지 않는다.
- A제품: ₩950,000
- B제품: ₩1,200,000

(3) 일치하지 않는 원인

경영자의 고용만기는 20×3년 말이며 이후 재계약하지 않기 때문에 경영자는 수명주기 전체의 성과가 아닌 20×3년 말까지의 성과만으로 보상받으므로 경영자와 회사 전체 목표가 일치하지 않는다.

㈜한국은 고성능컴퓨터 A를 제조하여 판매하고 있다. 모든 생산은 lot단위로 이루어지며 500개가 1lot가 된다. A의 예상판매량은 연간 25,000개이다. A를 생산하는 데 소요되는 제조시간은 lot당 150시간이며, 대기시간은 lot당 100시간이 소요된다. 당사는 최근 소비자 욕구의 변화와 컴퓨터 판매시장의 변화로 기능이 향상된 차세대 컴퓨터 B의 개발을 고려하고 있다. 회사가 A와 함께 B를 생산할 경우 대기시간은 두 제품 모두 lot당 250시간이 걸린다. B는 15,000개의 판매가 예상되며 제조시간은 lot당 250시간이다. B의 판매는 A의 판매량에 전혀 영향을 미치지 않는다.

회사의 고정제조간접원가 예산액은 총 ₩200,000이며, 변동제조간접원가는 두 제품 모두 lot당 ₩4,000 및 A는 누적제조주기당 ₩40, B는 누적제조주기당 ₩30이 발생될 것으로 보인다(누적제조주기란 총생산량의 대기시간과 제조시간의 합을 말한다. 예를 들어 제품 lot당 생산 시 대기시간이 200시간, 제조시간이 200시간 소요되고 총생산량이 2lot라면 누적제조주기는 800시간이 된다). 또한, lot당 제조주기가 증가하게 되면 소비자 수요에 영향을 주게 되어 단위당 판매가격이 다음과 같이 하락한다.

<제품 단위당 판매가격과 기초원가>

제품명	lot당 제조주기 300시간 이하일 때	lot당 제조주기 300시간 초과할 때	제품 단위당 기초원가
A	₩85	₩80	₩20
B	70	65	22

요구사항

[물음 1] A만 생산할 때에 비해서 두 제품을 동시에 생산하는 경우 회사의 매출액은 얼마나 증가 또는 감소하는가?

[물음 2] A만 생산할 때에 비해서 두 제품을 동시에 생산하는 경우 원가는 얼마나 증가 또는 감소하는가? (판매량만큼 생산한다고 가정한다)

[물음 3] 위의 결과에 의할 경우 회사는 B를 생산해야 하는가?

📑 Key Point

1. A와 B를 함께 생산할 경우 A의 대기시간이 늘어나 A의 제조주기는 높아지며 판매가격은 낮아진다.
2. lot당 변동제조간접원가는 두 제품 모두 동일하지만 누적제조주기에 따른 변동원가는 A와 B 각각 ₩40과 ₩30 이다.

→ 해답 |

자료정리

> (1) lot당 수량
>
>   500개/lot
>
> (2) 예상판매량
>
>   • A: 25,000개(50lot)
>   • B: 15,000개(30lot)
>
> (3) 변동제조간접원가
>
>   • 공통: lot당 ₩4,000
>   • 개별: 누적제조주기당 A는 ₩40, B는 ₩30
>
> (4) 제조주기
>
>   • A만 생산하는 경우
>
> | | A |
> |---|---|
> | 제조시간 | 150시간/lot |
> | 대기시간 | 100시간/lot |
> | 누적제조주기 | 250시간/lot |
>
>   • A와 B 모두 생산하는 경우
>
> | | A | B |
> |---|---|---|
> | 제조시간 | 150시간/lot | 250시간/lot |
> | 대기시간 | 250시간/lot | 250시간/lot |
> | 누적제조주기 | 400시간/lot | 500시간/lot |
>
> (5) 제품 단위당 판매가격 및 기초원가
>
> | | A | B |
> |---|---|---|
> | lot당 제조주기 300시간 이하 | ₩85 | ₩70 |
> | lot당 제조주기 300시간 초과 | 80 | 65 |
> | 단위당 기초원가 | ₩20 | ₩22 |

[물음 1]

(1) A만 생산할 경우

lot당 제조주기가 300시간 이하인 경우의 매출액은 다음과 같다.

25,000개 × ₩85 = ₩2,125,000

(2) 두 제품을 동시에 생산

lot당 제조주기가 모두 300시간을 초과하는 경우 A의 판매가격이 달라진다.

A	25,000개 × ₩80 =		₩2,000,000
B	15,000개 × ₩65 =		975,000
			₩2,975,000

그러므로, 두 제품을 동시에 생산하는 경우 회사의 매출액은 ₩2,975,000 – ₩2,125,000 = ₩850,000 증가한다.

[물음 2]

(1) A만 생산할 경우

기초원가	25,000개 × ₩20 =	₩500,000
변동제조간접원가	50lot × ₩4,000 + 50lot × 250시간 × ₩40 =	700,000
		₩1,200,000

(2) 두 제품을 동시에 생산

A의 누적제조주기가 달라진다.

- A원가

기초원가	25,000개 × ₩20 =	₩500,000
변동제조간접원가	50lot × ₩4,000 + 50lot × 400시간 × ₩40 =	1,000,000
		₩1,500,000

- B원가

기초원가	15,000개 × ₩22 =	₩330,000
변동제조간접원가	30lot × ₩4,000 + 30lot × 500시간 × ₩30 =	570,000
		₩900,000

그러므로, 두 제품을 동시에 생산하는 경우 원가는 (₩1,500,000 + ₩900,000) − ₩1,200,000 = ₩1,200,000 증가한다.

[물음 3]

증분수익	매출 증가	₩850,000
증분비용	원가 증가	(1,200,000)
증분손실		₩(350,000)

그러므로, B를 생산하지 않는다.

다음을 읽고 물음에 답하시오.

㈜한국은 20×1년 1월 초에 창업한 회사로 제품 A와 제품 B를 생산·판매한다. 20×1년 12월 말까지 발생된 제조간접원가는 ₩4,000,000이었다. ㈜한국은 활동기준원가계산을 적용하기 위하여 제조활동을 4가지로 구분하고 활동별로 제조간접원가를 집계하였다. ㈜한국은 무재고 정책을 시행하고 있으며, 전수조사를 통해 품질검사를 실시한다. 제품 A는 1회 생산에 1,000단위씩 생산하며, 제품 B는 1회 생산에 500단위씩 생산한다. 또한, 각 제품은 1회 생산을 위하여 1회의 작업준비를 실시한다.

<자료 1> 생산량, 판매가격 및 직접원가 내역

구분	제품 A	제품 B
생산량	10,000단위	5,000단위
판매가격	₩1,000/단위	₩1,500/단위
직접재료원가	₩3,000,000	₩4,000,000
직접노무원가	₩1,000,000	₩1,000,000

<자료 2> 활동원가 및 원가동인 내역

활동	활동원가	원가동인	원가동인 소비량 제품 A	원가동인 소비량 제품 B
작업준비	₩1,500,000	작업준비시간	15분/작업준비 1회	10분/작업준비 1회
품질검사	1,200,000	검사시간	2분/제품 1단위	4분/제품 1단위
공정수리	700,000	수리횟수	5회	2회
포장	?	생산량	?	?

<자료 3> 제품 A 시장의 경쟁이 심화되어, 20×2년도에 ㈜한국은 제품 A의 대체품인 제품 C를 10,000단위 생산하고자 한다. ㈜한국은 가격 경쟁력을 확보하기 위하여 제품 C의 판매가격을 제품 A보다 낮출 것을 고려하고 있다. 제품 C는 1회 생산에 1,000단위씩 생산하며, 제품 C를 생산할 경우 제품 A보다 절감되는 원가 및 원가동인은 다음과 같다. 각 활동별 원가동인당 활동원가는 20×2년에도 20×1년과 동일할 것으로 예상된다.

항목	절감되는 원가 및 원가동인
직접재료원가	제품 1단위당 ₩20 감소
직접노무원가	제품 1단위당 ₩10 감소
작업준비시간	작업준비 1회당 5분 감소
품질검사시간	제품 1단위당 1분 감소
공정수리횟수	1회 감소

요구사항

[물음 1] 20×1년도에 활동기준원가계산을 적용하여 각 제품의 단위당 제조원가와 매출총이익률을 구하시오.

[물음 2] 20×2년도에 제품 C를 생산하면서 달성할 수 있는 단위당 최대 원가절감액을 구하시오.

[물음 3] 제품 C의 목표매출총이익률을 제품 A의 20×1년도 매출총이익률의 1.2배가 되도록 설정한 경우, 제품 C의 단위당 제조원가를 구하시오(단, 제품 C의 판매가격은 제품 A 판매가격의 80%로 책정된다).

📑 **Key Point**

1. 제시된 총제조간접원가와 활동별 원가합계는 일치해야 한다.
2. 제품 C로 대체하는 경우 포장활동에 대한 원가는 절감되지 않는다.

—| 해답 |————————————————————————————————

자료정리

(1) 활동별 배부율

활동	활동원가	원가동인 소비량			활동별 배부율
		제품 A	제품 B	합계	
작업준비	₩1,500,000	150분*1	100분	250분	₩6,000/분
품질검사	1,200,000	20,000분*2	20,000분	40,000분	30/분
공정수리	700,000	5회	2회	7회	100,000/회
포장	600,000	10,000단위	5,000단위	15,000단위	40/단위
계	₩4,000,000				

*1 10,000단위/1,000단위 × 15분 = 150분
*2 10,000단위 × 2분 = 20,000분

(2) 제품별 제조간접원가

활동	제품 A	제품 B
작업준비	₩6,000 × 150분 = ₩900,000	₩6,000 × 100분 = ₩600,000
품질검사	₩30 × 20,000분 = 600,000	₩30 × 20,000분 = 600,000
공정수리	₩100,000 × 5회 = 500,000	₩100,000 × 2회 = 200,000
포장	₩40 × 10,000단위 = 400,000	₩40 × 5,000단위 = 200,000
계	₩2,400,000	₩1,600,000

[물음 1]

(1) 제품별 단위당 제조원가

구분	제품 A	제품 B
직접재료원가	₩3,000,000	₩4,000,000
직접노무원가	1,000,000	1,000,000
제조간접원가	2,400,000	1,600,000
계	₩6,400,000	₩6,600,000
생산량	÷ 10,000단위	÷ 5,000단위
단위당 제조원가	₩640	₩1,320

(2) 제품별 매출총이익률

구분	제품 A	제품 B
단위당 판매가격	₩1,000	₩1,500
단위당 원가	(640)	(1,320)
단위당 매출총이익	₩360	₩180
매출총이익률	36%	12%

[물음 2]

구분	제품 C
직접재료원가	₩20 × 10,000단위 = ₩200,000
직접노무원가	₩10 × 10,000단위 = 100,000
작업준비활동	₩6,000 × 10배치 × 5분 = 300,000
품질검사활동	₩30 × 10,000단위 × 1분 = 300,000
공정수리활동	₩100,000 × 1회 = 100,000
계	₩1,000,000
생산량	÷ 10,000단위
단위당 최대 원가절감액	₩100

[물음 3]

(1) 제품 C의 단위당 판매가격

  ₩1,000 × 80% = ₩800

(2) 매출총이익률

  36% × 1.2 = 43.2%

(3) 매출총이익

  ₩800 × 43.2% = ₩345.6

(4) 제품 C의 단위당 제조원가(x)

  ₩800 − x = ₩345.6

  그러므로, 제품 C의 단위당 제조원가(x)는 ₩454.4이다.

한국회사는 세 가지 제품 X, Y, Z를 생산·판매한다. 이 회사의 20×1년 원가계산제도에서 제조간접원가는 직접노무원가를 배부기준으로, 판매관리비는 매출액을 배부기준으로 각 제품에 배부하였다. 한국회사의 20×1년 제품별 생산·판매량과 손익계산서는 다음 표와 같다. 기초와 기말재고는 없다고 가정한다.

구분	제품 X	제품 Y	제품 Z	합계
생산·판매량	5,000단위	3,000단위	800단위	8,800단위
매출액	₩600,000	₩390,000	₩160,000	₩1,150,000
매출원가				
직접재료원가	180,000	78,000	32,000	290,000
직접노무원가	100,000	60,000	16,000	176,000
제조간접원가	150,000	90,000	24,000	264,000
합계	430,000	228,000	72,000	730,000
매출총이익	₩170,000	₩162,000	₩88,000	₩420,000
판매관리비	120,000	78,000	32,000	230,000
영업이익	₩50,000	₩84,000	₩56,000	₩190,000

20×2년 초 한국회사는 20×1년의 실제원가 및 운영자료를 이용하여 활동기준원가계산을 적용함으로써 보다 정확한 제품원가계산을 통해 제품별 수익성분석을 하고자 한다. 이를 위해 20×1년 중 한국회사에서 발생한 제조간접원가 ₩264,000과 판매관리비 ₩230,000에 대한 활동분석을 수행함으로써, 다음 5개의 활동원가를 식별하였다.

제조간접원가	생산작업준비활동원가	₩120,000
	품질검사활동원가	₩90,000
	제품유지활동원가	₩54,000
판매관리비	고객주문처리활동원가	₩180,000
	고객관리활동원가	₩50,000

각 제품에 대한 고객의 1회 주문수량은 제품 X는 100단위, 제품 Y는 50단위, 제품 Z는 20단위였다. 생산작업준비활동은 고객주문이 있을 경우 생산작업을 준비하는 활동으로, 생산작업준비활동원가는 생산작업준비시간에 비례하여 발생한다. 각 고객주문마다 한 번의 뱃치생산이 필요하며, 각 제품별 뱃치생산에 소요되는 생산작업준비시간은 제품 X는 2시간, 제품 Y는 3시간, 제품 Z는 5시간이었다.

품질검사활동원가는 품질검사에 소요되는 시간에 비례하여 발생한다. 품질검사는 매회 뱃치생산된 제품들 중 첫 5단위에 대해서만 실시되며, 품질검사에 소요되는 시간은 제품 종류에 관계없이 동일하다.

제품유지활동은 각 제품의 설계, 제품사양, 소요재료 등에 관한 자료를 관리하는 활동으로, 제품유지활동에 소요되는 원가는 각 제품별로 동일하다.

고객주문처리활동원가는 각 제품에 대한 고객주문횟수에 비례하여 발생한다.

고객관리활동은 제품 종류에 관계없이 각 고객에게 투입되는 자원은 동일하다. 20×1년 제품별 관리대상 고객 수는 제품 X는 10명, 제품 Y는 15명, 제품 Z는 25명으로 파악되었다.

요구사항

[물음 1] 활동기준원가계산을 적용하여 20×1년 각 제품별 단위당 제조원가를 계산하시오.

[물음 2] 활동기준원가계산을 적용하여 20×1년 각 제품별 단위당 영업이익을 계산하시오.

[물음 3] 한국회사는 특정 제품의 생산을 중단할 것인지를 결정하기 위해, 각 제품에 추적 또는 배부된 원가 및 비용에 대한 분석을 다음과 같이 하였다.

---

① 직접노무원가는 각 제품의 생산라인에 속한 근로자들에게 지급되는 임금으로, 특정 제품의 생산라인이 폐지될 경우 해당 생산라인에 종사한 근로자들은 추가비용 없이 해고시킬 수 있다.

② 위에서 분류한 5개의 활동원가 각각은 매몰원가, 배분된 공통고정원가, 변동원가(해당 원가동인의 소비와 비례하여 발생하는 원가)로 다음과 같이 파악되었다. 배분된 공통고정원가는 본사관리부서의 일반관리비로 제품 Z의 생산을 중단할 경우에도 계속해서 발생하는 비용이며, 매출배합에 관계없이 일정하다고 가정한다.

활동	활동원가	매몰원가	배분된 공통고정원가	변동원가
생산작업준비	₩120,000	₩14,000	₩10,000	₩96,000
품질검사	₩90,000	₩20,000	₩10,000	₩60,000
제품유지	₩54,000	₩30,000	₩15,000	₩9,000
고객주문처리	₩180,000	₩20,000	₩10,000	₩150,000
고객관리	₩50,000	₩20,000	₩10,000	₩20,000
합계	₩494,000	₩104,000	₩55,000	₩335,000

20×2년에도 제품별 수익 및 원가구조는 전년도와 동일하게 유지될 것으로 가정하고, 다음 각 물음에 답하시오.

---

(1) 위에 주어진 자료를 이용하여 한국회사가 제품 Z의 생산을 중단하여야 하는지를 결정하고, 그 이유를 설명하시오.

(2) 만약 제품 Z의 생산라인을 폐지하면, 제품 X의 연간 판매량은 10% 증가할 것으로 기대된다. 제품 X의 판매가격은 불변이라고 가정한다. 한국회사가 20×2년 초에 제품 Z의 생산라인을 폐지할 경우 연간 증분이익은 얼마인가?

(3) 제품 Z의 생산을 중단하고 대신 외부 납품업체로부터 제품 Z를 구입할 것인지를 고려 중이다. 제품 Z의 생산을 중단할 경우에 제품 Z의 생산에 사용한 설비는 제품 X를 추가 생산하는 것 이외에는 별다른 용도가 없는 유휴설비가 된다. 제품 Z의 생산라인을 폐지하면, 제품 X의 연간 판매량은 10% 증가할 것으로 기대된다. 제품 X의 판매가격은 불변이라고 가정한다.

한국회사가 제품 Z의 자체생산을 중단하고 외부업체로부터 구입하기로 결정한 경우, 제품 Z 1단위에 대해 수용가능한 최대구입가격은 얼마인가?

해답

자료정리

(1) 활동중심점별 원가동인 및 원가동인 배부율

활동	원가동인	원가동인 소비량				배부율
		제품 X	제품 Y	제품 Z	합계	
생산작업준비	생산작업준비시간	100시간[*1]	180시간	200시간	480시간	₩250/시간[*3]
품질검사	품질검사시간	50회[*2]	60회	40회	150회	600/회
제품유지	제품 종류	1종류	1종류	1종류	3종류	18,000/종류
고객주문처리	고객주문횟수	50회[*2]	60회	40회	150회	1,200/회
고객관리	고객 수	10명	15명	25명	50명	1,000/명

[*1] (5,000단위 ÷ 100단위) × 2시간 = 100시간
[*2] 5,000단위 ÷ 100단위 = 50회
[*3] ₩120,000 ÷ 480시간 = ₩250/시간

(2) 활동별 변동원가

활동	변동원가	원가동인 소비량				배부율
		제품 X	제품 Y	제품 Z	합계	
생산작업준비	₩96,000	100시간	180시간	200시간	480시간	₩200/시간
품질검사	60,000	50회	60회	40회	150회	400/회
제품유지	9,000	1종류	1종류	1종류	3종류	3,000/종류
고객주문처리	150,000	50회	60회	40회	150회	1,000/회
고객관리	20,000	10명	15명	25명	50명	400/명

[물음 1]

	제품 X	제품 Y	제품 Z
직접재료원가	₩180,000	₩78,000	₩32,000
직접노무원가	100,000	60,000	16,000
생산작업준비활동원가	25,000[*1]	45,000	50,000
품질검사활동원가	30,000[*2]	36,000	24,000
제품유지활동원가	18,000[*3]	18,000	18,000
합계	₩353,000	₩237,000	₩140,000
수량	÷ 5,000단위	÷ 3,000단위	÷ 800단위
단위당 제조원가	₩70.6	₩79	₩175

[*1] ₩250 × 100시간 = ₩25,000
[*2] ₩600 × 50회 = ₩30,000
[*3] ₩18,000 × 1종류 = ₩18,000

[물음 2]

	제품 X	제품 Y	제품 Z
매출액	₩600,000	₩390,000	₩160,000
매출원가	(353,000)	(237,000)	(140,000)
매출총이익	₩247,000	₩153,000	₩20,000
고객주문처리활동원가	(60,000)[*1]	(72,000)	(48,000)
고객관리활동원가	(10,000)[*2]	(15,000)	(25,000)
영업이익	₩177,000	₩66,000	₩(53,000)
수량	÷ 5,000단위	÷ 3,000단위	÷ 800단위
단위당 영업이익(손실)	₩35.4	₩22	₩(66.25)

[*1] ₩1,200 × 50회 = ₩60,000
[*2] ₩1,000 × 10명 = ₩10,000

[물음 3]

(1) 제품 Z의 생산 중단 여부

① 제품 Z 활동별 변동원가

₩200 × 200시간 + ₩400 × 40회 + ₩3,000 × 1종류 + ₩1,000 × 40회 + ₩400 × 25명
= ₩109,000

② 의사결정

증분수익	매출액 감소	₩(160,000)
증분비용	직접재료원가 감소	32,000
	직접노무원가 감소	16,000
	변동활동원가 감소	109,000
증분손실		₩(3,000) ≤ 0

그러므로, 제품 Z의 생산을 중단하여서는 안 된다.

(2) 연간 증분이익

① 제품 X의 이익 증가분
- 활동원가 증가분

제품 X의 매출이 10% 증가할 경우 제품유지활동과 고객관리활동의 원가동인은 불변이므로 활동별 변동원가는 다음과 같다.

(₩200 × 100시간 + ₩400 × 50회 + ₩1,000 × 50회) × 10% = ₩9,000

- 이익 증가분

매출액 증가	₩60,000
직접재료원가 증가	(18,000)
직접노무원가 증가	(10,000)
변동활동원가 증가	(9,000)
	₩23,000

② 의사결정

증분수익	매출액 감소	₩(160,000)
	제품 X 이익 증가	23,000
증분비용	직접재료원가 감소	32,000
	직접노무원가 감소	16,000
	변동활동원가 감소	109,000
증분이익		₩20,000 ≥ 0

③ 연간 증분이익

제품 Z의 생산라인을 폐지할 경우 연간 증분이익은 ₩20,000이다.

(3) 최대구입가격

제품 Z의 자체생산을 포기하고 외부업체로부터 구입할 경우 절감할 수 있는 원가는 직접재료원가, 직접노무원가 및 제조와 관련된 활동원가이다.

① 변동제조활동원가 감소

₩200 × 200시간 + ₩400 × 40회 + ₩3,000 × 1종류 = ₩59,000

② 의사결정

외부구입가격을 P라 한 후 정리하면 다음과 같다.

증분수익	제품 X 이익 증가	23,000
증분비용	직접재료원가 감소	32,000
	직접노무원가 감소	16,000
	변동제조활동원가 감소	59,000
	외부구입비용 증가	(800P)
증분이익		₩130,000 - 800P ≥ 0

그러므로, P ≤ ₩162.5이다.

③ 최대구입가격

제품 Z 1단위에 대해 수용가능한 최대구입가격은 ₩162.5이다.

cpa.Hackers.com

해커스 세무사 允원가관리회계 2차 핵심문제집

부록

시험장까지 가져가는
원가관리회계
필수개념 도식화

원가관리회계 필수개념 도식화

원가관리회계에서 필수적으로 학습해야 할 개념을 도식화하였습니다. 절취선에 따라 자르면 언제 어디서든 휴대하여 학습할 수 있습니다.

01 원가관리회계의 체계

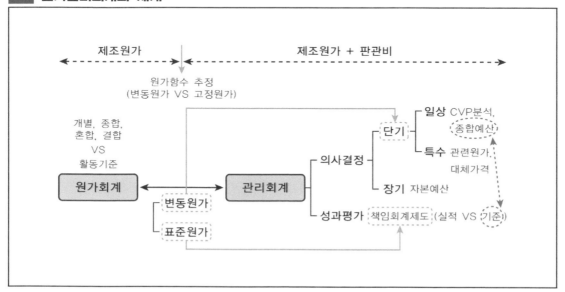

02 제조원가의 흐름

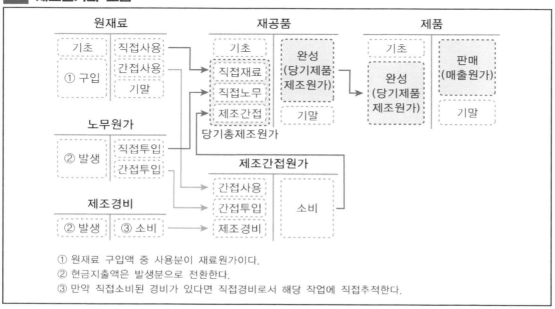

① 원재료 구입액 중 사용분이 재료원가이다.
② 현금지출액은 발생분으로 전환한다.
③ 만약 직접소비된 경비가 있다면 직접경비로서 해당 작업에 직접추적한다.

03 개별원가계산의 전체 흐름

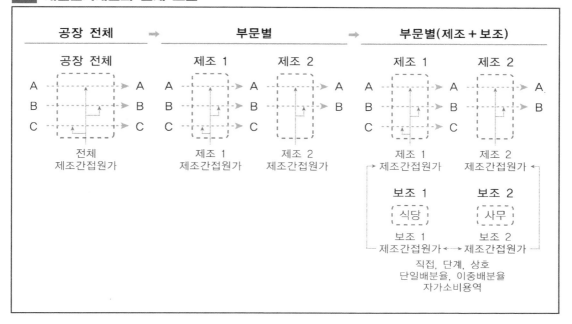

04 개별원가계산과 활동기준원가계산의 비교(1)

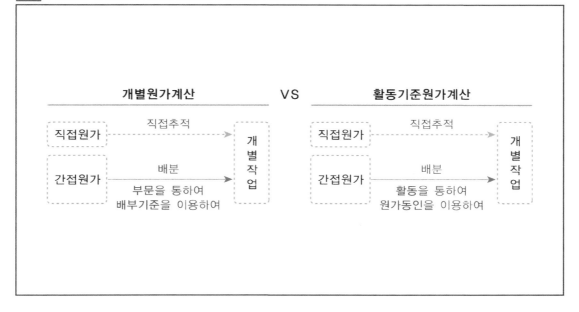

05 개별원가계산과 활동기준원가계산의 비교(2)

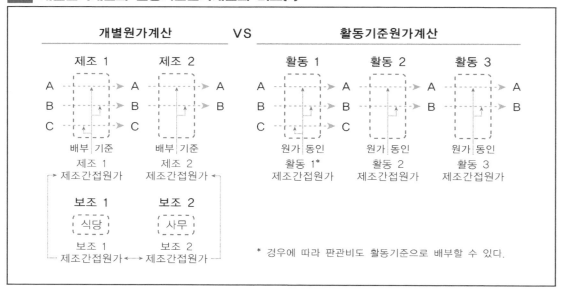

06 개별원가계산과 종합원가계산의 비교(1)

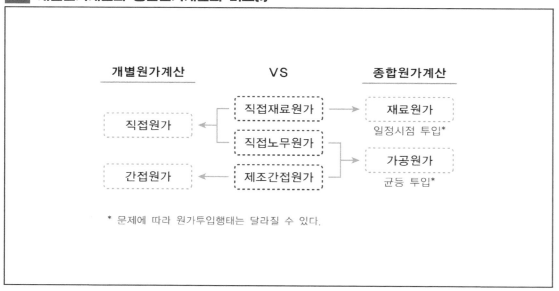

개별원가계산과 종합원가계산의 비교(2)

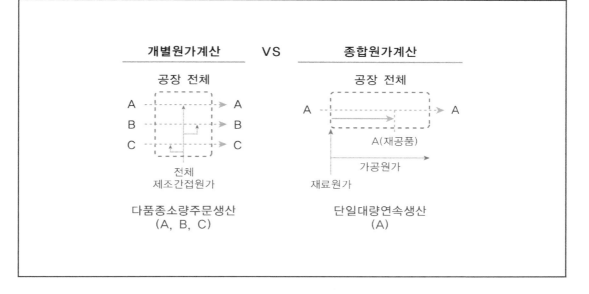

08 **개별원가계산과 종합원가계산의 비교(3)**

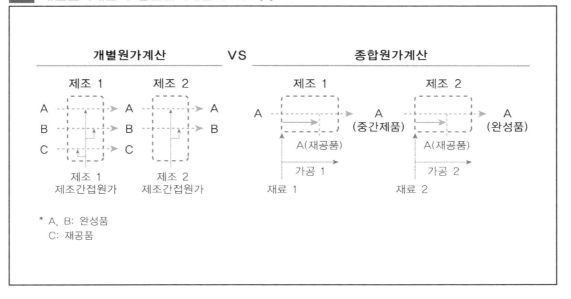

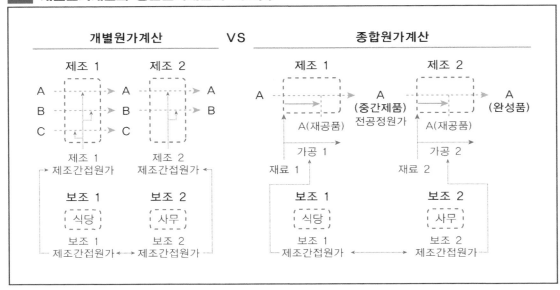

10 **선입선출법과 가중평균법**

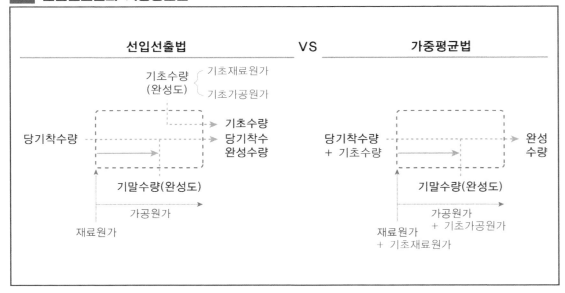

11 공손

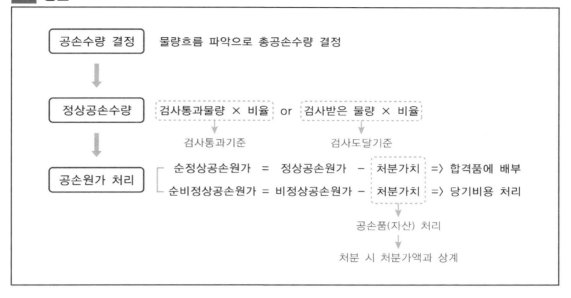

| 공손수량 결정 | 물량흐름 파악으로 총공손수량 결정 |

정상공손수량 → 검사통과물량 × 비율 or 검사받은 물량 × 비율

검사통과기준   검사도달기준

공손원가 처리
- 순정상공손원가 = 정상공손원가 − 처분가치 =〉 합격품에 배부
- 순비정상공손원가 = 비정상공손원가 − 처분가치 =〉 당기비용 처리

공손품(자산) 처리

처분 시 처분가액과 상계

12 공손(기초재공품 검사 여부)

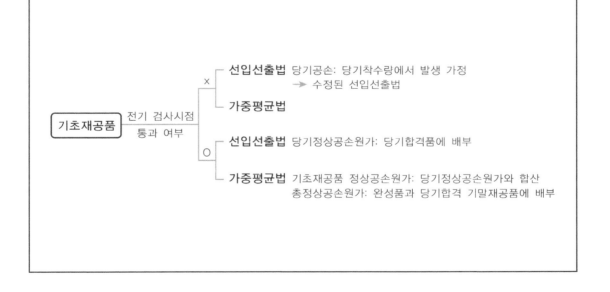

기초재공품 — 전기 검사시점 통과 여부

- ✕
  - **선입선출법** 당기공손: 당기착수량에서 발생 가정 → 수정된 선입선출법
  - **가중평균법**
- ○
  - **선입선출법** 당기정상공손원가: 당기합격품에 배부
  - **가중평균법** 기초재공품 정상공손원가: 당기정상공손원가와 합산
    총정상공손원가: 완성품과 당기합격 기말재공품에 배부

13 공손원가 처리방법

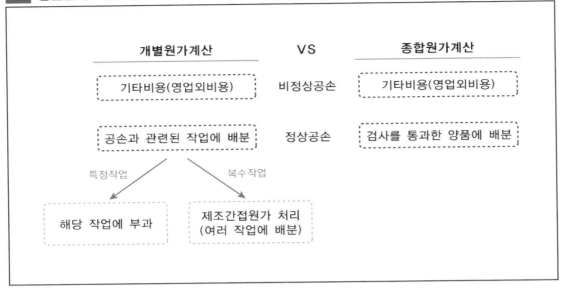

14 개별원가계산과 작업공정별원가계산(혼합원가계산)의 비교

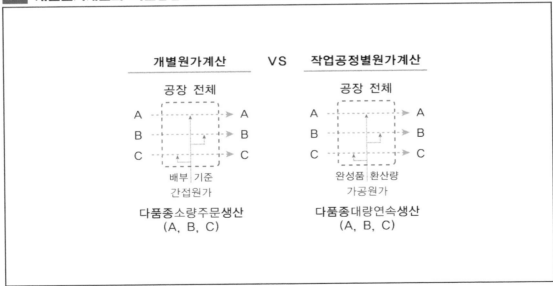

15 결합원가계산(연산품원가계산)

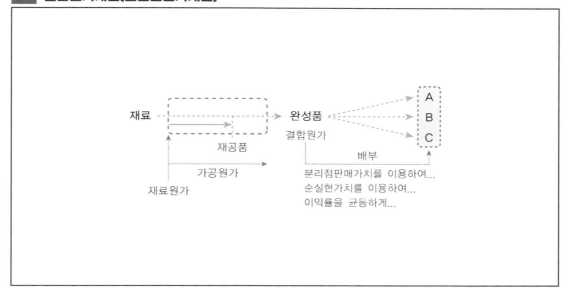

16 원가계산별 원가배분

	개별원가계산	활동기준계산	종합원가계산	혼합원가계산	결합원가계산
직접원가	직접원가	직접원가	–	직접재료원가	–
공통원가 (배부할)	간접원가	간접원가	총원가	간접원가	결합원가
배부대상	각 작업	각 작업	완성품, 재공품	각 작업	결합제품
배부기준	배부기준* 조업도기준	원가동인* 다양한 기준	수량기준 완성품환산량	수량기준 완성품환산량	금액기준* 판매가치, 순실현가치 및 균등이익률

* 문제 자료에서 제시됨

17 정상원가계산과 표준원가계산의 절차

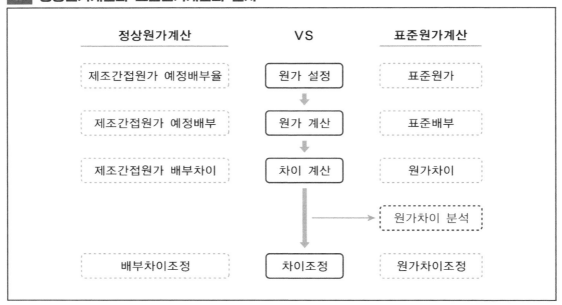

18 원가차이분석 기본모형

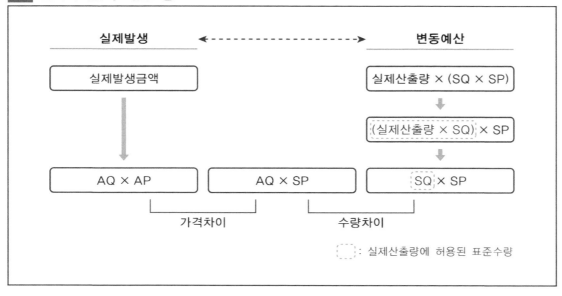

19 제조간접원가 차이분석

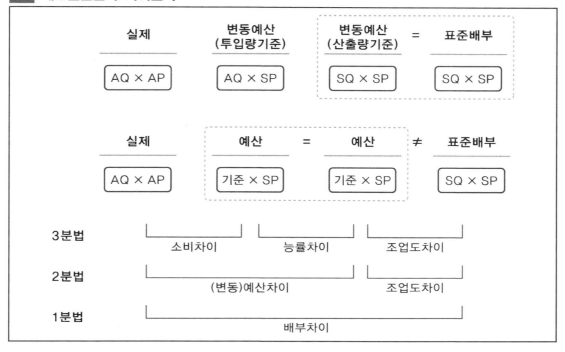

20 구입가격차이조정

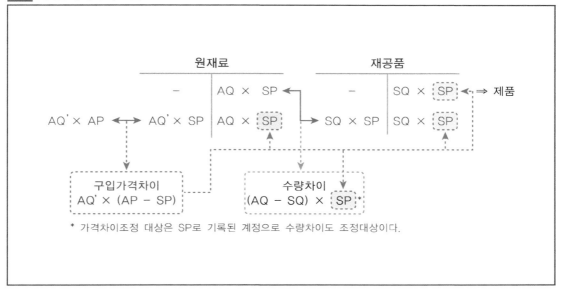

21 가격차이조정

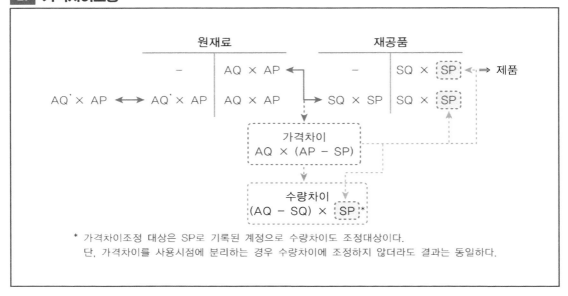

* 가격차이조정 대상은 SP로 기록된 계정으로 수량차이도 조정대상이다.
  단, 가격차이를 사용시점에 분리하는 경우 수량차이에 조정하지 않더라도 결과는 동일하다.

22 전부원가계산과 변동원가계산의 이익차이

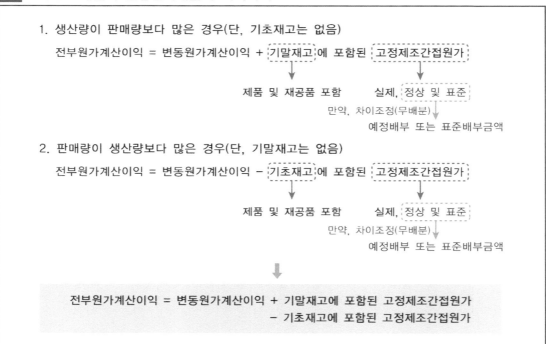

23 선형원가함수추정

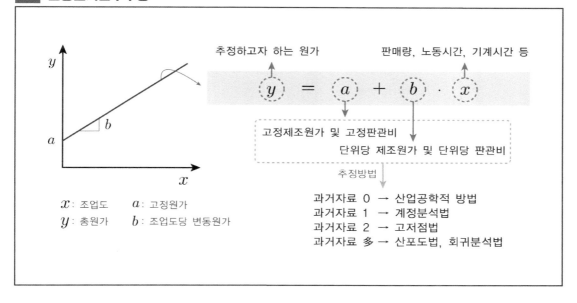

24 비선형원가함수추정

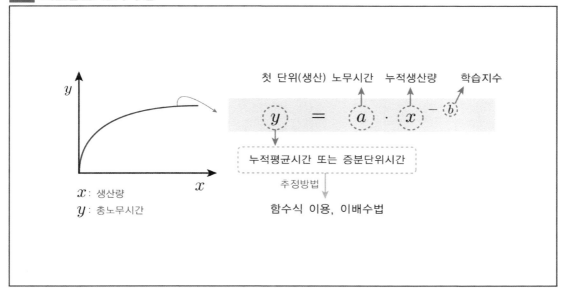

변동원가계산, 원가함수추정 및 CVP분석 관계

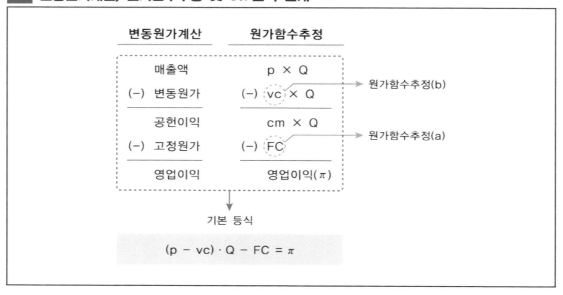

변동원가계산	원가함수추정	
매출액	p × Q	
(−) 변동원가	(−) vc × Q	→ 원가함수추정(b)
공헌이익	cm × Q	
(−) 고정원가	(−) FC	→ 원가함수추정(a)
영업이익	영업이익(π)	

기본 등식

$$(p - vc) \cdot Q - FC = \pi$$

26 **CVP 기본등식**

수익 − 비용 = 이익

변동원가 고정원가

수익 − [변동원가 + 고정원가] = 이익

판매가격(p) × 판매량(Q)　　　　　(FC)

단위당 변동원가(vc) × 판매량(Q)

$$(p - vc) \cdot Q - FC = \pi$$

27 손익분기점분석

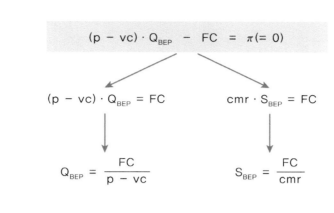

$$(p - vc) \cdot Q_{BEP} - FC = \pi(= 0)$$

$$(p - vc) \cdot Q_{BEP} = FC \qquad cmr \cdot S_{BEP} = FC$$

$$Q_{BEP} = \frac{FC}{p - vc} \qquad S_{BEP} = \frac{FC}{cmr}$$

28 (세후)목표이익분석

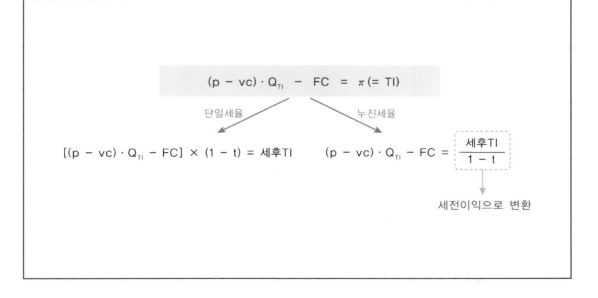

$$(p - vc) \cdot Q_{TI} - FC = \pi(= TI)$$

단일세율   누진세율

$$[(p - vc) \cdot Q_{TI} - FC] \times (1 - t) = 세후TI \qquad (p - vc) \cdot Q_{TI} - FC = \frac{세후TI}{1 - t}$$

세전이익으로 변환

부록

해커스 세무사 **changes원가관리회계 2차 핵심문제집**

29 CVP도표

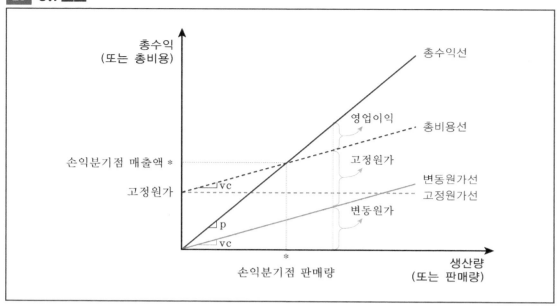

30 PV도표

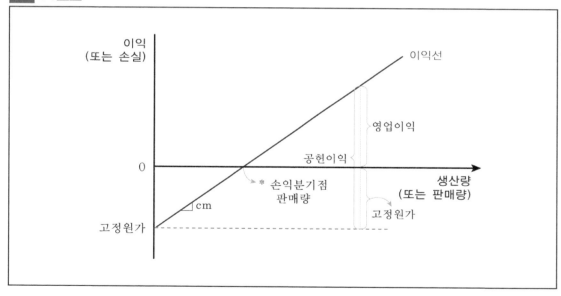

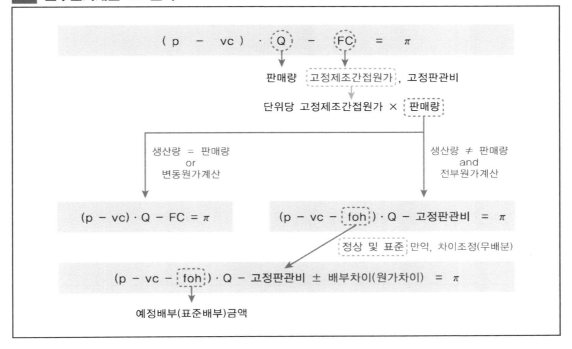

$$(p - vc) \cdot Q - FC = \pi$$

판매량　　고정제조간접원가, 고정판관비

단위당 고정제조간접원가 × 판매량

생산량 = 판매량
or
변동원가계산

생산량 ≠ 판매량
and
전부원가계산

$$(p - vc) \cdot Q - FC = \pi$$

$$(p - vc - foh) \cdot Q - 고정판관비 = \pi$$

정상 및 표준 만약, 차이조정(무배분)

$$(p - vc - foh) \cdot Q - 고정판관비 \pm 배부차이(원가차이) = \pi$$

예정배부(표준배부)금액

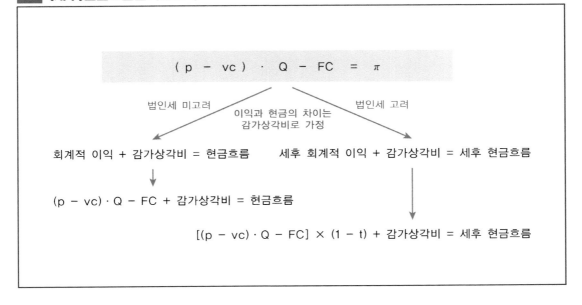

$$(p - vc) \cdot Q - FC = \pi$$

법인세 미고려　　이익과 현금의 차이는
감가상각비로 가정　　법인세 고려

회계적 이익 + 감가상각비 = 현금흐름　　세후 회계적 이익 + 감가상각비 = 세후 현금흐름

$$(p - vc) \cdot Q - FC + 감가상각비 = 현금흐름$$

$$[(p - vc) \cdot Q - FC] \times (1 - t) + 감가상각비 = 세후 현금흐름$$

33 활동기준원가계산 CVP분석

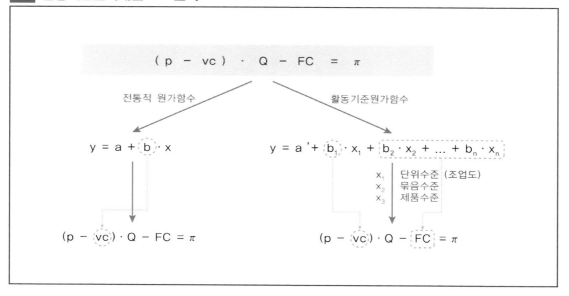

34 총공헌이익 두 가지 방법

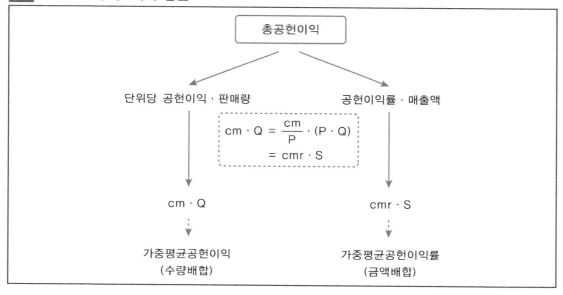

35 원가구조

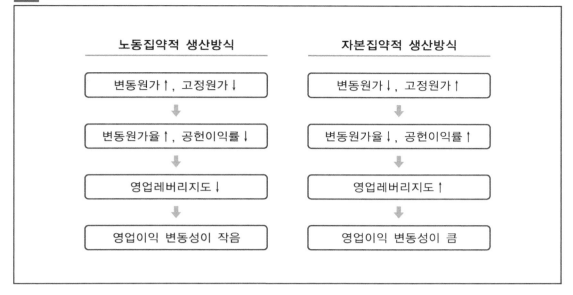

노동집약적 생산방식	자본집약적 생산방식
변동원가↑, 고정원가↓	변동원가↓, 고정원가↑
⬇	⬇
변동원가율↑, 공헌이익률↓	변동원가율↓, 공헌이익률↑
⬇	⬇
영업레버리지도↓	영업레버리지도↑
⬇	⬇
영업이익 변동성이 작음	영업이익 변동성이 큼

36 특별주문수락 의사결정

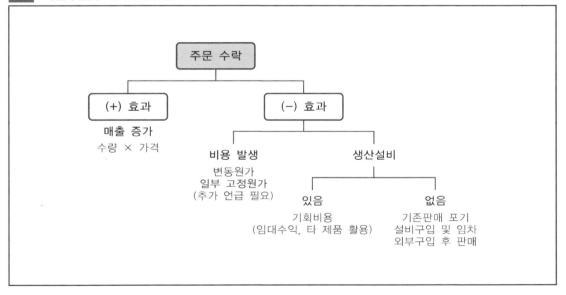

주문 수락

(+) 효과
매출 증가
수량 × 가격

(−) 효과

비용 발생
변동원가
일부 고정원가
(추가 언급 필요)

생산설비

있음
기회비용
(임대수익, 타 제품 활용)

없음
기존판매 포기
설비구입 및 임차
외부구입 후 판매

37 부품 외부구입 의사결정

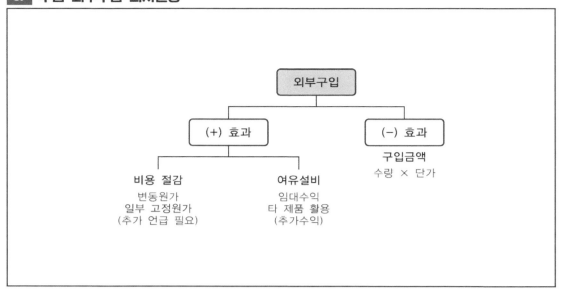

38 보조부문 폐쇄 의사결정

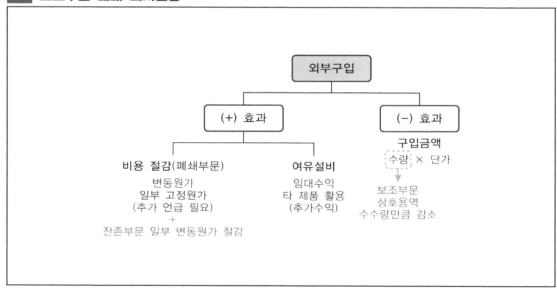

39 제품라인폐지 의사결정

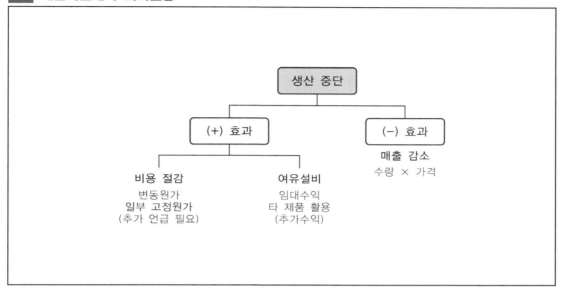

40 대체가격결정

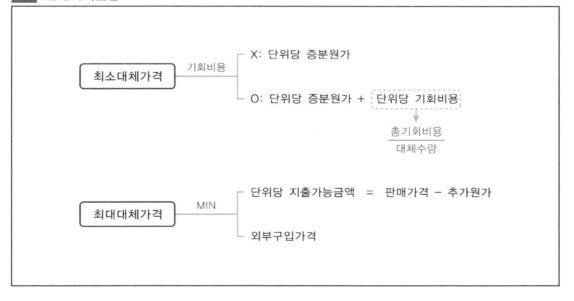

41 자본예산

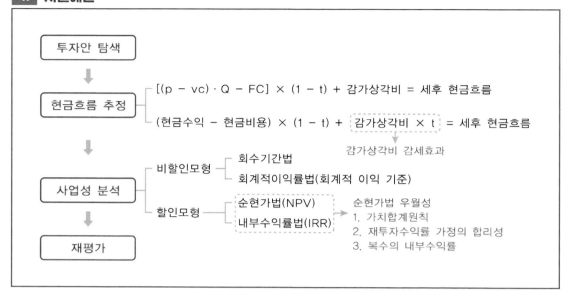

42 재료예산, 제조예산 및 현금예산

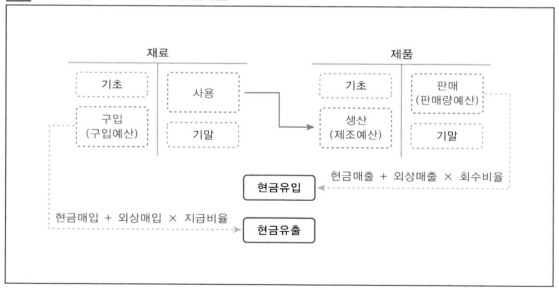

43 매출차이분석과 원가차이분석(1)

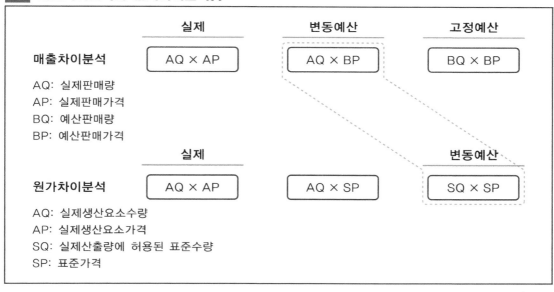

매출차이분석

	실제	변동예산	고정예산
	AQ × AP	AQ × BP	BQ × BP

AQ: 실제판매량
AP: 실제판매가격
BQ: 예산판매량
BP: 예산판매가격

원가차이분석

	실제		변동예산
	AQ × AP	AQ × SP	SQ × SP

AQ: 실제생산요소수량
AP: 실제생산요소가격
SQ: 실제산출량에 허용된 표준수량
SP: 표준가격

44 매출차이분석과 원가차이분석(2)

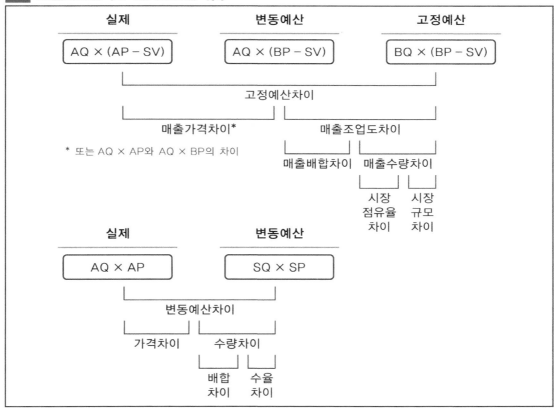

부록

해커스 세무사 춘원가관리회계 2차 핵심문제집

45 매출차이분석과 원가차이분석(3)

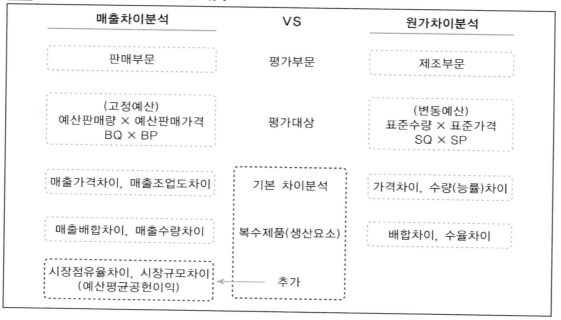

매출차이분석	VS	원가차이분석
판매부문	평가부문	제조부문
(고정예산) 예산판매량 × 예산판매가격 BQ × BP	평가대상	(변동예산) 표준수량 × 표준가격 SQ × SP
매출가격차이, 매출조업도차이	기본 차이분석	가격차이, 수량(능률)차이
매출배합차이, 매출수량차이	복수제품(생산요소)	배합차이, 수율차이
시장점유율차이, 시장규모차이 (예산평균공헌이익)	추가	

46 매출차이분석 기본 모형

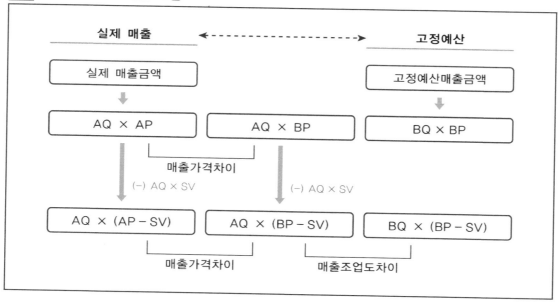

47 **투자중심점**

$$투자수익률(ROI) = \frac{영업이익}{투자금액}$$

$$= \frac{영업이익}{매출액} \times \frac{매출액}{투자금액}$$

$$= 매출이익률 \times 자산회전율$$

잔여이익(RI) = 영업이익 − 투자금액 × 최저필수수익률

경제적 부가가치(EVA) = 세후영업이익 − 투하자본 × 가중평균자본비용

48 **확실한 상황과 불확실한 상황의 비교**

1. 확실한 상황에서의 의사결정

   $(p - vc) \cdot Q - FC$ = π (확실한 이익) => 의사결정 O

   ↓

   확실한 자료

2. 불확실한 상황에서의 의사결정

   $(p - vc) \cdot Q - FC$ = π (불확실한 이익) => 의사결정 X

   ↓

   불확실한 자료

   ⬇

   성과표

   $(p - vc) \cdot Q - FC$ = π (기대할 수 있는 이익) => 의사결정 O

   ↓

   확률

49 의사결정대상

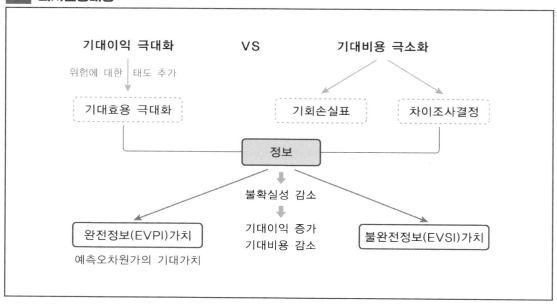

50 변동활동원가차이

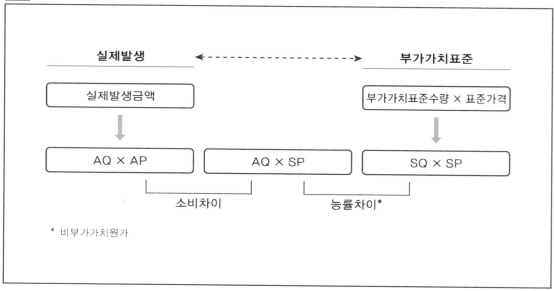

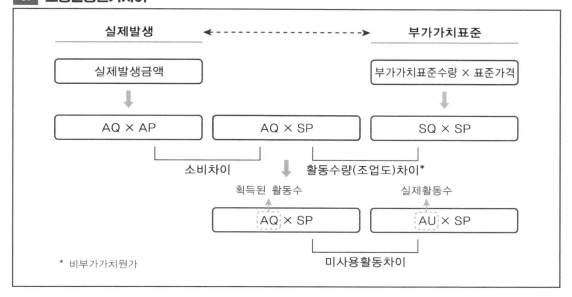

해커스
세무사
允원가관리회계
2차 핵심문제집

개정 2판 1쇄 발행 2023년 5월 19일

지은이	엄윤
펴낸곳	해커스패스
펴낸이	해커스 경영아카데미 출판팀

주소	서울특별시 강남구 강남대로 428 해커스 경영아카데미
고객센터	02-537-5000
교재 관련 문의	publishing@hackers.com
학원 강의 및 동영상강의	cpa.Hackers.com

ISBN	979-11-6999-190-2 (13320)
Serial Number	02-01-01